语言学及应用语言学名著译丛

社会文化理论与二语教学语用学

［美］雷米·A.范康珀诺勒　著
马萧　李丹丽　译

SOCIOCULTURAL THEORY
AND L2 INSTRUCTIONAL PRAGMATICS

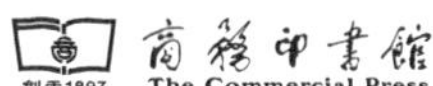

Sociocultural Theory and L2 Instructional Pragmatics

This translation of *Sociocultural Theory and L2 Instructional Pragmatics*
is published by arrangement with Multilingual Matters.

根据英国多语出版公司 2014 年英文版译出

作者简介

雷米·A. 范康珀诺勒（**Rémi A. van Compernolle, 1982—　**）

宾夕法尼亚大学应用语言学博士，现任美国卡耐基梅隆大学现代语言系副主任、副教授；主要研究领域包括二语习得、法语与法语国家、教学与测试、语用学与社会语言学、课堂话语分析与互动，对二语语用习得研究的贡献尤为突出；主要论著有《社会文化理论与二语教学语用学》《互动与第二语言发展：维果斯基视角》等。

译者简介

马萧　广东外语外贸大学语言学博士，现任武汉大学外语学院教授、博士生导师；研究方向为语用翻译研究、英汉对比与翻译研究、跨文化交际与翻译研究；学术兼职包括武汉翻译协会会长、中国逻辑学会语用学专业委员会副会长、中国英汉语比较研究会常务理事等。

李丹丽　香港浸会大学英文系语言学哲学博士，现任武汉大学外语学院英文系副教授、博士生导师；研究方向为社会文化理论视角下的二语/外语学习、课堂二语习得等；主要论著有《英语课堂话语分析与"支架"式教学》《二语课堂互动话语中教师"支架"的构建》等。

总　　序

商务印书馆出版的“汉译世界学术名著丛书”在国内外久享盛名，其中语言学著作已有10种。考虑到语言学名著翻译有很大提升空间，商务印书馆英语编辑室在社领导支持下，于2017年2月14日召开“语言学名著译丛”研讨会，引介国外语言学名著的想法当即受到与会专家和老师的热烈支持。经过一年多的积极筹备和周密组织，在各校专家和教师的大力配合下，第一批已立项选题三十余种，且部分译稿已完成。现正式定名为“语言学及应用语言学名著译丛”，明年起将陆续出书。在此，谨向商务印书馆和各位编译专家及教师表示衷心祝贺。

从这套丛书的命名“语言学及应用语言学名著译丛”，不难看出，这是一项工程浩大的项目。这不是由出版社引进国外语言学名著、在国内进行原样翻印，而是需要译者和编辑做大量的工作。作为译丛，它要求将每部名著逐字逐句精心翻译。书中除正文外，尚有前言、鸣谢、目录、注释、图表、索引等都需要翻译。译者不仅仅承担翻译工作，而且要完成撰写译者前言、编写译者脚注，有条件者还要联系国外原作者为中文版写序。此外，为了确保同一专门译名全书译法一致，译者应另行准备一个译名对照表，并记下其在书中出现时的页码，等等。

本译丛对国内读者，特别是语言学专业的学生、教师和研究者，以及与语言学相融合的其他学科的师生，具有极高的学术价值。第一批遴选的三十余部专著已包括理论与方法、语音与音系、词法与句法、语义与语用、教育与学习、认知与大脑、话语与社会七大板块。这些都是国内外语言学科当前研究的基本内容，它涉及理论语言学、应用语言学、语音学、音系学、词汇学、句法学、语义学、语用学、教育语言学、认知语言学、心理语言学、社会语言学、话语语言学等。

尽管我本人所知有限，对丛书中的不少作者，我的第一反应还是如雷贯耳，如 Noam Chomsky、Philip Lieberman、Diane Larsen-Freeman、Otto Jespersen、Geoffrey Leech、John Lyons、Jack C. Richards、Norman Fairclough、Teun A. van Dijk、Paul Grice、Jan Blommaert、Joan Bybee 等著名语言学家。我深信，当他们的著作翻译成汉语后，将大大推进国内语言学科的研究和教学，特别是帮助国内非英语的外语专业和汉语专业的研究者、教师和学生理解和掌握国外的先进理论和研究动向，启发和促进国内语言学研究，推动和加强中外语言学界的学术交流。

第一批名著的编译者大都是国内有关学科的专家或权威。就我所知，有的已在生成语言学、布拉格学派、语义学、语音学、语用学、社会语言学、教育语言学、语言史、语言与文化等领域取得重大成就。显然，也只有他们才能挑起这一重担，胜任如此繁重任务。我谨向他们致以出自内心的敬意。

这些名著的原版出版者，在国际上素享盛誉，如 Mouton de Gruyter、Springer、Routledge、John Benjamins 等。更有不少是著名大学的出版社，如剑桥大学出版社、哈佛大学出版社、牛津大学出版社、MIT 出版社等。商务印书馆能昂首挺胸，与这些出版社策划洽谈出版此套丛书，令人钦佩。

万事开头难。我相信商务印书馆会不忘初心，坚持把“语言学及应用语言学名著译丛”的出版事业进行下去。除上述内容外，会将选题逐步扩大至比较语言学、计算语言学、机器翻译、生态语言学、语言政策和语言战略、翻译理论，以至法律语言学、商务语言学、外交语言学，等等。我也相信，该“名著译丛”的内涵，将从“英译汉”扩展至“外译汉”。我更期待，译丛将进一步包括“汉译英”“汉译外”，真正实现语言学的中外交流，相互观察和学习。商务印书馆将永远走在出版界的前列！

胡壮麟

北京大学蓝旗营寓所

2018 年 9 月

译者前言

二语语用学（常被称为中介语语用学或语际语用学）主要研究学习者二语语用能力发展、表现与习得模式（何自然，1996）。语用能力指人们在具体语境下合理有效地使用语言完成交际意图以及理解相应交际的能力（Ren, 2018）。由此可见，学习者的二语语用能力受到社会文化语境的中介。社会文化理论（Sociocultural Theory）是关于认知发展受社会文化产物中介的理论。美国卡耐基梅隆大学现代语言系副教授 Rémi A. van Compernolle 博士将维果斯基的社会文化理论应用于二语教学语用学研究，敏锐地捕捉到了社会文化产物对二语认知能力发展的中介作用，并于 2014 年出版了《社会文化理论与二语教学语用学》一书。作者批判了语用教学讲授“教条的、参照规范的经验法则”的传统方法，认为这种传统方法把社会语用因素视为静态并先于交际语境而存在。作者以法语二语教学为案例，将社会文化理论的核心原则融会贯通于整个教学项目实践过程，阐明了二语能力的发展必须经过人类中介和引导。作者重构了语用教学的客体，从以经验法则为导向的习得转向以语用科学概念内化为标志的语用能力发展。该书是学界“第一部从社会文化视角探讨教学语用学的专著”（原书封底著名二语语用学家 Gabriele Kasper 评语）。全书共七章，呈现了社会文化理论核心原则在法语二语教学情境下的连贯运用。前三章主要通过研究设计的勾勒和理论基础的探讨来建立社会文化理论与二语教学语用学的逻辑关联。第四至第六章是全书的主体部分，分别探讨言语反思、得体性判断任务和策略性互动情景三种活动对语用能力三个维度发展的影响。最后一章为结语，总结了研究的局限、启示意义和未来研究方向。

一、内容简介

第一章作者开宗明义，指出了本书的研究目的是以维果斯基的文化历史心理学——即社会文化理论——为基础构建一个二语教学语用学框架，呈现一个连贯、系统的教学项目，以提供能够驱动发展而非仅仅适应个人自然发展阶段的教学指导。语用学关注的中心问题是人们如何通过语言实施社会行为，而在社会文化理论视角下，这种语言实现行为的能力受个人所能获取的社会文化资源（包含语言、文化知识和文化概念）的中介。由于社会文化理论强调文化构建的概念对认知发展的中介作用（Vygotsky, 1986），作者主张本书的核心理念是将二语教学语用学的发展视为概念化过程。为了进一步阐明社会文化理论对二语教学语用学的理论适切性，作者详尽阐述了几大核心原则，包括心理中介、内化与最近发展区、教育实践和人工心理发展、系统理论教学以及基于概念的二语教学。这些原则为其研究项目设计——美国某大学的法语教学强化项目提供了理论基础。本章最后概述了该研究项目设计的基本内容。

第二章探讨了得体性这一语用学核心概念及相关理论基础。作者批判了得体性传统教学方法的缺陷：或过于重视语言形式的选择（如语法为中心的方法）；或过分强调得体性的倾向，忽视了形式上的可能性、可行性和实际语言运用（如交际能力模式）；或过分强调语言的实际运用，“以牺牲可能性和得体性知识的发展为代价”（Cook, 1999: 65）。作者认为，社会文化理论框架下对得体性的理解需综合考虑交际参与者、场景、时间等因素，聚焦社会意义；因此应该通过基于概念的教学方法并使用不同种类的社会意义作为中介手段以系统地发展学生社会行为中的得体性概念（Negueruela, 2008）。作者在研究中聚焦法语第二人称代词两种语言变体（*tu*/*vous*）符合得体性原则的选择以及学习者对形式选择所映射的社会意义的认知发展；同时引入 Silverstein（2003）的指示性层级理论这一主导概念作为揭示语用语言形式与社会意义潜势之间关系的宏观分析框架，选取自我表征、社会距离和相对地位三个子概念作为解释指标。

第三章阐明了社会文化理论的二语教育观——视学习者为具有不同经历、情感和期望，对语言学习也有着各自倾向、信念和学习动机的“人”。作者由此指出二语教育应该是“承认这种个体独特性并在此基础上构建的教育”（Lantolf & Pavlenko, 2001: 157）。作者首先探讨了二语教学语用学背景下智力（概念认知）发展受个性（自我、身份和能动性）发展的中介调节过程。之后，他指出内化即个性化过程。内化是一个向内发展和向外发展的双向过程（Zinchenko, 2002）。向内将概念转化为自我中介工具，促进心理发展；向外利用个性化的概念作用于自我和社会，调节社会行为。作者强调个性化内化过程离不开人的中介行为，即更有能力的他者（例如教师）的干预。所以说，在教学语用学的社会文化理论框架下来考虑得体性概念的内化，需要从学习者的角度出发，考虑概念如何被个性化或内化，并能动地为其语用行为赋予恰当的意义和相关性。此外，作者在本章的最后部分还讨论了语用教学中情感对认知发展的中介作用。

第四章至第六章整体呈现了在这个连贯、系统的教学项目中三种语言活动或任务——即言语反思、得体性判断任务和策略性互动情景——分别对语用能力发展的三个维度，即语用知识意识、语用知识和语用运用的影响。第四章集中探讨学习者独白式和对话式言语反思对语用知识意识的作用。作者首先明晰了维果斯基理论中对语言的界定，认为语言是一种心理工具，能够中介学习活动。然后，他通过大量实证语料数据（摘录）展示了学习者是如何利用独白式言语反思和对话式言语反思来外化自己对指示性层级、自我表征、社会距离等概念的理解。独白式言语反思有助于学习者语用知识的显化，使其接受意识的检验，进而在检验和修正过程中发展认知，是语用意识发展的起点。对话式言语反思为学习者外化心理活动提供了合作框架，为中介者（如教师）创造机会帮助学习者完成语言任务。更重要的是它（重新）中介学习者对既有语用概念、知识和社交经验的理解，进而形成更深刻的、更具个性意义的理解，以促进学习者实现最近发展区上的认知发展。研究显示，言语反思以概念卡和概念图等基本给养方式进行客体调控，结合教师（在场与不在场）的调控干预，通过语言而外化心理过程并将其转化为显性且接受意识检验的东西，从而为实现自我调控（发展）创造了机会，是社会文化理论中二语教学语用学框架的一个重要维度。

第五章论证了教学环境下，在帮助学习者在最近发展区实现语用知识发展的过程中，教学与评估的辩证统一性。作者讨论了如何利用得体性判断任务对学生实施教学干预及动态评估。一方面教师以协作或合作方式对学习者的任务反应进行干预，学习者又对干预做出反应。在这往复过程中，教师对学习者的语用语言知识进行诊断（评估），旨在对教学提供支持，也有助于实现持续发展。另一方面，动态实施的得体性判断任务不仅有助于学习者做出恰当的语用语言选择，更重要的是教师通过追问和提示等中介行为，可以引导学习者将概念或一系列概念用作思维工具，并帮助他们在对任务模糊性的纠结中获取对这种思维工具更大的控制力，从而驱动个性化发展。因此，动态实施的得体性判断任务是一种转化性发展活动。作者在本章最后还通过实证数据对比了强化前和强化后得体性判断任务中学习者的表现，进一步说明学习者对语用概念的内化和掌控能力的发展，证明得体性判断任务有利于语用知识的发展，是二语教学语用学社会文化理论框架的另一个重要维度。

第六章勾勒动态评估的另一个维度，即运用能力维度。就是说，本章聚焦讨论动态实施的策略性互动场景如何影响学习者将语用知识概念运用到具体交际活动中。作者呈现了一个有机的、动态的实施过程：既包含教师如何诊断学习者的交际困难并据此提供中介帮助，促使学习者提升语言使用的自主性；还包含了学习者自身如何对交际困难形成意识并据此修订运用计划，从而提升语用表达的控制力。作者通过大量的实证数据向我们展示了，在这样的活动中如何实现教学功能的重大转向，即从单纯提供教学指导、修正反馈等简单的支架转向提供能够中介学习者心理活动三个阶段（计划、实施和控制）并以学习者发展为导向的帮助。这种转向是教学语用学的社会文化理论框架一个至关重要的维度，它帮助学习者在教学环境下实现知识与实践能力的统一。

第七章为结束语。作者在概述了本书的主要内容之后，又从科研、教学和教师教育三个方面探讨了本书的启示意义。最后，作者指出本书是基于维果斯基的社会文化理论构建二语教学语用学的一种首次尝试。

二、简要评析

该书是维果斯基社会历史心理学理论应用于应用语言学领域，尤其是二语教学领域的首次尝试，是一项挑战性和创新性研究。不同学科的实验证据已经证明文化、语言和认知之间存在着紧密的联系。这一点在正规教育中最为重要，因为在正规教育中，环境、信息和行为过程被系统地组织起来为学习和发展创造最佳条件（Lantolf & Thorne, 2012: 2）。而Rémi A. van Compernolle的研究在教学语用学项目中高度融合了这三个方面的辩证统一关系，无疑为学习者语用能力的发展创造了良好的条件。纵观全书，本书的创新之处在于：

1. 理论框架

本书摒弃从语用学本体理论探讨语用能力发展的途径，利用应用语言学领域新兴的社会文化理论，成功地对以发展学习者语用能力和运用为目标的二语语用教学进行了理论构建，宏观呈现文化（社会）、语言和认知的紧密关系，及其与教学的相关性。

2. 研究方法

作者采用了语用学研究中鲜有的定性研究和纵向研究，教学研究历时六周，三种教学活动分别涉及语用意识、语用知识和语用运用三个维度，对教学是发展语用能力的必要因素这一论断（Bardovi-Harvlig, 2001）进行了更为全面、深刻的印证。作者避免使用语篇补全、书面或口头报告、访谈、角色扮演等传统的数据收集方法（任伟、李思萦，2018），而是创造性地从动态的教学活动中收集话语数据，这使所得数据更为翔实；使用微观发生法分析话语及其包含的语音、语调、眼神、手势、面部表情等因素，同时对话语数据进行多模态分析，这使分析过程更为深入、分析手段更为精准，因而结论更有信服力。

3. 教学理念

传统的二语语用研究缺乏系统的认知发展研究，过多关注学习者的语用使用，而不是语用能力发展（任伟、李思萦，2018）。从教学客体看，该研究促使课堂教学的客体，从对语用规则的习得转向对语用概念在最近发展区的内化以及实际社会活动中的掌控。从教学方法看，作者颠覆了以帮助学习者习得语言形式并将形式选择映射到社会意义上去的传统语用教学，建构了基于概念的教学方法，以语用概念发展为根本，促进学习者概念内化并通过概念调控形式选择，最终帮助学习者实现语用能力的发展。这是基于社会文化理论、实现理论与实践相统一的一种大胆而有益的尝试。

本书是商务印书馆出版的“语言学及应用语言学名著译丛”之一，在翻译过程中得到了英语编辑室的大力支持。由于该书所研究的语料来自于法语二语教学，其中涉及的语料（摘录）主要为法语，因此法语翻译主要由武汉大学法语系博士生马梦遥执笔完成，翻译系博士生罗菁也参与了部分翻译工作，在此一并表示感谢！

马萧　李丹丽

武汉大学珞珈山

2019 年 10 月

参考文献

Bardovi-Harlig, K. (2001). Evaluating the empirical evidence: grounds for instruction in pragmatics? In G. Kasper and K. R. Rose (eds) *Pragmatics in Language Teaching* (pp. 13—32). New York, NY: Cambridge University Press.

Cook, G. (1999). *Cultural Psychology: The Once and Future Discipline*. Cambridge: Belknapp Press of Harvard University Press.

Lantolf, J.P. and Pavlenko, A. (2001). (S)econd (L)anguage (A)ctivity theory: Understanding learners as people. In M. Breen (ed.) *Learner Contributions to Language Learning: New Directions in Research* (pp. 141—158). London: Pearson.

Lantolf, J.P. and S.L. Thorne. (2012). *Sociocultural theory and the genesis of second language development*. Shanghai: Shanghai Foreign Language Education Press.

Negueruela, E. (2008). Revolutionary pedagogies: Learning that leads (to) second language development. In J.P. Lantolf and M.E. Poehner (eds) *Sociocultural Theory and the Teaching of Second Languages* (pp. 189—227). London: Equinox.

Ren, W. (2018). Developing L2 pragmatic competence in study abroad contexts. In C. Sanz and A. Morales-Front (eds) *The Routledge Handbook of Study Abroad Research and Practice* (pp. 119—133). New York: Routledge.

Silverstein, M. (2003). Indexical order and the dialectics of sociolinguistic life. *Language and Communication* 23, 193—229.

Vygotsky, L.S. (1986). *Thought and Language*. Cambridge, MA: MIT Press.

Zinchenko, V.P. (2002). From classical to organic psychology. *Journal of Russian and East European Psychology* 39, 32—77.

何自然 .（1996）. 什么是语际语用学 . 国外语言学，（1）：1—6.

任伟，李思萦 .（2018）. 二语语用习得国际研究热点及趋势 . 外语教学，（4）：18—23.

目　　录

致　谢

首先，我要感谢多年来配合我工作的学生，我在以各种途径探讨将话语的社会语言特征和语用特征融入课堂教学的过程中，他们的帮助使我形成了关于语言、语言学习和语言教学的观点。我要特别感谢参与该研究项目的八名法语学习者，本书就是基于该研究项目而撰写，如果没有他们的参与，这里所论述的教学语用学框架就不可能存在。我也非常感激已故的吉尔·沃茨（Gil Watz）先生，他资助的宾夕法尼亚大学应用语言学的论文奖学金为本书报告的创新研究提供了资金支持。我还要感谢我的很多朋友和同事，他们实质性的支持和激励性的交谈在多方面直接或间接促成了本研究工作。我尤其感激下列人员，他们多年来对本研究的评论、质疑和批评对本书中所呈现的教学语用学框架产生了重要影响：劳伦斯·威廉姆斯（Lawrence Williams）、塞莱斯特·金吉格（Celeste Kinginger）、吉姆·兰托夫（Jim Lantolf）、琼·凯莉·霍尔（Joan Kelly Hall）、希瑟·麦科伊（Heather McCoy）、史蒂夫·索恩（Steve Thorne）、马修·博内尔（Matthew Poehner）、朴光铉·帕克（Kwanghyun Park）和金柏莉·布斯奇（Kimberly Buescher）。我也要感谢卡耐基梅隆大学现代语言系和人文社会科学学院为本书的撰写提供了材料支持。最后，应该多多感谢我的编辑劳拉·朗沃思（Laura Longworth），以及匿名审稿人，他们的评论、质疑和批评在诸多方面提升了本书的质量。

口语转写体例

全书使用以下体例转写口语互动，目的是为话语序列、计时和交流提供详细信息，同时让广大读者能够获得与互动相关的转写记录。

+	短暂停顿
++	长时停顿
+++	超长停顿
(2.0)	计时停顿（2.0 秒或更长）
.	降调
,	轻微升调
¿	提高语调（不一定是一个问句）
↑	相对于前续话语，音高明显升高
↓	相对于前续话语，音高明显降低
(单词)	听不清楚
(xxx)	无法转写
((解说))	包含转写者的解说或描述
–	突然平调中断
:	话语被延长（每个冒号代表一个额外的节拍）
下划线	通过改变音高和扩音进行重读
=	理解性话语
[…]	转写记录的某部分被省略
[	重叠话语开始
]	重叠话语结束
大写字母	谈话声明显变大（译为中文时则以着重号“.”表示）

第一章
绪　　论

社会文化理论与二语教学语用学概述

本书目的与范围

本书旨在以维果斯基（Vygotsky）的文化历史心理学为基础构建一个二语（second language, L2）[1]教学语用学框架，即应用语言学和二语习得（L2 acquisition, SLA）研究通常所称的心理社会文化理论（sociocultural theory, SCT）（见 Lantolf & Thorne, 2006）。维果斯基的社会文化理论认为，人类在将生理遗传的心理能力转化为其特有的心理活动形态时，社会关系和文化建构的产物起着关键作用，从而为人类发展提供了强有力的理论解释。从社会文化理论的观点来看，社会文化领域不仅涉及能够触发个体大脑中内在发展过程的一系列因素，更是心理发展的重要源泉和主要推手。当延伸至正规的学校教育，包括二语教育，这种人类心理取向驱使我们投身教育实践，从而通过教育促进发展，而非遵循内在发展阶段所设定的进程。正如维果斯基（1978: 89）所极力主张的，"先于发展阶段"的教育才是唯一正确的教育。

尽管本书涉及二语语用学教学，但其目的并非提供一系列可供随意挑选的教学技巧或小诀窍，而是基于社会文化理论的准则，呈现一个连贯、系统的教学项目。这不仅包括为教学材料的设计和教学实践提供建议，而且——或更重要的是——包括重新构思教学语用学的目标。为了展示社会文化理论方法在教学语用学实践中如何运作，语料分析将贯穿全书，这对教师十分实用。本书也鼓励教师寻求方法调整该教学框架，以满足自身的不同需求和教学机构的制约条件。然而，读者应谨记，本书提出的教学建议是基于社会文化理论对语言的本质、语用学、心理发展等方面的一种独特视角。因此，读者要领悟本书所阐述的具体教学实践的发展意义，就必须理解这一理论框架。本书各章节（其内容将在本章结尾部分进行详述）的设计安排，旨在引导读者全面了解该理论框架的组成部分，运用实验数据阐述该理论的各个层面在二语教学语用学中的应用。

本书中所使用的数据来自一项针对美国大学法语学习者的研究。这些学习者参与了一个教学强化项目，目的是将维果斯基的原理应用于二语教学语用学（更多详情请见下文）。虽然这些数据只涉及法语，但该项研究为教学语用学阐明了社会文化理论框架的原则和构成要素，因此，这一框架无疑也适应于其他任何一门语言的教学。

语用学定义

语用学关注的中心问题是人们如何通过语言实施某些行为。例如，一个普遍探讨的领域是研究诸如邀请、道歉、请求等言语行为的实现方式。邀请某人参加聚会、因迟到而道歉、请求借一本书，这些行为可以——或往往——至少有一部分通过书面或口头语言完成。其他一些通过语言完成（或从根本上说是由语言塑造）的行为，包括解决问题、实施教学、反思特定的世界观、建立和维系人际关系、表现社会关系角色和身份等等。这些行为如何实现——说话人所做出的语言选择——以及这些行为对他人的影响相应又要受到交际中各种制约因素和支持因素的支配。据此，克里斯特尔（Crystal, 1997）从使用者为中心的语言使用视角给语用学下了一个非常有用的定义。

> ［语用学是］从使用者角度研究语言的学科，特别是对语言使用者的语

> 言选择、社会互动中制约语言使用的因素，以及交际行为中语言使用对其他参与者的影响进行研究。（Crystal, 1997: 301）

克里斯特尔的定义尤其适合二语语用学研究，因为这一定义可将语言使用、语言学习和语言发展过程中的任何实例均纳入语用学视角考察（Kasper & Rose, 2002）。因此，就二语教学语用学而言，只要教学重点仍聚焦于语言使用者在交际中的语言选择、语言使用的制约因素及其影响，任何话语特征均可作为语用学的教学内容。

在社会文化理论视角下，通过语言实现行为的能力为个人获取的社会文化资源所中介。根据维果斯基（1978）的观点，中介是指通过整合文化工具，包括语言、文化知识和文化概念，而实现的人类认知的高级形式。这些资源——或中介手段——包括语言形式以及个人对语言形式是否适合某一特定言语事件的了解。与之相关的还有利奇（Leech, 1983）与托马斯（Thomas, 1983）对语用学的划分，即分为“语用语言学”（语用学和语法的界面研究）和“社会语用学”（语用学和文化的界面研究），这一划分现已成经典。语用语言学和社会语用学知识均可中介社会行为。

语用语言学需要懂得常规语言手段的知识，因为社会行为通过语言手段得以实现（例如，请求借东西有不同的方式，如“把那本书给我”“我可以借那本书吗？”及“我在想，如果不太麻烦的话，您是否可以考虑把那本书借给我用一会儿”）。因此，语用语言学涵盖了用于中介社会行为的传统语言工具。然而，说话人并非随心所欲地使用任一或所有的语用语言手段。相反，社会语用知识将会干预并中介说话人根据当前的行为目标和可能变化的情景从这些语用语言资源中做出选择。社会语用知识不仅关涉对“恰当”或“合适”的社会行为规约的理解，包括什么时候对谁该说什么，而且还涉及对遵守或违反这些规约的社会后果的理解（见第二章）。简言之，说话人在使用可获得的语用语言资源实施社会行为时，社会语用知识中介说话人的选择行为。这一关系如图 1.1 中三个连锁的椭圆形所示。社会行为是将要实现的目标（如邀请某人就餐），且社会行为需要通过说话人获得的语言工具进行中介（语用语言学），而语言工具的选择又需要说话人的社会文化图式知识、概念知识和社会关系知识进行中介（社会语用学）。

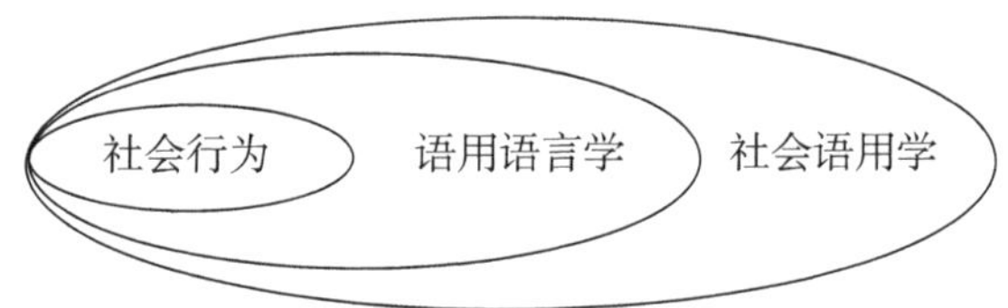

图 1.1　社会行为、语用语言学与社会语用学的交织特性

总之，中介是语用学的社会文化概念化的核心。社会行为、语用语言学和社会语用学相互交织，形成目标导向活动的各个层面。作为语言使用者，我们在使用语言资源时心中都有一个目标，并利用社会文化图式知识选择可用资源，按预定的方式以期实现我们的目标。虽然这一观点必定含有语言意义和使用的传统模式，但强调主动的语言使用也为一种可能留下了空间，即我们希望实现某一既定目标的方式可能会违反社会规约。换言之，我们可以**选择**遵守或拒绝恰当社会行为的规约，因为我们很清楚，做一件事或者另外一件事会带来什么后果完全出于对当下情况的考量。而这种信息——明晰、系统的社会文化图式——往往是二语语用教学所缺少的。

语用学教学

卡斯珀（Kasper, 1997）呼吁开展二语语用语言学和社会语用学的可教性与可学性研究，有研究表明课堂学习者的确从某种形式的教学中获益（全面综述详见 Alcón Soler & Martínez-Flor, 2008; Ishihara, 2010; Kasper, 2001; Kasper & Roever, 2005; Kasper & Rose, 2002; Martínez-Flor & Usó-Juan, 2010; Rose, 2005; Rose & Kasper, 2001; Taguchi, 2011; Takahashi,

2010）。然而，关于隐性与显性教学方式的成效，该研究得出的结论不一。在某些案例中，隐性条件，包括为学习者的不当语言提供语用形式的正面证据和修正反馈，似乎在发展语用语言知识方面与显性教学作用相同。然而文献显示，因为显性教学提供了元语用信息，在发展社会语用知识方面比隐性教学更有价值（Takahashi, 2010）。对学习者来说，从正面证据中推导社会语用信息似乎比推导语用语言形式更难。因此，某种显性教学的干预，有利于将学习者的注意力吸引到社会语用学上。

如上所述，显性教学条件提供了关于教授不同语言形式的元语用信息，包括对礼貌和正式性的评判。因此，社会文化理论部分地与非社会文化理论研究相结合，构成教学语用学，这样有利于显性教学，因为社会语用知识被认为可以中介语用行为。然而，从显性教学对象的概念化方式来看，社会文化理论框架与更多的传统方法分道扬镳。在教学语用学的传统方法中，元语用信息往往表现为一套教条的、参照规范的经验法则，或是范康珀诺勒和威廉姆斯（van Compernolle & Williams, 2012c：185）所说的规约之“狭隘经验表征”（另见 van Compernolle, 2010a, 2011b）。这些规约并没有向学习者提供任何所学语言形式的潜在意义信息，至少在某些案例中，这种规约并不准确。然而，社会文化理论框架迫使我们设计一系列基于概念的一致性教学材料，以中介学习者的发展（见以下系统理论教学的讨论）。针对主流的课堂二语习得研究，有人提出了类似的批评，因为其呈现给学生的语法规则往往缺乏系统性，且充斥着例外、歧义和错误（Lantolf, 2007）。

马蒂内–弗洛和乌索–胡安（Martínez-Flor & Usó-Juan 2006）的“6Rs”框架对教学语用学传统方法的非系统性阐述就是一个典型例子。他们的建议旨在帮助把英语作为第二语言的学习者，在请求和建议的言语行为中发展他们的语用能力，并“逐渐使学习者关注语境因素和社会语用因素的重要性，以及这两种因素对这两种言语行为的影响和如何产生的这种影响”（Martínez-Flor & Usó-Juan, 2006: 44）。这一方法首先向读者介绍语用学的两个重要话题：第一，**语用语言学**和**社会语用学**之间的区别与联系（参照 Rose, 1999）；第二，礼貌理论提出的三个主要社会变量（Brown & Levinson, 1987），即**社会距离**、**权力**和**强制程度**。马蒂内-弗洛和乌索-胡安为这些因素及其对礼貌语言造成的影响提供了解释和例证（见表 1.1），以指导教师与学生讨论社会语用因素。虽然这种教授语用学的方法很有意思，表面上似乎与本书提出的社会文化理论相吻合（例如教学概念），但是，向学习者解释社会距离、权力和强制程度的方法，存在着两个主要问题。

表 1.1　社会语用因素

因素解释（教师）	礼貌等级效果
社会距离“指说话人之间的熟悉程度（例如旅行社职员与客户，他们熟悉对方吗？）”（第 58 页）	礼貌随着社会距离的增加而增加
权力“指说话人与听者之间的相对权力（例如酒店经理与前台接待员，公司内职位等级）”（第 58 页）	礼貌随着权力差异度的增加而增加
强制“指说话人迫使某人做某事的一种强迫行为（例如借钱与借笔）”（第 58 页）	礼貌随着强制程度的增加而增加

（来源：改编自 Martínez-Flor & Usó-Juan, 2006）

第一，这三个变量均表现为静态，且先于交际语境而存在。结果，语言使用（即语用形式的选择）被表征为消极被动，并未提及**通过语言创造**社会关系的性质（即社会距离和权力）的方式。同样，关于“强制”的解释也暗指特定类型的“请求”和“建议”总是以消极被动的方式强加于听话人。例如，不管“请求”的语境如何，似乎借钱常常是一种巨大的强迫，而借笔却不是。事实当然并非如此。在考试时找同学借他或她仅有的一支笔与找好朋友借零钱到售货机买饮料相比，前者比后者施加的强迫要大得多。还需要指出的是，这样的解释往往很模糊。例如，这实际上是用**权力**和**强制**的术语来界定**权力**和**强制**的概念。因此，这种界定没有什么解释性价值。

第二，上表歪曲了三个社会变量与礼貌之间的关系。一方面，布朗和莱文森（Brown & Levinson, 1987）提出的礼貌概念并未得到解释，也没有提到用面子或面子威胁行为概念来说明该理论的背景。结果，教师和学习者有可能用自己的日常理解去理解礼貌（如待人礼貌或对人尊敬），且每个人的理解各不相同。另一方面，右边一栏显示的礼貌效果缺乏系统性。正如布朗和莱文森所认为的那样（即社会距离增加时，常规的做法是选择更为礼貌的形式），虽然社会距离与礼貌固然具有相关性，但这种相关性并非一成不变的规则。出于多种原因，说话人互动时可能采用传统意义上不太礼貌的形式，并且毫无疑问，若把互动因素考虑进去（如会话修正），这种传统意义上不太礼貌的形式并不能解读为没礼貌（Kasper, 2004）。然而，更重要的是，马蒂内-弗洛和乌索-胡安（2006）用来解释的语境（如为请求和建议呈现的语用语言资源）错误地把形式与意义混为一谈，意指某些语言形式与生俱来就比其他形式更礼貌。但事实并非如此。例如，好友之间使用所谓的“礼貌”形式会被当作一种不礼貌的行为，因为这可能会造成无端的社会距离。

摘录 1.1 说明了学习表达礼貌的非系统性经验规则所导致的后果，尤其是对礼貌规则过度泛化。如本书所述，作为该研究预备强化阶段的一部分，要求苏珊（化名）在不同的社会情境中，例如在第一次遇到好友的女伴索菲的情况下，辨别选用一个合适的第二人称形式（如亲昵的 *tu*“你”与礼貌的 *vous*“您”）。根据经验法则，因为尽管索菲被描述为同龄人以及朋友的朋友——这些因素支持选用 *tu*；但同时她也是一个陌生人——这一因素又支持选用 *vous*，这种情形下就有点左右为难了。

摘录 1.1

1 **教师**：那第二个呢 . +++ 琼的女伴索菲 .

2 **苏珊**：我可能会说 *vous*. 只因为我从未见过她，

3 + 并且这又完全回到了尊重上，我想，

4 +即使，+她和我同龄，并且+是我朋友的女伴，
5 +我仍然只+因为这是我第一次见她，+
6 我觉得我只能默认为 *vous*,
7 **教师：**好的.
8 **苏珊：**以表尊重，

苏珊在选择回答时，为了礼貌或尊重运用了经验法则。具体来说，因为苏珊以前从未见过索菲，所以苏珊选择了使用 *vous*“您”（第 2 行），因为在法语课本中 *vous* 惯常被描述为一种礼貌的称呼形式（van Compernolle, 2010a, 2011b）。尽管苏珊似乎注意到年龄以及索菲与琼之间的关系（第 4 行）的潜在重要性，但她还是回到了选择默认的礼貌称谓（第 5—8 行）——“您”，因为在这种情况下，她的确不知道如何选。苏珊没有意识到，由于她们年龄相仿，而且索菲作为朋友的女伴，具有潜在的朋友地位，如选择规约的尊称“您”，很可能会被视为见外，甚至是无礼，因为这样会在具有潜在朋友地位的平辈之间，产生一种不必要的社会距离（Belz & Kinginger, 2002; Kinginger, 2008）。由于苏珊在参与该项研究之前，只掌握了有关社会语用学基于经验法则的知识，所以她还没有形成连贯的意义框架，使她能应对在此情景下该任务出现的模糊性。而本书将证明，教学语用学的社会文化理论框架，能为学习者在做出语用语言选择时，构建一个系统的、基于意义导向的基础。

二语教学语用学的社会文化理论框架简述

如本书所述，二语教学语用学的社会文化理论框架的核心原则是，课堂二语发展，包括语用学，实质上是一个概念化过程（Negueruela, 2008）。文化建构的概念——无论是在日常生活中自然习得，还是通过正规教育有意培养而来——均可中介认知（Karpov, 2003; Kozulin, 1995; Vygotsky, 1986）。概念不仅是思维的内容，而且事实上还能建构思维，以便让我们可以通过概念进行思考。因为概念具有文化特定性，所以二语发

展很大部分具有“获取新的概念知识，并且/或者修正现有知识，是人与世界相互作用的再中介方式”（Lantolf & Thorne, 2006: 5）。在这方面，阿加（Agar, 1994: 60）的新词“语言文化”非常重要。在阿加看来，语言文化这一概念，反映了语言和文化辩证的一体化特征，“重建了人们与基本符号产物的统一”（Lantolf & Thorne, 2006: 5），而非传统观点认为的那样，两者彼此独立。

因此，从这一角度看，课堂二语语用发展可以理解为语言文化概念和意义模式的使用。换言之，语用学不只是关乎文化语境中的语言——文化位于语言外部，并从外部影响语言——相反，语用学是二者的结合，语言使用既是文化的表现形式，同时也是文化物化和文化转化的资源。虽然不同文化中某些概念可能类似，但是这些概念如何在社会互动与交际活动中实施，却是千差万别的。例如，美国文化和法国文化中，都有类似的权力-距离关系概念，但只有法语在人称代词系统中标示社会关系的差别，区分第二人称（如 *tu* 或 *vous*）。[2] 因此，学习说法语的“你”，就远非掌握几条经验法则和第二人称动词短语的形态句法那么简单了，还需要学习在新的概念框架中如何运用。也就是说，法语中“你”或“您”（*tu*/*vous*）的选择，既反映和创造社会关系的性质，同时也指明了个人的社会身份（见 Morford, 1997；关于二语为法语，见 Kinginger, 2008；van Compernolle, 2010a）。

二语教学语用学的社会文化理论框架的另一个重要原则是，概念知识的价值与实践活动的关系直接发生联系，亦即**使用**（Vygotsky, 1997, 2004）。脱离使用语境来获取新的概念知识是远远不够的，教学法往往注重研究对象（如语言）的显性知识价值，但必须包含将这种知识与行动相结合的学习活动。目的是为了通过实践活动，实现知识的应用和转化。在这一框架内，知识与运用，理论与实践相互影响，形成动态的辩证关系。维果斯基很清楚，这一辩证关系中**实践**对任何教育理论和认知发展理论都至关重要。

上述两个论断可以在帕拉迪斯的双语教育和二语习得的神经语言学理论中找到支持（Paradis, 2004, 2009）。帕拉迪斯提供的证据表明，成人二语习得大多得益于陈述性记忆系统，因此，从根本上说，也是一个陈述性过程或意识过程。这一模型不仅可以解释通过显性形式的教学得以发展的元语言知识，而且，正如帕拉迪斯所说，还能解释如注意、推论等过程，在二语习得文献中这些过程并非总被视为意识的一部分。他主张的结论是，成人二语学习者在使用二语时，普遍依赖所具备的一切有意识的知识形式。通过使用二语，这类知识的获取就会充分“提速”，以至于达到自动化。帕拉迪斯的理论是对维果斯基教学理论的补充，并对成人二语发展中有意识（概念）知识特性有着极为重要的意义。简言之，如果成人二语学习者普遍依赖陈述性知识，这种知识的特性就应成为教学关注的中心问题（Lantolf, 2007）。

社会文化理论作为教育实践的基础

本节旨在向读者介绍社会文化理论的核心理论假设，正如维果斯基所言，这些假设构成了本书中二语教学语用学的社会文化理论框架的基础。其理论观点将在后续章节中再次提及并详细阐述。因此，以下段落将简要概述社会文化理论的核心理论原则。关于该理论的全面综述以及向二语发展研究的拓展，读者可参考兰托夫和索恩的著作（Lantolf & Thorne, 2006）。

心理中介

维果斯基的社会文化理论的核心原理是文化构建产物对人类心理进行中介。关于人类心理机制的解释，二元论和简化论认为，心理过程或是源自个人环境（向上简化论，行为主义），或是个体心理 / 大脑的特定生物遗传（向下还原论，天赋主义）（见 Valsiner & Van der Veer, 2000）。与之相反，维果斯基主张生物遗传的产物与文化构建的产物之间存在着辩证（即有机统一的）关系。维果斯基认为，人类意识产生于此二者的统一，即：生理上特定的心智能力，以及文化构建的中介手段的内化。整合认知活动中的中介手段能有效地重组生物遗传的认知过程，并将之改造成特定的人类心理机能的高级形式。简言之，“生物学提供必要机能，而文化则赋予人们有目的地‘从外部’（Vygotsky, 1997: 55）调节这些机能的能力”（Lantolf, 2006: 70）。因此，人类心智并非与大脑对接，而是与基于文化的中介手段发生了作用（Wertsch, 1998）。

维果斯基认为心理是可中介的，从而提出人类通过间接或者辅助（中介）手段与世界互动。因此，尽管维果斯基时代的主流心理学理论主张主客体之间存在直接的刺激–反应关系，但他坚持认为文化产物使得人类能够创造自身与世界之间的间接、辅助关系。通过中介手段，“直接冲动反应受到抑制，而辅助刺激（即中介产物）则可通过间接手段的作用以促进心理活动的完成”（Vygotsky, 1978: 40）。他还说：

> 这种组织类型是所有高级心理过程的基础……［辅助刺激］将心理活动转化为更高级的有质的区别的新形式，并且在外部刺激物的帮助下，允许人类**从外部控制他们的行为**（原文强调）。符号的使用导致人类形成了一种特定的行为结构，以摆脱生物性发展，而创造出以文化为基础的心理过程新形式。（Vygotsky, 1978: 40）

维果斯基（1978）利用一个三角形（图1.2）呈现了主客体之间的间接（中介）关系，反映了主体通过工具和符号作用于客体。然而，应该注意的是，维果斯基从未否认人类存在直接的刺激–反应过程，相反，他认为这类过程属于低级的（即非基于文化的）心理机能，人类与其他动物共有，尤其是灵长类动物。但是，基于文化的心理过程的高级形式包含文化工具（即中介手段），这使人类得以控制其低级（即自然或生物特性的）心理过程。正如科尔（Cole, 1996）指出，“自然”（即非中介）机能位于维果斯基三角形的底部，因其存在某些直接的刺激–反应过程，而认知活动的文化（即中介）形式则“是主体与环境（主体与客体，反应与刺激，等等）之间的关系通过三角形顶端（文化产物）相连接的形式”（Cole, 1996: 119）。高级的或者基于文化的心理活动形式包括有意注意、有意识记以及逻辑思维与问题解决，当然会依赖于大脑中的生物特定机能，但也需要通过中介产物的整合形成。例如，有意识记既依赖于个人的工作记忆力和长时记忆力（即生物性），也取决于文化产物（即文化）。文化产物能使人有意控制这些机能，也就是在意欲记住的时候，采取意欲记住的方式，记住意欲记住的内容。一个典型的例子就是我本人作为布鲁斯和摇滚吉他手的经历，我的识记方法就是使用六线谱或六弦谱——这个例子无疑也被其他人分享。六弦谱标明了吉他的琴弦，以及弹奏时每根琴弦上的指法位置变化（如空弦、一品、二品、三品，等等）。六弦谱的重要性不仅在于提示吉他手以什么次序弹奏什么音符，更重要的是，提示弹奏序列音符的关键指法，以及这些音符如何实现（如滑弦、推弦、击弦、勾弦），一切都在乐谱上以不同的符号标出。使用六弦谱时通常没有真正的活页乐谱，所以吉他手必须对歌曲已经非常熟悉（如节奏、旋律、拍号、速度）。因此，六弦谱是一种用于记忆歌曲及如何演奏十分有用的、基于文化的手段。

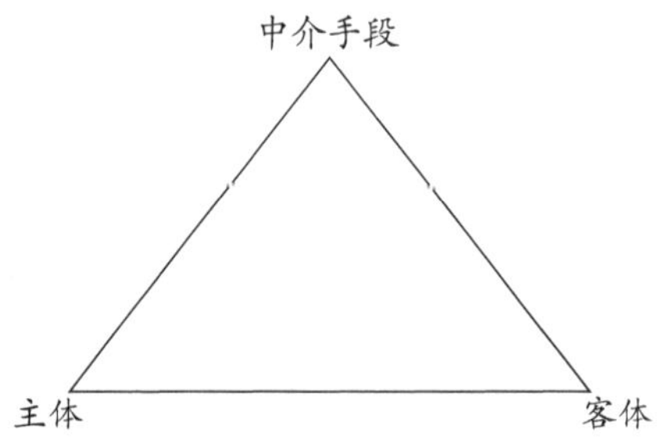

图 1.2　中介三角关系

值得注意的是，在维果斯基的理论中，文化产物不能仅仅理解为脱离人类活动的物质对象。相反，文化产物只能理解为人类活动的构成要素并产生作用（Cole, 1996）。因此，理解某一文化产物需要理解该产物的使用会如何满足人类目标导向活动的某个方面，反过来又是如何构建该项活动的。沃茨奇（Wertsch, 1998）就此提出了一个十分有用的概念来描述人类活动与文化产物的统一，即**人类主体通过中介手段活动**。[3] 换言之，文化产物不仅仅是人类用以实施某种行为的工具型或补充型的物质对象（如**文化工具箱**或**个人＋概念**，分别由 Wells, 1999 和 Perkins, 1993 提出）。人类目标导向活动与所整合的文化产物离开了彼此都无法被真正理解，因为"文化产物靠其中介的活动而产生特点"（Lantolf & Thorne, 2006: 67）。为说明这一点，我们可以回到上文所举的吉他乐谱的例子。吉他乐谱可以中介学习一首歌或某一段曲子，也可以通过提醒何时演奏或演奏什么及如何演奏来中介个人练习或乐队彩排，还可以中介个人舞台表演。尽管物理对象不变，但其在不同场景中作为文化产物的地位不同：它可以是一种学习工具，也可以是一种有意记忆策略。

虽然维果斯基（1978）本人的研究主要聚焦于在活动过程中引入工具和符号（如物理对象和符号产物，比如语言）的中介潜能（Wertsch, 2007），其他学者已将中介手段概念扩展到包含非显性的中介形式。例如，沃托夫斯基（Wartofsky, 1973；转引自 Cole, 1996）区分了三个层级，包括初级产物（如工具和符号）、中级产物（如使用初级产物的行为模式）和高级产物（如影响我们如何感知现实世界的想象世界）。在构建思维过程以及我们如何将初级产物融入到我们参与的活动中，科尔（Cole, 1996）强调了文化模式、图式和脚本的重要性（科尔根据沃托夫斯基［1973］的模式将其归类为中级产物）。沃茨奇（Wertsch, 2007）区分了活动过程中被有意引入的显性中介形式（如物理对象、成人指导）与不太透明或隐性的中介产物，如内化概念。基于本书的目的，本人只希望区分三个相互联系或相互交织的中介手段或产物的广义范畴：**工具和符号**、**概念**和**活动**。

工具和符号包括物质对象（如锤子、纸笔、计算器、计算机）和符号系统，其中最重要的是语言（Vygotsky, 1978, 1986）。如上文所述，在维果斯基看来，工具和符号只有在活动语境中起中介作用才能被理解为文化产物。例如，语言只有在语言中介活动语境下才能被理解为中介产物，而不是形式语言学惯用的一套脱离语境的、孤立的声音和结构（Cole, 1996; Lantolf & Thorne, 2006; Leontiev, 1981; Thorne & Lantolf, 2007）。这一观点迫使我们把语言理解为活动或**语言行动**（languaging）（Becker, 1988），也就是说，作为一种符号过程，意义是在具体的交际活动中或通过具体的交际活动而创造的。

概念中介人类活动，因为概念是意义系统的构成要素，从而构建人类心理活动（Vygotsky, 1986）。如下文将进一步详述，维果斯基区分了**日常概念**（即通过丰富实践经验自发产生的概念）与**科学概念**（即对研究对象抽象而系统理解的概念）（Davydov, 2004; Galperin, 1989, 1992；见下文）。因为概念知识——无论是日常概念还是科学概念——均组成意义网络或意义联想，以及对象与其他概念之间的关系，从根本上构成了人类认识世界和作用于世界的方式。因此，概念中介心理活动，乃至中介人类在具体物质活动中使用工具和符号的方式。

活动本身也可中介人类行为和认知。程序化的互动模式、文化模型、脚本和图式为人类活动提供了一个框架（Cole, 1996; Engeström, 1987）。活动包含适合于完成当下活动的规则（惯例）、劳动分工和可获取的中介产物（即工具、符号和概念）。对此，科尔（1996: 126）指出，文化脚本"[明确了]适合参与事件的人物、他们所扮演的社会角色、使用的对象[即文化产物]，以及行为顺序和应用的因果关系"。人们参与类似现象的事件经历构建了有关社会角色、合适的中介产物以及活动构成次序的知识。反过来，这些知识也同样中介人们参与未来事件的方向。

内化与最近发展区

社会文化理论的另一个核心概念是内化。维果斯基指出，中介手段通过参与文化活动实现内化。因此，内化过程将社会性与内在心理性联结成辩证的统一体——中介手段（即文化性）融入人的认知系统的过程。值得注意的是，维果斯基认为社会性即心理性，或者说社会性即是一个心际层面。他在描述发展遗传规律时已阐明了这一观点（Vygotsky, 1978），认为高级心理机能在向内发展之前首先受到其他机能中介以便存在于个体层面或心际层面（Frawley, 1997）。内化是一种向内发展形式的观点十分重要：内化不是简单的文化工具的习得，而是使用文化工具并据为己有的转化过程（Lantolf & Thorne, 2006）。同时，还应该意识到内化具有双向性。正如津琴科（Zinchenko, 2002）指出，内化同时需要**向内发展**和**向外发展**，因为这是个人–环境关系的重组过程，因此，必定存在一个外在或外向的维度（更多关于内化双向性的讨论，读者可以参考 Lantolf & Thorne, 2006: 151—178）。

内化是中介手段个性化的过程，这是贯穿本书的中心主题之一。虽然本书后面会充分讨论（尤见第三章），但由于个性化的概念非常重要，有必要在此做些初步说明。如上文提及，内化涉及将某物据为己有，这就需要中介手段的转化。因此，内化概念区分了社会文化理论观点与发展习得模式（Kozulin, 2003），因为向内与向外的发展过程从根本上改变了中介手段的性质。换言之，学习者不是简单地习得预先打包好的知识或技能，而是在具体物质活动中以对个人有意义的方式将这些知识与技能加以整合。因此，决定发展的证据基础关键在于中介手段被个性化的程度。正如全书所要阐述的，即便给他们提供同样的教学材料，不同的学习者内化中介手段的方式各不相同，因而形成了他们各自与意义（社会语用学）和形式（语用语言学）之间的个性化关系。

诚然，内化或个性化并不是在真空中发生的。相反，正如维果斯基在提出发展遗传规律时所阐明的那样，高级（即中介过的）心理机能首先出现在心际层面。如科祖林（Kozulin, 2003: 17）所言，维果斯基认为，发展（即内化）“取决于在［学习者］与环境之间互动时中介代理人在场”。维果斯基的最近发展区（zone of proximal development, ZPD）概念，通常被描述为能独立完成什么与在他人帮助下可能完成什么，这两者之间的差异，相当于中介手段内化的通道。在这方面，霍尔兹曼（Holzman, 2009）就最近发展区概念进行了富有见解的讨论，并提出了三种解释：（1）个体的可测性；（2）在任务中与学习者互动并提供帮助的方式；（3）以个体间合作承担任务为特点的集体活动和转化活动（见 Poehner & van Compernolle, 2011）。霍尔兹曼指出第三种解释最接近维果斯基的最初主张。

将最近发展区理解为集体活动，且中介手段通过集体活动被内化，这为组织学习环境的概念构想提供了有效途径。关于对维果斯基的这一解读并没有将最近发展区的讨论限制于学习的可测潜能或能力的诊断，也没有仅依赖于概念辅助，因为这在维果斯基关于最近发展区的作品中被视为理所当然（Chaiklin, 2003）。相反，其重点则是让学习者参与合作，把可获取的中介手段个性化。因此，中介代理人，如教师，实际上鼓励个体学习者之间出现差异（见第三章）。简言之，由于学习者同时兼具向内发展（内在心理活动）和向外发展（外在心理和物质活动），最近发展区活动需要为意识质变的发生创造条件（Lantolf & Thorne, 2006）。

教育实践与人为心理发展

实践——理论及其应用的统一——是社会文化教育心理学的主要任务之一。维果斯基指出，实践起先仅仅是理论的应用，“实际上对理论的命运不产生任何影响”（Vygotsky, 2004: 304），但实践将成为对其新的心理学理论的最大检验（Lantolf, 2008）。简言之，维果斯基认为将教育心理学局限于描述自发的发展过程是不恰当的；相反，他认为心理学真正的目标是成为“一门研究人类行为变化规律并研究掌握这些规律的方法的科学”（Vygotsky, 1997: 10）。

维果斯基审慎强调，其发展教育观并不等于实验教育学，实验教育学主要是关于“通过实验方法解决纯粹的教学和教育问题”（Vygotsky, 1997:

10）。而他关注实践则意味着教育心理学是“关心应用于教育领域的**心理**调查”（Vygotsky, 1997: 110）。维果斯基认为，正规教育具有促进“人为掌控自然发展过程”的目的（Vygotsky, 1997: 88），也就是说，有意通过教学法干预来促进发展。皮亚杰及其他当代教育心理学家认为教育应该遵循自然发展阶段，而维果斯基则与他们不同，他认为，在学校环境中学习有可能引发某些在非学校（日常）环境中不可能发生的独特的认知发展。

> 维果斯基把教育视为一种特定的文化活动形式，具有重要而独特的发展影响……教育的任务不仅仅是获取知识，而是一项有意组织的（即人为的）心理行为重构活动。（Lantolf, 2008: 16）

根据维果斯基的观点，自然或日常发展与人为（有意）发展的一个关键区别在于概念知识层面，尤其是日常与科学（或理论）概念之间的区别（Vygotsky, 1986）。

日常概念构成经验知识（Karpov, 2003），并以“某一对象的即时可观察特征”为基础（Kozulin, 1995: 123）。日常概念有两种类型：自发的和非自发的。**自发**的日常概念一般只有通过特殊教育才能进入意识。比如，儿童可以无意识地习得一语语法，他们对于一语的正确使用并不依赖于任何有意识的理解。但是，这种语言知识只有通过学校教育（如学习语法规则和词性）才能成为公开意识。无论是在日常生活中，还是在正规教育环境中，**非自发**的日常概念则只能通过有意识的学习过程而发展，因此，它们都要经受有意识的检查（即认识）。例如，“圆”这一非自发日常概念是对具有相同或相似几何形状的物体进行有意识的抽象而形成，人们或多或少对此具有一定的经验，“如轮子、煎饼、手镯、[和] 硬币”（Lantolf, 2008: 21）。这种知识类似于语言教学中的经验法则：虽然能提供一些实用性指导，但既不连贯，也不成体系。

相比之下，科学概念“是对科学中固有的人类普遍经验的概括”（Karpov, 2003: 66），包括不可即时观察的一系列特定对象的基本特征。

再看一下圆这一概念的例子，科学概念是“直线的一端固定，另一端自由运动［360 度］形成的图形”（Kozulin, 1995: 124；转引自 Lantolf, 2008: 21）。这一科学概念描述了所有可能的圆。正如科祖林（1995: 124）指出，圆的这一定义“不需要事先具有圆形物体的知识来理解”。因此，语言的科学概念知识需要理解语言的基本特点。正如本书所主张，这类知识具有符号性而非结构性的特点。当然，结构 / 形式非常重要，但是对意义潜势的整体性、系统性理解必然是课堂二语发展的核心。换言之，一般来说，课堂二语习得的传统方法，尤其是在二语教学语用学中，赋予形式以优先地位，而社会文化理论框架则从意义出发，尤其注重与语言实践相关的潜在概念意义。

维果斯基（1986）承认，日常概念和科学概念各有其优势与不足。日常概念富有经验证据，与日常生活经验联系紧密。但因为日常概念的经验性（即基于范例），常常缺乏普遍性，因而很可能无法迁移至人们未曾遇见的情景中。然而，科学概念具有抽象性和系统性的优势，因而可以普遍应用于一切可能的情况中。同时，科学概念是显性概念，因此可用于有意识的控制。但是，科学概念不一定与实践经验相联系，因此，在实践中学习者可能需要很长一段时间来提高其对概念的掌控。切记维果斯基对实践（即理论及其应用的统一）的表态，他主张，“科学知识必须与实践活动相联系才有价值”（Lantolf, 2008: 21）。换言之，获取科学知识而不发展运用能力就会导致言辞空洞或者说“知识脱离现实”（Vygotsky, 1987: 217）。因此，基于维果斯基原则的教学法必须找到一个将抽象理论知识与具体实践相结合的方法。在课堂二语发展中，这意味着一方面能够提升系统的元语言知识，另一方面能够在语言运用（如口语或书面语）中为知识的应用与可能转化创造条件。传统的课堂二语习得方式是将形式映射到意义，相反，社会文化理论框架则旨在将意义映射于形式（见下文）。换言之，先有概念意义，然后才能延伸至相关的语言形式，这样，课堂二语发展——被视为一个概念过程（见上文）——具有“从抽象上升到具体”的特点

（Ilyenkov, 1982: 135；另见 Davydov, 2004，下文有述）。

如上所述，课堂二语习得传统上聚焦于形式的习得，将形式视为创造和阐释有意义话语的手段。因此，形式享有优先特权，当形式被习得之后，就会被映射到与信息相关的意义上。例如，在许多初级法语教材中，过去时态的教学采取循序渐进的方式，从复合过去时（passeé composé）开始。教材中关于过去时态的单元往往会重点讲解过去式的正确构成（如选择正确的助动词 être "to be" 或者 avoir "to have"，添加主动词的过去分词），那么，练习则以强化过去时态使用的结构层面为主。只有在未完成体（也是始于聚焦于未完成体的构成，如动词词尾变化）引入之后，才会给学习者提供与过去时态意义相关的信息（如完成体和未完成体的选择）——例如，在过去叙事中推进故事情节发展或为行为提供语境的前景信息和背景信息。因此，要优先掌握过去时态的形式特征，学习者只有掌握了这些特征，才能理解其意义。正如内格鲁埃拉（Negueruela, 2003）在其著作中指出，社会文化理论通过基于概念的教学颠覆了上述传统，优先强调动词体态的意义和重要性，然后将意义映射到相关的过去时态形式中。

因此，意义并不是简单的"信息传达"（即话语的指称意义），而是关于学习者在所学语言中可能出现的视角与表征差异（即心理意义）。这两种意义当然都很重要，并以重要的方式相互作用。然而，当概念意义被突显时，学习者可以获得更系统、更缜密的取向基础（即动机）以选择形式。同样，值得注意的是，在基于社会文化理论的教学法中享有优先地位的概念，是与交际行为和意义构建相关的那一类概念。因此，动词变形范式知识或许本质上具有概念性质，但概念的内容则局限于语言的形式结构特征，不一定具有符号功能。相比之下，例如，关于体态的语法概念或社会距离的社会语用概念的使用，可以培养学习者系统的符号取向性基础，并在交际中用以解释并创造意义，而非局限于一组封闭的形式。毕竟，体态不仅仅与过去时态有关（如现在 / 将来完成体和未完成体，在不同的语言中以不同的方式实现），甚至与动词形式有关（词汇体也可以通过选择动词和使用副词来实现），正如社会距离的概念和语言的许多语用特征相关，而不仅是称谓形式或言语行为的实现。

系统理论教学

依据维果斯基概念知识在正规教育实践中的价值的立场，加尔佩林（Galperin, 1989, 1922）和达维多夫（Davydov, 2004）提出了基于概念的教学方法。尽管加尔佩林模型和达维多夫模型之间存在差异——分别称之为系统理论教学模型（systemic-theoretical instruction, STI）和抽象到具体运动模型（movement-from-the-abstract-to-the-concrete, MAC）——但是两者都将科学概念视为最小的教学单位。正如费雷拉（Ferreira, 2005: 55）指出，尽管两者存在差异，但加尔佩林和达维多夫都提倡概念教学，认为概念教学是"显性的，与［学习者的］主要活动相连，强调对做某事和为何做某事的自觉意识……并致力于发展学生的自主性和创造性"。加尔佩林与达维多夫的主要区别在于科学概念教学的取向性模型不同。

在加尔佩林看来，模型是固定不变的，是一个用以实现无错行为的程序（Haenen, 1996: 190）。例如，内格鲁埃拉（Negueruela, 2003）研发了二语西班牙语中体态的概念教学流程图，引导学习者通过选择合适的时态来表达他们想要创造的意义。这样，尽管内格鲁埃拉的研究能使学习者富有创造性地主动选择动词的体态，但流程图充当了一个无错选择正确时态的分步指南。然而，在达维多夫看来，模型具有足够的灵活性，可通过对概念的类似调查来指导学习者。该模型涵盖了学科本质，并用作理论思维发展的工具。例如，费雷拉（Ferreira, 2005）运用达维多夫（Davydov, 2004）的生殖细胞模型的理念，在二语英语写作课程中进行语体概念教学。生殖细胞模型本质上是应用概念的内核概括其本质，并指导学习者通过概念的类似调查对其阐述和修正。就弗雷拉的研究而言，在"抽象交际原则（ACP）——语言↔语境"（Ferreira, 2005: 19）下，随着学习者对语言和语境双向影响的理解不断发展，该模型可随时接受评估和修正。因此，除了提供一个循序渐进的流程图或图表来实现无错行为，生殖细胞模型也为学习者探索语体概念提供了方向（更多 STI 与 MAC 的比较，见 Ferreira, 2005）。

值得注意的是，虽然加尔佩林以及后来的达维多夫都将重点放在教学实验（STI，MAC）上，但此研究在维果斯基的总体方案下从根本上解决了心理发展问题。[4]加尔佩林特别通过其系统理论教学实验证明，心理活动并不仅仅是发生在个体大脑中的神秘内在过程。相反，心理活动在实际物质活动中或通过实际物质活动产生，具有目标导向性（即目的性），并总是与现实物质活动中的问题相联系。正如斯捷岑科和阿里维奇（Stetsenko & Arievitch, 2010）所说：

> 心智在发展中逐渐形成……因物质活动而产生，因为它需要彻底检查新出现的情况，并在实际执行之前需要预见这些情况中的行为结果。（Arievitch, 2010: 244）

在之后的段落中还说：

> 作用于内在层面的活动保留了人类现实活动的所有特征——它是一个解决世界上存在的问题的积极过程，也是一个基于当前条件和未来目标寻找“接下来要做什么”的过程。（Arievitch, 2010: 244—245）

因此，无论是发生在内部层面还是外部层面的活动，都具有目标导向性：“心理活动在意义媒介中进行”（Stetsenko & Arievitch, 2010: 245），而物质行为在物体活动中实施。值得注意的是，加尔佩林和达维多夫均认为心理活动不仅在内部（秘密）发生，而且包括外在的思维形式。以建筑师为例，建筑师在实际修建大楼之前绘制和修改图纸（Lantolf & Thorne, 2006），实质上，大楼在符号层面（即图纸上）的构建先于建设施工。因此，建筑师的构想在图纸上已经物化。

因此，基于概念的教学法有三个基本原则（Lantolf & Thorne, 2006）。首先，如前文提到，概念是教学的基本单位，是研究对象的系统表征，并在具体物质活动中指导学习者的行为。余下的两个原则旨在支持相关概念的内化：即概念的具体化（如以教学图解形式）和语言表述（如解释概念本身，并解释与概念相关的个人表现）。如兰托夫和索恩（Lantolf & Thorne, 2006: 304）指出："这三个原则来源于［加尔佩林的］人类心理机能的一般理论，即心理活动由三个过程控制：取向、执行和控制。"取向过程（即规划功能）决定"如何做以及做什么"（Lantolf & Thorne, 2006: 304）。执行过程代表实际活动，而控制过程负责评估是否以及在何种程度上成功执行了取向（即规划）。因此，基于概念的教学法目标是为学生提供一个行为取向基础，以指导其心理和物质活动，并对如何规划和执行行为进行连贯、系统的解释，同时，使学生能够根据他们对活动目标的理解来控制和评估这些行为。这种方法有可能发展学生的自主性，亦即行为的社会文化中介能力，这种能力赋予行为以意义，包括其语境敏感意义，这产生于个体与环境关系中的制约因素和支持因素。

基于概念的二语教学

迄今为止，许多研究表明，内化的语言概念在二语发展和使用中发挥了强大的中介作用。这些研究探讨了西班牙语中时态、体态和情态的教学（Negueruela, 2003, 2008; Negueruela & Lantolf, 2006），西班牙语中位置介词的教学（Serrano-López & Poehner, 2008），二语英语学术写作课程中的语体教学（Ferreira, 2005），法语语态概念教学（Knouzi *et al.*, 2010; Lapkin *et al.*, 2008; Swain *et al.*, 2009），以及西班牙文学和隐喻教学（Yáñez-Prieto, 2008）。下面，我将对上文引述的内格鲁埃拉和斯温（Swain）及其同事所做的研究进行描述，因为这些研究是本书所报告的研究设计的主要模型。

内格鲁埃拉（2003）采用基于概念的教学方式，在美国大学西班牙语中级班上实施作文和语法课程教学：向学生展示有关语气、体态、时态等概念的教学模型（示意图）；布置6项录音家庭作业，要求学生在录音中解释相关概念；在为期16周的学期内参与几项自发式课外口语互动任务。内格鲁埃拉详尽记录了学习者的语言表述情况（学习者的家庭录音），即学习者如何经过基于经验法则解释完成时态和未完成时态的用法，成长为能够基于概念和意义理解时态在具体事件中担当某一完成体的作用。这一转变暗示了学习者不再将语言视为一套要遵循的规则，而是一个意义系统，从中可根据具体的交际目的选择合适的意义。内格鲁埃拉还记录了这些学习者口语表现的显著进步，即他们能动（即自主、可控）地使用时态来为所描述的事件赋予特定的意义（体态）。尽管学习者在语言运用上仍有纠结，如录音表明他们对语言形式的把握会时而犹豫不决，但内格鲁埃拉解释说，这不足以为怪，因为概念知识的发展往往先于行为能力的发展（Valsiner, 2001）。此外，内格鲁埃拉（2008）还曾将意义范畴（概念）的内化描述为通向潜在发展区（ZPOD）的过程。内格鲁埃拉（2008）认为，潜在发展区需要意义范畴（即概念）的内化，这为交际行为能力的（潜在）发展奠定了基础。

斯温及其同事（Knouzi *et al*., 2010; Lapkin *et al*., 2008; Swain *et al*., 2009）研发了以前的基于概念的教学干预方法，在加拿大大学二语法语课程中级班上教授语态概念。相对于内格鲁埃拉（2003）来说，他们研究的实验设计性要强得多（即具有正式的前测、后测、延迟后测），主要侧重于语言概念内化过程中言语表达或语言措辞的作用。他们的研究包括开发概念描述卡片和教学示意图，供学习者在课堂上独立学习时使用。在一次课堂干预中，要求学生面对调查者尽量进行自我表达（即说出自己的想法）。研究结果表明，按照定义数据（即语态概念说明）和工作表的测量，即对学习者识别文本中的语态并解释其功能进行测量，发现所有学习者对语态概念的理解均有所提高，然而也发现个体之间存在差异。最值得注意的是，学习者的语言表达数量和质量各不相同。根据斯温等人（2009）的详细报告，分析表明高水平语言学习者（在后测及延迟后测中表现优于其他组别）对语言表达单位的自我评估和推理的等级显著高于其他组别。斯温（2009）区分了三种推理形式：

> （a）整合：参与者采用已有卡片上提供的信息……；（b）加工：参与者不仅展示所保留的之前提供的信息证据，而且通过将该信息融入先有知识或将解释性文本的几条信息合并起来，从而实现信息的使用……；（c）假设形成：参与者基于他或她已经学习或理解的内容形成一个假设。（第 11 页）

自我评估是指学习者在语言表达单位中监控或评估其对概念的理解。根据他们的发现，斯温等人（2009: 22）认为，"高水平语言学习者不仅说得更多，而且他们使用语言的方式存在质的差异，这些方式能够对理解复杂思想的重要认知过程进行中介"。

这两项研究都说明了概念知识的内化是二语发展的关键要素。如前所述，基于概念的教学法强调心理行为的三个方面：取向、执行和控制。概念内化提供了行动的方向，并有助于控制、监测和评估行动。因此，为了实现自己的目标以及应对当前和潜在变化的环境，概念知识被突显为发展主动控制个人行为能力的核心要素。

研究背景和数据来源

本书提出的二语教学语用学的社会文化理论框架，借鉴了一项基于概念方式在美国大学法语学习者中发展高级二语语用能力的研究（van Compernolle, 2012）。本书阐述了本研究的理论和方法论基础，并阐明了社会文化理论框架在二语教学语用学领域的实际应用。

研究设计

本研究旨在探讨维果斯基的教学原则，特别是系统理论教学（STI），向二语教学语用学的延伸。为此，我们设计了一个时长为 6 周的教学强化项目，允许学生在常规课堂外与指导教师一对一见面交流。本研究包括下列材料和任务（材料设计和任务管理将会在相关章节中详细介绍）：

- 一部36页基于概念的教材，其中包括书面概念描述卡片和教学示意图（见第二章），作为该强化项目的核心。学习者在使用该教材的过程中，通过言语进行独白式和对话式的言语反思，并在此过程中考虑概念的特质（见第四章）。
- 得体性判断问卷，要求学习者在各种社会互动情境中选择恰当的语用形式，并解释选择的原因（见第五章）。
- 口语互动场景，以迪·彼得罗（Di Pietro, 1987）的策略性互动方法论为模型，学习者设计场景，执行场景，并与教师讨论自己的表现（见第六章）。

此外，还包括了半引导式的语言意识访谈，以评估学习者元语用知识的质量。表1.2提供了该研究设计的提纲。

表1.2 研究设计提纲

周次	过程
1	• 前强化阶段的语言意识访谈 • 得体性判断问卷1 • 场景1和2
2	• 基于概念的材料介绍 • 言语反思 • 得体性判断问卷2
3	• 场景3和4
4	• 言语反思（仅图表） • 得体性判断问卷3
5	• 场景5和6
6	• 后强化阶段的语言意识访谈 • 重复得体性判断问卷1 • 场景7和8

该项目的第1周试图评估学习者的实际发展水平（即在项目开始时他们知道什么和能独立完成什么），包括一项语言意识访谈、一项得体性判

断问卷，以及两项策略性互动场景，旨在激发非正式和正式会话（见上表）。第 1 周也相当于诊断性评估，因为研究者可发现每位个体学习者的具体困难领域，以便在后续几周跟进。

第 2—5 周也是强化训练项目本身。在此期间，参与者首先通过概念解释和图表来导入概念（第 2 周），然后要求他们对概念进行言语反思（第 2 周和第 4 周），并与研究者或指导教师合作参与不同的得体性判断问卷（第 2 周和第 4 周）以及策略性互动场景（第 3 周和第 5 周），以发展他们的概念知识和运用能力。强化训练项目不仅旨在为学习者提供多种参与类似任务的机会，更是为了逐步撤销中介过程。因此，当参与者在第 2 周接触完整的语言概念解释时进行了言语反思，他们在第 3 周才能进入教学图表阶段。同样，在互动任务过程中（如得体性判断问卷和互动场景），研究者或指导教师力图为参与者提供最少但必要的显性帮助，以促使参与者为完成任务做出最大的贡献。

第 6 周的设计旨在与第 1 周进行比照，主要比较前强化阶段与后强化阶段的元语用知识和语言运用能力。因此，参与者要参加另一个语言意识访谈，围绕与第 1 周相同的引导性问题展开，并参加与第 1 周相同的得体性判断问卷，旨在直接比较强化训练前后的表现，以及参加第 1 周使用过的类似互动场景。

参与者

本研究的参与者为 2010 年秋季报名参加中级（二年级）口语交际和阅读理解课程的大学生法语学习者，他们均来自位于美国东北部的一所大型公立研究型大学。选择这些学生有两个理由。第一，尽管参加二年级课程的学生一般能够使用法语进行交际，但他们的语言经验通常局限于正规教育中所教授的内容。因此，相对于法语母语者而言，他们对社会语言学和语用变体范围的意识和应用能力十分有限。第二，由于注册中级课程的学生已完成大学外语水平的要求，所以他们学习法语有各自的目的，如个人对语言的兴趣，未来出国留学的愿望和 / 或与专业 / 职业相关的目标等。

参与研究的志愿者可获 60 美元的时间补偿费，每周平均 10 美元。最初，有 15 名学生表示对该项研究有兴趣。然而，最终只有 10 名学生能够安排出时间与研究者见面。其中，有 2 名学生在研究开始前退出，但没有说明原因。剩下的 8 名参与者均完成了该项研究。

表 1.3 提供了这 8 名参与者的基本信息，包括每位参与者自选或分配的匿名、性别，以及以前在初中、高中和大学的法语学习经历。其中有 5 名女性和 3 名男性。8 位参与者此前均在初中和 / 或高中学习过法语课程，包括高中法语大学先修课程 4 级和 / 或 5 级。[5] 6 位参与者在参加该口语交际和阅读理解课程之前在大学学过一门或两门法语课程（法语 3，基本语言序列的最后一个学期[6]，和 / 或一门中级语法课程）。其余 2 位，利昂和皮埃尔，没有修过任何大学级别的法语课程。此外，尽管所有 8 位参与者都有若干年的法语学习经历，但没有听说任何人在正规课堂环境之外接触过一丁点这门语言。在此研究期间，没有参与者主修或辅修法语，尽管有些人在考虑辅修法语，或者至少学习高级课程，并 / 或参加海外留学项目。

表 1.3　参与者信息

化名	性别	以往法语学习经历：初中阶段年限	以往法语学习经历：高中阶段年限	以往法语学习经历：大学课程
妮基	女	2	4	法语 3 法语语法
苏珊	女	1	4	法语 3 法语语法
利昂	男	2	4	—
皮埃尔	男	1	4	—
玛丽	女	—	4	法语语法
斯蒂芬妮	女	1	4	法语 3 法语语法
劳里	女	1	4	法语 3
康拉德	男	2	4	法语 3

各章概述

本绪论为二语教学语用学概述了社会文化理论框架的关键要素，其后的六章将进行详细阐述。正如我一开始就提到，本书根本不是一本为语用学教学提供技巧或窍门的教师指南。相反，其目的是要呈现一个基于维果斯基的文化–历史心理学的连贯的教学框架。为此，余下各章将从社会文化理论的角度分别解析二语教学语用学中某一特定的理论问题，并从本研究（如上所述）中得到实证支持。尽管每一章都可以作为独立的部分来阅读，但是读者按照本书呈现的顺序阅读，对充分理解贯穿本书的理论和实践观点是很有帮助的。

第二章和第三章进一步探讨了二语教学语用学的社会文化理论框架的理论基础和实证基础。第二章对语言学习和语言教学中得体性概念的历史进行了追溯和评论，从而达成得体性的概念化，以便能与社会文化理论一致。该章提出了两个核心概念：（1）社会语用意义作为动态可塑的指示域而存在（Eckert, 2008; Silverstein, 2003; van Compernolle, 2011a）；（2）语用学必须被视为中介行为。第三章论述了社会文化理论对学习者的理解，即学习者是通过中介手段活动的人。该章还讨论了个性发展、自我、身份、中介和情感问题。

随后，第四章至第六章具体讨论了所提出的教学框架的构成要素。各章都记录了与该框架理论主张相关的研究发现。第四章探讨了思维与言说的关系，以及概念形成中言语表达的作用。第五章重点讨论基于概念的语用知识的发展，认为语用知识是解决问题过程中行为取向的基础，特别强调合作对话在推动发展中的作用。接下来，第六章将概念性知识发展与口头表现能力发展联系起来。第六章特别探讨了动态实施的策略性互动场景如何服务于发展学习者的可控表现能力。

第七章是本书的结尾，总结了社会文化理论框架及其关于二语语用发展教学的核心主张。然而，该章的主要目的是为未来构建一个以实践为导向的维果斯基式二语教学语用学。为此，我们根据书中报告的研究发现，着重讨论了其对今后的研究、课堂教学和教师教育等方面的启示。

注释

（1）二语（L2）在本书中是指一个人在一语之外所学的任何一门语言，比如二语、三语、外语等。

（2）当然，说英语者可以通过其他方式编码各种关系，如使用头衔和敬语，使用姓而非名，等等。然而，代词 *you* 本身不像法语代词 *tu* 和 *vous* 一样能编码社会关系信息。换言之，在第二人称动词短语语法中，法语使说话者更倾向于关注社会关系性质，而英语中只能以委婉的方式选择性地编码这些信息。

（3）［黑体部分的原文为 human-agent-acting-through-mediational-means——译者］兰托夫和索恩（2006）对沃茨奇（1998）使用的“agent”这一术语表示异议。他们认为，“不存在任何不被中介的独特人类行为……我们一旦将文化产物和概念与我们的心理和物质活动整合时，人类的能动性就会出现”（Lantolf & Thorne, 2006: 63）。为此，兰托夫和索恩将“agent”放入括号中。

（4）值得注意的是，加尔佩林的系统理论教学实验不是在可控的实验室环境中进行的，而是在教室里实施的。与维果斯基（1997）的发展教育观一致，加尔佩林试图通过干预真实学习者的发展过程，调查教育环境中的心理现象。因此，他不仅对教学方法感兴趣，更重要的是对教学活动中的心理活动的发展进行追踪感兴趣。

（5）美国大学先修（Advanced Placement, 简称 AP）课程专门为高中学生开设，旨在为其提供通过考试获得一学期或以上的大学学分的机会。这里斯蒂芬妮例外，她学了四年的高中法语，但没有参加大学法语先修课程。

（6）没有要求参与者修读大学法语 3。然而，无论是何种原因（如有人说在高中遇到了很差的法语教师，或是在大学先修课程考试中的成绩不够理想），修该课程的人这样做是为了补习法语课程。

第二章

语言学习与语言教学中的得体性

引　言

由于得体性一般在语言学习与语言教学文献中，尤其是在二语语用学文献中，已经被概念化，因此，本章将专门讨论得体性概念。得体性是指对语境中某一语言实例的可接受性所做的交际判断。例如，克里斯特尔（1997: 421）将得体语言定义为“任何被认为与特定社会情景相适应的语言使用”。但是，如何界定什么语言与某一特定语境相适应，而什么语言又不适应呢？请看摘录 2.1 中的语料，在跟最喜爱的教师对话时，里昂需要决定选用哪一个第二人称代词（即更随和的 *tu* 还是更正式的 *vous*），并解释自己选择的原因。

摘录 2.1

里昂：（（默默地阅读情境））那么还有 . 这是（xxx）他是我
最喜欢的教师之一，+ 即使他可能 40 岁了，
嗯 + 假如我已认识他一段时间了，我觉得
我与他很熟，我很有可能
真的使用形式 *tu*,
+ 即使往往 + 嗯对教师要用 *vous*,

按照常规，学生对教师应使用 *vous*，这一经验法则常常出现在学习

者的课本里。然而，里昂选用了 *tu*。这是个非常规的选择，在很多情况下被视为不得体，并带有负面的交际后果。然而，里昂选用 *tu* 很可能被认为是得体的。他当然知道年龄差距和社会惯例之间的潜在关联，对教师应该用 *vous*（第 2—3 行，5 行）。然而，从他的角度来看，“最喜欢的教师”属于关系亲密的一类人（第 4 行）。因此，里昂认为对“最喜欢的教师”一类人使用更亲昵的 *tu* 让人感觉舒服一些。问题是，在某一情景中是否仅存在唯一与之适应的恰当回应或语言使用，或者，在考虑到语言使用者的情境取向时，是否存在多种可能与之适应的回应（Dewaele, 2008）。换言之，我们必须要问，在何种程度上语用**惯例**与语言使用的**得体性**等值。这一问题对如何在教学语境下设计和实施旨在培养学习者语用能力的教学材料具有明显的重要意义。

本章余下部分有两个目标。首先，旨在对得体性概念的理论基础提出质疑，以提出与社会文化理论相适应的得体性概念。第二，为了符合有关得体性的社会文化理论视角，基于中介行为框架，为选择与二语教学语用学相关的教学法概念提供理论基础。

得体性的理论基础

20 世纪上半叶，语言学领域——可以进一步说，语言学习和语言教学领域——几乎只专注于将语言研究作为一个抽象的系统，从而脱离了语言使用者以及语言使用的社会语境。索绪尔（De Saussure, 1913/1959）对**语言**（抽象系统）与**言语**（语言的实际运用）进行了区分，认为如果语言学要成为一门真正的科学，与物理学、生物学、化学等一样，其研究对象必须限定于关于抽象系统（**语言**）的客观真理，因此，必须排除在他看来往往有缺陷和变化的语言运用（**言语**）。乔姆斯基（Chomsky, 1965）在发展其句法生成理论时也提出了类似的区分——**语言能力**（语言系统固有的深层语义知识，能使本族语者产出和处理形式完好的句子）与**语言运用**，因此，前者被视为客观合理的语言学研究对象。

然而，20 世纪 60 年代，出现了若干不同的关于语言的功能语用观。其中包括奥斯汀（Austin, 1962）的言内、言外和言后行为学说。塞尔（Searle, 1969）将奥斯汀的主张重新诠释为言语行为理论。这一观点认为，语言不仅具有指称意义或语义意义，而实际上可以通过其使用实施社会行为。同样，韩礼德（Halliday, 1973, 1978）的系统功能语言学采用社会学中的符号学观点（与基于“内在”层级句法的天赋心理语义观相反），也将语境化的语言使用置于其研究的中心位置。当时新兴的社会语言学领域（如 Gumperz & Hymes, 1972; Hymes, 1964, 1972; Labov, 1972）为语言实际运用的本质提供了深刻见解，并强调语言的得体性及语言与各种社会文化因素之间的关系。

这些功能观和社会语言观的见解在语言教学和语言学习领域迅速得到了采用。尤其是海姆斯（Hymes, 1964, 1972）在交际民族志学和**交际能力**概念方面的建树，受到了广泛的关注，并被视为拓宽该领域范围的潜在框架，涵盖了除形式完好或形式准确的句子之外的交际和社会得体性（Canale, 1983; Canale & Swain, 1980）。正如下文所述，海姆斯的思想得到了借用和重新诠释，为语言教学与测试的交际途径提供了基础。

交际能力参数

如上所述，社会得体性概念构成了语言学习（一语或二语）的一个重要方面，这个概念源自德尔·海姆斯（Hymes, 1964, 1972）的著作。海姆斯对形式主义将语言从语言使用的社会文化语境中抽象出来的语言观感到不满，而且在许多情况下甚至走得更远，以至于将语用分析排除在语言学本领域之外。虽然海姆斯承认，理解和产出合乎语法的话语的能力很重要，但是他认为**语言能力**（Chomsky, 1965）是远远不够的。相反，他坚持认为，儿童在习得语言的同时，他们也获得了得体使用语言所需的社会文化知识。正如海姆斯（1964: 110）指出：

> 儿童只能产出合乎语法的话语是不够的。假如不知道此时此地该用哪一种合乎语法的话语，假如不能将话语与其使用的语境联系起来，那就只有保持沉默。

海姆斯将这种得体使用语言的能力称之为**交际能力**。为了从交际能力视角研究语言习得和使用，海姆斯提出了一系列实证研究问题，并应用于民族志研究中。这主要聚焦于四个“参数”或标准展开，即某一特定语言使用是否以及在多大程度上具有形式上的可能性、可行性、得体性以及实际上的实施性。

海姆斯的第一个标准涉及更传统的或形式主义的语言学流派，关注可能句子或话语的语法性，尤其是乔姆斯基（1965）关于转换语法的论述。所谓**形式上的可能性**，海姆斯是指语言系统是否以及在多大程度上允许某一给定的语音或单词组合被视为在语法上是可接受的。在这个意义上，海姆斯的术语类似于乔姆斯基的**语言能力**概念。然而，海姆斯的可能性参数在两个重要方面与之不同。首先，他不仅将语言的语法性纳入其中，而且还纳入了非语言行为中其他具有文化意义的形式。就像语言一样，这些形式也有自己的一套语法规则（例如，何时何地与谁握手）。其次，海姆斯与乔姆斯基不同，他对抽象的、理想化的说话者-听话者不感兴趣，相反，他坚定地致力于理解人们实际上可以使用或通过语言做什么。从这个意义说，海姆斯的可能性参数同时依赖于（隐性的）知识和使用（能力）（Hymes, 1972: 282）。对海姆斯来说，更重要的是，使用或通过语言**可能**做的事与参考标准语法中的正确用法并非一码事。相反，这种可能性包含人们之间可能做的事和可能达成的理解，因为他们共享一个相同的、既约定俗成又具可塑性的符号系统。这是海姆斯的可能性标准概念和传统的语法正确性观点之间的一个关键区别，因为前者认为语言使用者能够创造性地操纵他们的符号产物。

余下的三个标准与语言的实际运用或产出相关。**可行性**是指心理语言学维度，即说话人在语言产出或理解过程中处理形式上可能话语的能力，包括“记忆限度、感知机能，[以及]诸如嵌套、嵌入、分支等特性的效果”（Hymes, 1972: 285）。可行性标准认为，并非所有形式上可能的话语都可以处理起来可行。卡纳莱和斯温（Canale & Swain, 1980: 4）以下面的英文句子为例阐释了这一观点：“The cheese the rat the cat the dog saw chased ate was green”，这个句子在**形式上是可能的**（即合乎语法的），因为它遵循了英语嵌入关系从句的规则。然而，自动处理起来不**可行**。的确，要理解主句（即 the cheese was green[奶酪是绿色的]）与嵌入的关系从句（即 the rat ate the cheese, the cat chased the rat and the dog saw the cat[老鼠吃了奶酪，猫追老鼠，狗看见了猫]）之间的关系，还真得费点功夫进行有意识的加工处理。当然，海姆斯（1972: 281）强调的一个事实是，可行性是一个相对的概念，依赖于“有效的实现手段”。例如，卡纳莱和斯温的解释性例句以书面形式比以口语交际形式更能有效地进行处理，因为书面形式中创造了物质产物（即文本），而口语交流中语言稍纵即逝。事实上，在口语交际中，许多人能否自发产出或自动处理这样一个句子是值得怀疑的。

得体性蕴含着某一给定话语的社会文化效果和语用效果，在形式上既可能又可行，并“与话语使用和话语评估的语境相关”（Hymes, 1972: 281）。正如并非所有形式上可能的话语都是可行的一样，并非所有可行的话语在所有语境中都是得体的。相反，特定话语的得体性取决于它与特定社会文化活动的关系。因此，海姆斯认为，**言语事件**应该作为分析的最小单位，而不是孤立的话语或句子。为此，他提出了一个助记方式以描述某一给定言语事件中的元素，称之为 SPEAKING 模式（Hymes, 1972），如表 2.1 所示。通过使用 SPEAKING 模式，海姆斯试图了解何种形式的语言（和非语言）行为构成了特定的言语事件或社会活动。因此，海姆斯的得体性概念并不是关于对构成恰当和非恰当的社会行为要素进行预先设定或静态判断，而是关于解决语言同时反映和塑造活动类型的方式（Levinson, 1992）。换言之，言语事件很大程度上取决于SPEAKING模式中所描述元素的性质，反过来，这些元素又与特定类型的言语事件语境中被视为得体的语言有关。值得注意的是，海姆斯的得体性概念并不排除非常规语言使用完全得体的可能性。相反，非常规的语言使用可能具有重要的社会意义，例如，当说话者偏离传统模式和意义，来开启或回应活动类型、讽刺、幽默等的转变时（van Compernolle, 2011a）。

表 2.1　海姆斯的 SPEAKING 模式

元素		描述
S	环境和情景（Setting and scene）	环境指某一言语事件的时间、地点和物质环境；情景则描述场景的心理或文化定义，包括仪式、严肃感和娱乐感等等。
P	参与者（Participants）	谁参与了一个特定的言语事件，包括说话人和听众。
E	目的　（Ends）	某一言语事件的目的或者目标以及结果。
A	行为顺序　（Act sequence）	构成言语事件的行为形式和顺序。
K	格调线索　（Key）	指向言语事件整体基调和 / 或方式的线索。
I	工具手段　（Instrumentalities）	用于言语事件中的语言形式和言语风格。
N	规范（Norms）	决定言语事件中哪些形式的行为和互动可接受 / 得体的社会规则。
G	语体　（Genre）	言语事件的类型。

第四个标准——是否以及在何种程度上**确实实施了**某事——是海姆斯作为**语言使用**理论核心的交际能力理论。正如海姆斯（1972: 286）所说，“可能、可行、得体之事并不一定会发生。”换言之，也许存在许多可以想象得到的可能的、可行的和得体的话语，但并不意味着它们都将在某个时间点上实际实施。相反，在特定的言语事件中，基于概率的语言使用惯例决定了哪类形式上可能、可行和得体的话语将会被使用。在海姆斯构

建交际能力理论的时候，这一特殊主张在很大程度上是推测性的（Cook, 1999: 65）；1960 年代和 1970 年代的定量社会语言学（如 Labov, 1972），以及后来的语料库语言学（如 Biber, 2006）的研究发现，都为语言使用的概率性提供了证据。然而，值得注意的是，海姆斯并不打算从他的研究计划中排除那些低频率或未发生的话语，而仅热衷于那些可以频繁观察到的话语。相反，对海姆斯来说，这正是一个需要通过实证调查来探究的研究问题。

海姆斯倡导的四种语言参数为研究交际能力奠定了坚实的理论基础。然而，需要牢记的是，海姆斯的意图并不是为语言分析制定一个刻板的形式主义教条，而是力图为探讨交际能力四要素之间的关系提供方法，乃至探讨“某一要素比另一要素更有需求的情形”（Cook, 1999: 65）。当然，在有些时候，使用某一形式上不可能的语言实例是完全可以接受的，如同有些时候使用以前从未发生的某一语言形式是完全得体的一样。例如，作家、诗人和喜剧演员为了达到风格效果，经常以非常规的方式使用语言。这也自然在日常语言使用者的能力范围内，他们的交际能力使他们能够有意图和有目的地操纵他们的符号产物，以满足他们的交际需要。

二语教学与测试中的交际能力

交际能力兴起于 1960 年代和 1970 年代的二语教学和测试领域，当时语言教育者和语言研究对传统的教学方法——语法翻译法和听说法——越来越感到失望。对于那些有兴趣在语言教学中突出交际能力培养的人来说，海姆斯的**语言使用**社会取向观被证明是一种受欢迎的选择。萨维尼翁（Savignon, 1972）对法语学习者为实现成功交际互动所采用的应对策略的研究提供了一个早期的例子。萨维尼翁认为，在语境中表达、解释和协商意义的能力远比孤立的语法规则的形式知识更为重要，因为掌握一条语法规则知识并不一定意味着有能力运用该规则进行交际。

卡纳莱和斯温（1980）对交际能力概念重新进行了重要诠释，并概述了交际方法在二语教学与测试中的理论基础。通过对海姆斯（1972）的论述进行研究与拓展，卡纳莱和斯温提出了交际能力三分模式，其中包括**语法能力**、**社会语言能力**（由社会文化能力和语篇能力两部分构成）和**策略能力**。重要的是，卡纳莱和斯温取消了海姆斯的**可行性**概念，“因为感知策略、记忆限制等似乎以一种自然的和普遍的方式强加于自己”(Canale & Swain, 1980: 16)。简言之，他们认为可行性知识与二语教学和测试**实践**无关，因为语言使用者一般既不会产出，也不会遇到不可行的语言实例。

语法能力是指使用语言系统的知识和能力，包括词汇、音系学、形态句法学和语义学。换言之，用海姆斯的话来说，语法能力是有关**形式上**何为**可能**的知识。根据卡纳莱和斯温（1980: 30）的观点，说话者的语法能力的作用就是“精准确定和表达话语的字面意义”。值得注意的是，卡纳莱和斯温（1980: 29）不赞同用任何特定的语言学理论来描述语法能力，也不认为“某一语法理论与（二语）教学直接相关”。

社会语言能力解决话语的**社会意义**，因此，与海姆斯的**得体性**概念相得益彰。如上所述，社会语言能力由两部分构成。**社会文化能力**指“在特定的社会文化语境中，依赖语境因素，如主题、参与者角色、背景、互动规范等”（Canale & Swain, 1980: 30）的话语得体性。此外，社会文化能力还涉及运用特定语法形式的知识和能力传达得体的语域或语言风格（如社会风格变体和语用变体）；**语篇能力**指创造语言衔接与连贯的知识和能力。因此，卡纳莱和斯温对社会语言能力的定义与海姆斯的 SPEAKING 模式的组成部分有类似之处（见上文）。

策略能力包括“弥补因语言运用变量或能力不足而造成的交际障碍”时，所使用的交际策略（Canale & Swain, 1980: 30）。因此，策略能力与萨维尼翁（1972）提出的生存策略或应对策略一致，包括在交际互动中说话者应对瞬间失忆、注意力不集中、理解错误以及词汇和语法知识的缺失等情况的能力。卡纳莱和斯温在其模式中着重强调了两类交际策略：与语法能力相关的策略（如用于弥补对语法形式控制不足的策略）和与社会语言能力相关的策略（如用于弥补社会文化知识不足的策略）。

卡纳莱和斯温（1980）确定的交际能力要素已经成为讨论二语教学和测试的交际法的基础。卡纳莱（1983）稍微修改了最初的模式，将语篇能力从社会语言能力中分离出来，成为交际能力的第四个独立要素。在很大程度上基于卡纳莱（1983）以及卡纳莱和斯温（1980）提出的模式，萨维尼翁（1983, 1997）参与了交际语言教学的课堂实践讨论，而贝克曼（Bechman, 1990）也正式提出了语言测试的交际方法。尽管（在许多其他讨论中）这些模式（见 Widdowson, 1989, 2003）有助于进一步界定交际能力的各个要素，但对实施各要素之间相互关系的功能模式没有多大贡献。直到塞尔斯-穆尔西亚等人（Celce-Murcia *et al.*, 1995）发表了一篇具有影响力的论文后，才对各个要素进行了区分、阐述和重组，形成了一个关系模式。

塞尔斯-穆尔西亚等（Celce-Murcia *et al.*, 1995）的交际能力模式对卡纳莱和斯温（1980）以及卡纳莱（1983）的论述中提出的交际能力四要素进行了改进和说明：（1）语法能力，重新命名为**语言能力**；（2）话语能力；(3）社会语言能力，重新命名为**社会文化能力**；（4）策略能力。重要的是，他们还增加了第五个要素，即**行动能力**，以反映交际能力是语言使用理论的理念，并将行动能力定义为“传达和理解交际意图的能力，即根据一系列有关言语图式所携带的言语行为意图（言语行为或言语行为集合）的知识，将行动意图与语言形式相匹配”（Celce-Murcia *et al.*, 1995: 17）。虽然在卡纳莱和斯温的模式中，语用能力被归于社会语言能力之下，但是塞尔斯-穆尔西亚等将其区分为行动能力，以便将**行动意图**与**社会文化因素**区分开来。

虽然塞尔斯-穆尔西亚等关于构成交际能力要素的讨论和阐述具有一定的启发性，但是他们这篇论文的真正贡献在于将这些要素组织成为了一个功能-关系模式。如上文所述，以前关于交际能力的讨论主要集中在如何界定这些相关要素，但没有真正去尝试如何实现各要素之间的相互关系。

该模式的核心是语篇能力，这反映了作者对语篇一致与连贯、指示语、语体（形式图式）和会话结构等问题的重视。语篇能力本身既塑造社会文化能力、语言能力和行动能力，又被社会文化能力、语言能力和行动能力所塑造。正如塞尔斯-穆尔西亚等人（1995: 9）所述：

> 我们的构想是将词汇-语法模块［即语言能力］、交际意图的行动组织技巧以及社会文化语境相结合，置于语篇要素之中，以形成语篇，而语篇也反过来塑造其他三个要素。

那么，策略能力将各组成要素联系在一起，成为“始终存在的、潜在可用的系列技巧”（Celce-Murcia *et al.*, 1995: 9），使得说话者能够协调交际行为和应对出现的问题。塞尔斯-穆尔西亚（Celce-Murcia, 2007）对交际能力的这一功能-关系模式进行了进一步完善，加入了**互动能力**，旨在将源于塞尔斯-穆尔西亚等人（1995）模式中的行动能力与源于会话分析观点的会话能力（Sacks *et al.*, 1974）整合起来，并增加了**程式化能力**，以强调程序、搭配、习语和词汇框架在语篇中的重要性。

如上文所述，交际能力模式主要侧重于语言中的形式可能性（语法或语言能力）和语境中的得体性（社会语言或社会文化能力、语篇能力）。实际语言运用（概率）的标准构成各要素的基础。此外，正如我们在讨论塞尔斯-穆尔西亚等人（1995）的模式时所看到的，使用语言的能力（行动能力）也成为交际能力的一个独特而关键的要素（另见 Widdowson, 1989）。然而，正如下一节所述，海姆斯的原始思想——以实证研究问题的形式发展而来——已被重新调整，以适应语言教育者（已感知到）的需要，并且在许多情况下，还要适应交际能力的原始概念，因为潜力和能力已经被非常严格的教条式的教学方法所取代（Leung, 2005; Widdowson,

2007）。这与讨论**得体性**尤其相关，不论是海姆斯使用该术语指社会文化常规的意义上（如SPEAKING模式），还是与课堂语境教学和学习中何为得体的关系上。

对得体性的批判性视角

库克（Cook, 1999）指出，交际能力模式在探讨语言能力方面，虽然欢迎有更多替代以传统语法为中心的方法，但有过分强调得体性的倾向，而忽视了形式上的可能性、可行性和实际的语言运用。同样，语料库语言学的兴起则过分强调语言的实际运用（即经语料库验证的语言的真实使用），“这可能会以牺牲可能性和得体性知识的发展为代价”（Cook, 1999: 65）。库克意指需要对海姆斯的观点——最初设想为实证问题——进行重新界定，目的在于使语言教学能聚焦于辨识一系列可清晰界定的语言实践，并将其视为语言本身，视为一个抽象系统，可进行标准化和编纂，以用于规范性参考语法和学习者的教科书中（另见Widdowson, 1989）。

梁（Leung, 2005）认为，把海姆斯关于一系列民族志研究问题的想法的原始含义，应用于英语教学时，为语言教学专业人士提供了指引，因为他们关心的是教学材料和课程设置中应该包括哪些内容。正如他所述，“海姆斯以研究为导向的思想经历了一个认识上的转变：从以经验为导向的问题转变为理想化的教学法学说”（Leung, 2005: 124）。根据梁的观点，这一转变的根源在于语言教师与教学材料开发人员不直接关心与情景相关的民族志研究中交际活动的实现过程。相反，“他们更直接关注课程应该包含哪些信息或内容，以及在课堂上如何处理这些内容”（Leung, 2005: 125）。梁还说：

> 有必要明确所教和所学的内容会不可避免地将研究问题（既可能允许不稳定的现有知识存在，也可能允许新出现的知识存在）转化为教学指导方针和原则（必须在现有知识中具有一定的稳定性、透明性和确定性）。（Leung, 2005: 125）

总之，围绕语言教学的交际方法所设计的课程与教学材料是以一个理想化的母语者为基础的。这一转变有些讽刺，因为海姆斯的原始思想本身就是对乔姆斯基（1965）的生活在一个同质语言群体中理想化的听话人–说话人和高度抽象的语言能力概念的批评的一部分。其结果是，对语言的得体性概念的判断不再根据观察和民族志研究，而是“根据假想的社会交往中语言实践的一些规范性假设”（Leung, 2005: 131）。

针对语料库语言学在语言教学中的影响，威多森（Widdowson, 2007）认为，海姆斯（1964, 1972）的四个相互关联的原则——某一语言实例在形式上是否或何种程度上可能、可行、得体并实际运用——已经被抛弃，取而代之的语言观则只给予经过证实的母语者话语以特权。实质上，可能的创造力和意义潜能已经被搁置一边，如果未经证实已被实际运用，则将被视为不正确或不适合于学习。威多森写道，其结果是“这样的合并忽略了一个明显的事实，即语言实际运用的现实性取决于它与语境之间的适当关系，并且**语言的使用可能完全得体，而无需证明曾被实际运用**［本书强调］”（Widdowson, 2007: 219）。在其他地方，威多森（2003）曾建议用交际力（communicative capacity）的概念取代交际能力概念，因为交际能力这一概念与乔姆斯基的语言能力概念（参阅 Chomsky, 1965）在许多方面有联系。交际力不需要“复制母语使用者的现实情况”（Widdowson, 2007: 218），而是重新关注语言提供意义构建的可能性，即使这些可能性话语并不能反映母语使用者的概率性惯例。简言之，交际力揭示了海姆斯的四种判断与根据这四种判断创造意义的能力之间的关系（van Lier, 1988）。

德威尔（Dewaele, 2008）从主位或使用者相关的视角，基于对双语者及多语者进行的开放式问卷调查数据，就得体性进行了具有深刻见解的讨论。与梁（2005）和威多森（2007）提出的论点一致，德威尔坚持认为，关于何为得体和不得体的语言使用的纯粹的客位框架，永远不能完全捕捉到得体性是如何在情景交际活动中确定与评估的动态本质。换句话说，德威尔建议采用二语使用者自己认为何为得体的看法和解释，以补充更多关于得体性的静态评估，这可能是受到理论教学因素或课程因素所驱动。从这个意义上讲，尽管使用的惯例可从外部观察，但是得体性实际上需要局部构建，并在特定的交际互动中时刻对说什么、如何说的取向进行动态评估。

社会文化回应

到目前为止，应该清楚的是，得体性概念虽然是每次讨论交际能力时的中心问题，但却是二语学习与教学文献中使用得最模糊的术语之一。事实上，在讨论语言教学的交际方法时，得体性概念已成为一种多价的概念。一方面，关于海姆斯对这个术语最初的使用（见上文），存在一个问题，即在特定的社会文化背景下，何为得体的语言使用——如何判定语境化的语言使用为得体或不得体。另一方面，人们关注的是什么内容适合于教学与学习，或者换句话说，在制订课程、教学大纲、语言教学材料、任务等方面，纳人和排除的标准是什么。

正如本章将进一步阐述的那样，本人对社会得体性判断所持的观点——与海姆斯对这个术语的看法一样——集中在两个基本参数上：

（1）多大程度上，某一特定的语言使用实例（无论是常规的还是非常规的）在语言使用的具体话语情景中，可被谈话者或受众所解读。

（2）多大程度上，某一特定的语言使用实例（无论是常规的还是非常规的）在反映或（重新）塑造活动类型、社会关系和/或社会身份方面有效。

上述两个标准中使用“多大程度上”这一措辞，意在提出一个连续体概念，并以此突显一个事实：语言使用的得体性非常少见，即使有的话，也并非一个得体与不得体、正确与错误的二元区分。相反，可能有许多不同程度的得体性判断，从完全不得体，到不是很得体，到有些得体，到非常得体，到完全得体，以及介于上述两者之间的任何程度的得体性。此外，我选择使用**常规**和**非常规**两个术语以取代海姆斯的语法或形式可能性标准，目的是重新明确可能性概念，以反映语言使用的或然性（van Lier, 2004），意指语言的可能性取决于话语的设计（说话人意图）与理解（谈话者）。虽然常规化（即语言使用模式的规范化）为说话人的意义设计提供了资源，但说话人无须总是将常规化的语言与意义模式进行具体化（van Compernolle, 2011a）。

这两个标准还取决于语言使用的具体活动类型，因此，必然意味着存在某个谈话者或受众，无论他是身临其境（如面对面的口头交际），还是暂时缺位（如写作）。从这个意义上讲，得体性具有互动性——判定语言的特定实例不能不参照正在发生什么、其他参与者在做什么、语言如何被解读等。其要点是，得体性不能简化成教条式的使用规则（如经验法则、规定主义、使用的公式化）。这就是为什么概念（意义）对语言教学法非常重要的原因。通过促进各种意义范畴的内化，以及促使这些意义再反过来映射到语言形式上，有利于基于意义实现社会语用的创造力和意向性，从而有可能避免规定主义和非系统性语用知识（如经验法则）。这意味着还需要考虑语言的非常规使用，无论是在语法方面或结构方面的非常规语言使用（即偏离语言常规），还是某种意义上的非常规使用，即某一特定语法形式、单词、主题等通常不用于某一语境之中（即偏离社会语境特有常规）。

语用学作为中介行为：一个教学框架

概述

如第一章所述，**中介行为**是社会文化理论框架下教学语用学的核心原则。重要的是要记住，中介行为的语用学观并不一定支持遵守社会常规。相反，中介概念意味着有意识地控制自己的选择，包括根据当前环境、制约因素和潜在冲突和/或矛盾点，违反语用语言和/或社会语用常规以达到理想效果的能力。图 2.1 对第一章所描述的中介行为视角做了进一步细化。

下图中从左到右，三个相互交织的椭圆代表着**结果**（即通过语言使用实现的行为）、**语用语言学**（即用来实现行为的语言）和**社会语用学**（即通过语言使用检索到的社会意义）。社会行为椭圆位于语用语言学椭圆内，这意味着语用语言学中介社会行为。同样，语用语言学椭圆又内置于（即中介于）社会语用学椭圆。语用学这三个领域的这一布局旨在强调社会语用领域在中介行为框架中的首要地位。这两个实心箭头将社会语用学与语用语言学连接，又将语用语言学与社会行为连接，标示了这种关系。这并不是说，如果没有社会语用学领域的知识，社会行为就不能实现。其实，在儿童语言习得（Tomasello, 2003）以及成人二语社交中，这种情况可能存在并经常发生。学习者使用语用语言资源并创造社会意义，但并没有完全理解这些意义以及其行为的潜在后果（Kinginger, 2008）。中介行为框架是二语教学语用学的指南，根据本书中所阐述的社会文化理论观，应该最大限度强调意义范畴的内化——也就是社会语用学领域。

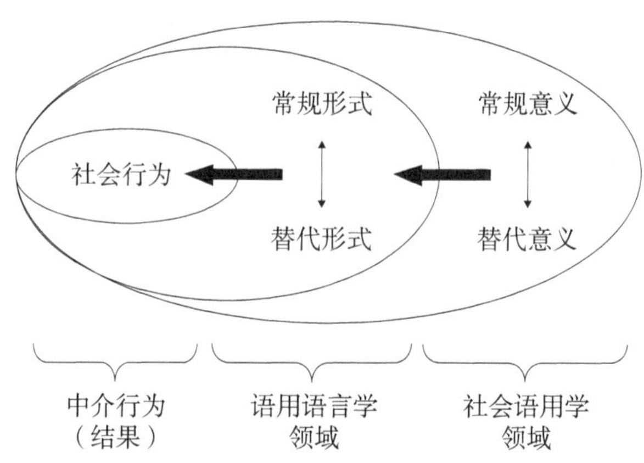

图 2.1　中介行为语用学

如前文在讨论得体性时指出，中介行为框架不仅承认常规语言和意义模式的潜在重要性，而且尤其强调非常规的语用语言和社会语用替代形式的重要性。常规形式与其替代形式常常发生冲突。这种冲突或矛盾在图 2.1 中用细线箭头表示，分别连接社会语用领域中的常规意义与替代意义，以及语用语言学领域中的常规形式与替代形式。常规的遵循或违反可以受各种因素驱动。说话人想要定位自己与他人或多人的关系方式（如创造距离感或亲密关系），以及说话人违反常规时（如不礼貌、幽默）制造的各种可能的特殊效果，在相关的情景话语中都可能产生不同的意义，甚至延伸出特定形式（van Compernolle, 2011a）。因此，高级二语语用能力取决于学习者在多大程度上建立起了一个系统的概念框架，用以中介语言中的此类选择。摘录 2.2 举例说明了在经过系统的基于概念的教学之后，学习者如何处理和解决诸如此类的冲突或矛盾。

摘录 2.2

斯蒂芬妮：　((解释完她想用 *vous* 来创造距离感后))
　　我没- 因为同时我想展现我的个性¿=
　　= 因为像是一个 + 一个项目 + 像一个女服务员和一个
　　或者一个前台¿所以你将需要看起来很受 + 欢迎¿
教　　师：　好的 .
斯蒂芬妮：　所以我-我不想必须使用 *nous* 和 *ne pas*. =
　　= 因为这像是太死板 . 对我来说 . 如果我是 +(×××)
　　在这个角色中 . 我不想看起来像 + 我想展示
　　我比较随和，我不是 + 傲慢或其他什么的 . 所以或许
　　所以我或许会使用 *on* 和 *pas*.
教　　师：　好的 .+ 所以 *vous* 是为了 + 关系 .[距离感 .]
斯蒂芬妮：　[嗯]
　　那么 *on* 和 *pas* 像展现了 + 我的个性 . 我想 .
教　　师：　好的 .

在这一情景中，斯蒂芬妮（Stephanie）在为扮演一个学生去接受法国的一个勤工俭学项目的面试做准备。项目负责人打算要她谈一下在酒店前台工作或在餐馆做服务员的相关情况。一般来说，求职面试这种情

况，要求使用常规的更正式的语言形式（见下文）——在这一案例中，即第二人称代词 *vous*“您”，第一人称复数代词 *nous*“我们”，以及所谓的完全否定结构 *ne*［动词］*pas*。在准备阶段，斯蒂芬妮打算使用更为正式的 *vous*“您”以保持适当的社会距离，但同时又决定使用不那么正式的第一人称代词的复数形式 *on*“我们”，并省略了动词的前置否定小品词 *ne*。尽管使用 *on* 和省略 *ne* 当然属于非常规选择，但斯蒂芬妮的决定显然是受到了其社会语用知识的影响。实际上，正如她指出，对于她所面试的职位（即前台职员或餐馆服务员），使用不那么正式的 *on* 和省略 *ne* 表示以一种得体的方式使自己受人欢迎（第 4 行），并展现了她的个性（第 13 行）。同样值得注意的是，斯蒂芬妮肯定意识到了语用语言的替代形式（即 *nous* 和 *ne* 的存在），但是她认为在此情景中使用这些形式的社会意义是不得体的（第 6—9 行）。显然，并不是所有的面试官都倾向于认为使用更为非正式的语言得体，而且如果不遵守社会常规，可能会产生负面的社会后果，不过，这并不是问题的关键。这里的问题是，斯蒂芬妮已经形成了一个系统的倾向性基础，做出了有意义的选择，并通过使用语用语言形式，面对谈话者对自己做出称心的定位。因此，从中介行为的角度来看，斯蒂芬妮的选择是得体的。

当然，这种得体性和二语语用能力通常探讨的主题非常不同。应该认识到，在非教学场景中，斯蒂芬妮的非常规选择可能不易于被谈话者视为得体。尽管如此，斯蒂芬妮很可能会借用基于概念的语用知识作为工具，用以处理她在未来语用选择中可能出现的意外负面后果。关键是在这个案例中，她的思维被以意义为基础的倾向所中介，直指交际问题，她所选择的语用语言形式适合她创造意欲表达的意思。

指示性层级作为主导教学概念

二语教学语用学的社会文化理论框架，主要侧重于促进意义的社会语用范畴内化，然后将意义映射到相关的语用语言形式上。以内格鲁埃拉

（2008）的观点，这样做的目的是帮助学习者创立一个可能发展区（zone of potential development, ZPOD），即基于概念的导向基础（如元语言知识），为学习者的交际能力发展搭建舞台。这就需要有一个抽象、系统的主导概念，但必须有助于引导学习者对研究对象——如本研究中的法语语用学——进行准调查（Davydov, 2004）。准调查的概念非常重要：准调查概念认识到知识定位取决于教师（如以社会中介和教学材料的形式），但同时强调学习者必须在中介手段（如概念和语用语言形式）内化中发挥积极作用。从本质上讲，学习者既不是预先设定知识的被动接受者，也不可能成为负责获取必要知识的完全独立的中介者（Kozulin, 2003）。相反，通过与中介者（如教师）合作，学习者参与到对主导概念的调查中，这一过程涉及一系列用以说明语用语言形式的子概念和联系。简言之，这一方法的重点是概念而不是形式。形式固然重要，但在二语教学语用学的社会文化理论框架中，形式只用以说明在具体交际活动中如何将概念实例化。

在二语教学语用学的社会文化理论框架下，主导概念的选择由两个因素驱动。第一，主导概念必须聚焦于意义，而不是语用形式或语用行为类型。换言之，该概念不仅能有助于解释具体的语用常规，而且必须足够抽象，以涵盖所有可能用于语用目的的语言实例。第二，这一概念必须可修改以适用于教学，也就是说，可为教学使用而简化，包括能以教学模式的形式呈现，而不失其连贯性和系统性。

有了这两个标准，西尔弗斯坦（Silverstein, 2003）的**指示性层级**（orders of indexicality）概念尤具吸引力，不仅因为它关注任何语言实例的潜在意义，还因为它与维果斯基的历史文化心理学何脉相通（见 van Compernolle, 2011a）。西尔弗斯坦以社会语言学现象的辩证法思想描述了指示性层级。根据西尔弗斯坦的观点，辩证关系是指示语（即语言形式）与各种不同程度的社会意义之间的关系。第 n 级（第一级）指示性是指一种可以与特定群体（如地区或社会经济地位）或语义功能（如数字编号）相关联的语言特征，指示性可以通过语言学中的传统观察法进行观测。然而，第 n+1 级（第二级）指示性被赋予了“民族–元语用驱动的本土解释”（Silverstein, 2003: 212），因此，携带一种或多种本土意识形态的意义。而第（n+1）+1 级（第三级）指示性在另外一个超本土意识形态图式中已被视为有意义。研究者仅通过观察法并不一定能够理解第二、第三级指示意义，但第三级指示意义通常要接受有意识的检查（如要与意识形态联系起来讨论）。第二级社会意义对某一语言的母语者来说一般是无意识的（即这些意义是对特定话语模式的本能反应，通常只有语言学家才能清晰描述）。为了揭示这些社会意义，需要采用更多的主位和民族志途径来理解某一特定的语言文化（Agar, 1994），这种语言文化不仅能解释语言运用，还可以解释社会成员体验和理解他们的社会语言世界的不同的方式（Eckert, 2008; Johnstone & Kiesling, 2008; van Compernolle, 2011a）。

约翰斯通和基斯林（Johnstone & Kiesling, 2008）研究了匹兹堡英语中 /aw/ 的单元音化（如“house”一词读为［ha:s］），为指示性层级如何运作提供了一个很好的例子。第一级指示性包括地理来源（如 /aw/ 的单元音化是西宾夕法尼亚方言的区别性特征）和社会经济地位（如相对于中产阶级和专业人士而言，匹兹堡工人阶级的言语中出现单元音的频次更高）。第二级指示性包括说话者对成为一个匹兹堡本地人的倾向和本土信念（即谁是真正的匹兹堡人）。第三级指示性超越了当地语境，以至于 /aw/ 的单元音化已成为匹兹堡人身份的区别性特征标记，例如，游客的 T 恤衫上印着带有创意拼写单词，以反映典型的匹兹堡发音（如 downtown 拼写成 dahntahn）。因此，/aw/ 的单元音化能够指示多层意义，尤其是与构建地方性和内部人身份相关的意义（另见 Johnstone, 2011）。

指示性层级为说话者的意义表达，或借用新伦敦学派（1996）的术语——意义设计——提供了基本要素。语言变体实践意味着一种积极的参与过程，要求现有语言模式可以指示多种意义和意识形态。反过来，积极的意义设计也参与了新的潜在指示性的传播，所以，这也是可供使用的常规意义与重新设计的创新意义之间的辩证关系（Silverstein, 2003）。

因此，说话者不只是简单地从社会语言学工具包中获取工具，而且最终有可能改变语篇模式与意义。意义设计的概念与维果斯基（1986）（另见 Wertsch, 1985）对**意义**（meaning）（某一单词相对稳定的意义）和**含义**（sense）（在具体的交际活动中赋予某一单词的心理意义）的区分一致（van Compernolle, 2011a）。尽管对于母语使用者来说，语言变体的意义或**含义**的知识可能在很大程度上是隐性的，但是从二语教学语用学的社会文化理论框架的角度来看，教学目标就是要使语言潜在的指示意义对学习者显性化，并接受学习者的有意识的检查。在这方面，西尔弗斯坦（2003）提出了一个解释社会语用学领域的概念框架，我们可以将其知识映射到中介社会行为的语用语言形式上去。

图 2.2 展示了本书中在二语教学语用学的社会文化理论框架下描述指示性层级的教学示意图。该示意图旨在为学习者描述意义的常规、刻板印象和地方构建之间的辩证关系。双向箭头意指持续进行、可能永不间断的意义创造过程中各部分之间的相互影响。右上角的方框表示第一级指示性，描述为可观测的语言使用常规。右下角的方框表示第三级指示性，描述为学生的语言使用的刻板印象。左边的方框表示第二级指示性，描述为人们使用语言的常规模式和对语言的刻板印象来建构意义的方式。左方框意在将学习者的注意力集中在积极的意义设计上（New London Group, 1996; van Compernolle, 2011a），这也是二语教学语用学的社会文化理论框架的主要侧重点——提高学习者自行设计意义的能力，并与使用特定语用语言形式可能产生的解读建立起联系。

值得注意的是，在实践中，指示性层级概念不像自我表征、社交距离和权力等子概念（见下文）那么显而易见或导向明晰，因为子概念有助于主导概念的具体化，尤其是第二级指示意义如何在具体的交际活动中实现。尽管如此，风格和指示性概念总是出现，因为子概念表现为学习者参与高度抽象的指示性层级概念的方式，以及常规和思维定式是如何用作资源以构建具有地方特色的社会语用意义。

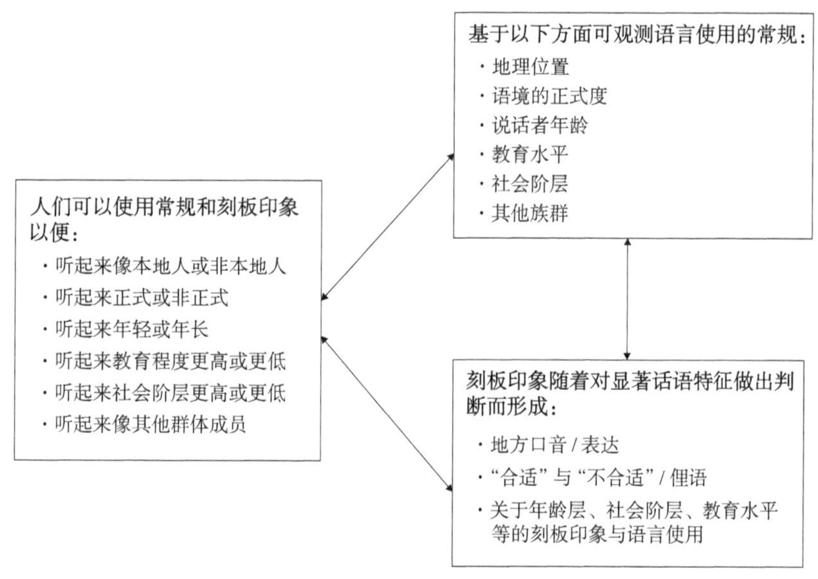

图 2.2　描述指示层级的教学示意图

语用语言形式

在二语语用教学的社会文化理论框架内，提供一个抽象概念如指示性层级，然后让学习者依靠自己的能力来弄清楚该概念如何应用于实际生活（如语言使用）是远远不够的。相反，必须引导学习者完成对主导教学概念与他们的相关性的准调查（Davydov, 2004），这需要向学习者说明指示性层级是如何在具体的交际活动中发挥作用的。为此，一方面要求选择说明性的语用语言形式，另一方面，还需要选择相关的子概念来阐述说明性的语用语言形式的潜在指示意义（见下文）。简言之，主导概念提供了一个宏观层面框架，以调查学习者在所学语言中获取的特定意义–形式关系。回顾一下这一点非常重要，本书所阐述的社会文化理论框架以**意义**教学为中心。形式选用是为了说明意义是如何在交际活动中创造的。换言之，设计一种以社会文化理论为依据的教学法，不是要选择学习者应该习得的重要形式、结构、言语行为等，而是要选择这样的形式、结构、言语行为等，它们能够说明学习者应该习得的重要意义，是如何通过使用中的语言创造出来的。

法语母语者可以使用广泛的语用语言资源（如代词系统中的一词多义现象、词汇句法变异现象）指示各种各样的社会文体意义（见 Ager, 1990; Beeching *et al.*, 2009; Coveney, 1996）。这些资源反映并构成社会语用领域，包括社会互动语境、活动类型、说话者地位、人际关系性质、社会身份等。法语二语学习者——尤其是那些在正规教育环境中主要学习法语的人，如果不只是学习法语的话，面临一个明显的困难，即教学材料中相对有限的选择范围与在非教育环境中（如母语使用者的社区）真实使用的语言之间存在差异。教材通常会避免，或至少尽量减少对学习者应获得的整体语用语言资源进行解释，尤其是那些被认为非正式、非标准或者是口语化的资源（Etienne & Sax, 2009）。

作为发展二语教学语用学的社会文化理论框架的初步尝试，本书所报告的研究侧重于说明指示性层级是如何在使用话语的三个特征中发挥作用的：第二人称代词 *tu* 和 *vous*，第一人称复数代词 *on* 和 *nous*，以及在动词否定中是否出现否定词素 *ne*。选择这些话语特征作为解释形式有两个方面的动机。第一，这三个特征在广泛的交际语境中均十分突出，且使用十分频繁，这意味着学习者将会经常遇到并使用它们（试比较：有许多音位和词汇变体在话语中可能没那么突出或使用频率不高）。第二，在母语和二语语境中所做的大量研究，为厘清不同形式的潜在指示意义提供了坚实的实证基础。

第二人称代词

人称代词系统是许多语言构建与维系社会关系和身份的重要特征。这是因为指示人物的人称代词“包括指称特定的社会关系，正确使用相关词语需要了解这些社会关系知识”（Mühlhäusler & Harré, 1990: 5）。法语的

第二人称代词 *tu* 和 *vous* 的使用就是典型的例子，反映了人物指称和特定社会关系指称的相互关系。*tu* 通常被认为是默认的第二人称单数代词：它表示某个说话者。然而，*vous* 具有双重功能，既表示 *tu* 的复数形式（即 *tu*+ 一个第三人称，或者 *tu*+*tu*），也可以表示正式、礼貌的第二人称单数代词（即 *vous*= 礼貌或正式的 *tu*）。[1] 但是，像许多语言的社会语言特征一样，法语的 *tu* 和 *vous* 具有双重指示性（Silverstein, 2003）。正如莫福德（Morford, 1997: 5）解释说：

> ［法语的 *tu* 和 *vous*］既“指示（index）”或指向环境和情景中的相对正式性，又指示说话人与听话人之间的尊重和/或亲密程度；其次，在更为广泛的社会秩序中，还具有表明个体说话人身份的某些方面的能力。

有关 *tu*/*vous* 使用的某些特定方面的解释同样进入了超地域性意识形态的范畴，亦即所谓的第三级指示性，并使这些代词具有指示更为广泛的成员关系、政治和意识形态的能力。

范康珀诺勒（2011a）利用西尔弗斯坦（2003）的指示性层级框架描述了一系列 *tu* 和 *vous* 的潜在指示意义（表 2.2）。第一级指示意义与社会语言使用模式有关，并与宏观社会学范畴相互关联（如地区、年龄、社会经济地位、政治倾向）。反过来，这些常规，或者说“［宏观社会学］各因素之间的差异化相关性”（van Compernolle, 2011a: 91），可以作为在具体交际活动过程中构建第二级指示意义的基础。在此之上，可以增加对第二级指示性的元评估，以进入超地域性意识形态，或第三级指示性。尽管表 2.2 描述这些潜在指示意义的方法比较静态，但范康珀诺勒（2011a: 91）强调：

> 指示意义和指示联想与特定身份相关，当然并非固定不变，而是具有高度的可塑性，［因为它们］是在话语的具体形式中被激活。话语永远都不是孤立的，相反，它们既紧跟前述话语，同时也会映射到未来话语上。

表 2.2　法语中 *tu* / *vous* 选择的指示意义

指示性层级	潜在意义和 / 或联想意义
第一级指示性	社会语言常规可能与不同的社会群体相关。例如： • 普遍使用 T 在魁北克省非常广泛，但是在法国区分 T/V 仍然是常规； • 朋友和家人使用 T，陌生人则倾向于使用 V； • 年轻人使用 T 比年长者更频繁； • 保守者使用 V 比左倾者更频繁。 这些常规对任何语言学家来说都显而易见，而且只代表与预先设定的社会因素之间的联系。
第二级指示性	社会语言常规可以作为说话人的指示性资源。社会意义归因于个体说话人基于注意到的关联所做出的 T/V 选择。在这里，T/V 选择具有双重指示性（Morford, 1997），既可用于指示两个说话人之间关系的性质，也可以指示个人的社会身份。因此，V 可以用来指第一级指示性，例如陌生人之间的距离感、非年轻人（非学生）身份、保守性等；而 T 则可用来指熟悉程度、青春活力、左倾政治等等。诚然，并非所有说话人都会将 T/V 的使用与同一组潜在的第二级指示性联系起来。
第三级指示性	第三级指示性蕴含着有关 T/V 系统的显性元语篇（或用 Silverstein［2003］的术语：民族元语用学），尤其要根据其他意识形态图式关注和评估第二级指示意义。例如，保守的年长者可能会认为开放的年轻人使用 T 的比例升高是缺乏礼貌或尊重的标志，或许认为左倾人士整个群体都非常粗鲁，不尊重他人。而另一方面，开放的年轻人可能会认为保守的年长者同样没有礼貌，因为他们拒绝使用 T 来表示与他人的亲近。从根本上说，与第二级指示性紧密相关的元语篇指向与其他政治和意识形态图式的联系（如礼貌 / 不礼貌规范、亲近 / 疏远的愿望，平等主义 / 分等级的社会秩序的愿望）。

来源：改编自范康珀诺勒（van Compernolle, 2011a: 91）

指示性层级是指向可观察性和普遍性的层级或连续体。第一级指示语最易于观察和概括，因为语言学家使用一些基本的观察技巧就能发现它们。从这个意义上讲，我们可以将人口统计信息（如年龄、教育水平等）或所声称的关系状态（如朋友、家人、陌生人）与 *tu/vous* 的使用分布联系起来。第二级指示语意指语言使用中的本地意义。这是指在某一具体的情境中关于特定的意义设计及对该意义的解释。这就是为何需要更多的民族志方法和元语言方法来获得这种信息的原因，也解释了人口统计范畴以及关系范畴为何在这里重现，不过是以一种更为具体的方式重现。换言之，并不是“朋友”这个范畴重要，而是在具体的交往中某些特定的人如何做才能“成为朋友”。这就要求特殊化而不是普遍化。反过来，第三级指示语指向范围更广泛的宏观社会学意识形态，超越了可观察的第一级指示语和实际运用的第二级指示意义。

虽然供学习者使用的教科书提供了如何使用 *tu* 和 *vous* 的建议，但是解释则主要集中在第一级指示性上，例如将相对年龄、交谈者的地位等作为经验法则（van Compernolle, 2010a; van Compernolle *et al*., 2011；另见第一章）。这些过于简单的解释可能会引导学习者（错误地）认为 *tu/vous* 的选择是一件十分简单明了的事情。实际上，正如德威尔和普朗舍诺（Dewaele & Planchenault, 2006）在一项关于学习者感知理解的研究中所发现，在早期学习年限中，学习者往往认为 *tu/vous* 系统易于驾驭（基于简单的经验法则）。然而，随着与说法语的人进行社会交往的情况越来越多，学习者积累了丰富的经验（亦即第二级和第三级指示性），他们开始注意到这个系统的一些更微妙的复杂性，并且感觉其越来越有难度。有些学习者长时间接触过说法语的群体，并且与说法语的人保持着有意义的社会关系（如在国外学习期间），尽管他们的确开始发现这些代词的潜在指示意义，但是他们的知识往往不很系统，只是由他们在具体社会交往中的一些经验而衍生的一些演绎规则构成（见 Kinginger, 2008）。

二语法语学习者的 *tu/vous* 使用模式往往多变或混乱，与母语者的社会语言常规并不一致。那些很小年龄就开始在加拿大上法语课的浸入式留学生，由于在学习者与学习者和学习者与教师的互动中偏好使用 *tu*，经常过

度使用 *tu*（Harley *et al.*, 1990; Lyster, 1994; Swain & Lapkin, 1990）。然而，一些较晚开始上法语课的浸入式留学生（大约 12 岁）往往过度使用单数的 *vous*（Swain & Lapkin, 1990），因为这些学习者倾向于学习相对更为正式的法语变体（有关加拿大浸入式留学生的详细研究概述，见 Lyster & Rebuffot, 2002）。类似地，麦考特（McCourt, 2009）和范康珀诺勒等（2011）以美国学法语的大学生为研究对象，建立了学习者-学习者同步计算机中介的互动语料库，来记载 *tu/vous* 变体的定量模式。结果表明，学习者不仅在使用 *tu* 和 *vous* 时出现了大量的乱用或混用，而且这一问题还与涉及的具体词汇语法结构有关。他们的观点是，除了难以消除 *tu* 和 *vous* 的潜在指示性歧义外，学习者也可能通过死记硬背的方式来学习特定的（半）自主序列，而不"与构成它们的单位发生联系"（Bybee, 2008: 219）。因此，在相对自发的语言产出过程中，词汇语法动机有时可能会凌驾于学习者的元语用意识和语法能力（即对第二人称动词短语的形态句法的操控能力）之上。

关于远程协作与出国留学的研究表明，参与专家语言使用者的社会交往活动在恰当使用 *tu/vous* 的发展过程中发挥着非常重要的作用。贝尔茨和金吉格（Belz & Kinginger, 2002）调查了在远程协作语言学习环境中，称谓形式使用的跨语言（即法语和德语）发展情况，主要关注的是两个案例研究（每一种语言选出一个学习者）。在两个案例中，根据（法语和德语参与者）对美国学习者不恰当的代词使用所提出的明确质疑，远程协作伙伴关系增加了恰当称谓形式的使用。在社交活动中不恰当的 *tu/vous* 使用会产生一定的社交后果，因此，参与这样的社会交往活动对社会化进程来说十分必要。同样，参与出国留学项目的法语学习者经常有机会参与社区实践（Lave & Wenger, 1991），因而他们对 *tu* 和 *vous* 的理解与掌控能力将会得到发展。

代词 *on* 和 *nous*

法语代词系统的另一个可变性特征涉及第一人称复数指称。尽管大多数指称语法和教学文本通常用第一人称复数的动词形式与主语代词

nous 配合作为标准变形（如 nous allons *au cinéma*“我们要去看电影”），第三人称单数动词形式与主语代词 *on* 的配合（如 on va *au cinéma*“我们要去看电影”）在大多数日常非正式的法语会话变体中几乎取代了 *nous*（Blondeau, 2003; Coveney, 2000; Fonseca-Greber & Waugh, 2003; van Compernolle, 2008b）。[2] 实际上，科温尼（Coveney, 2000）指出，在当代法语中 *nous* 的使用频率极低，被视为一种残留的变体（Trudgill, 1999），其使用仅保留于有明显特点的语境中。除此之外，变体 *nous* 还可用于强调从指称中排除听话人（比较英语中的排除性“we”），或指“一个从局外观察的群体”（Coveney, 2000: 467）。范康珀诺勒（2008b）曾在同步计算机中介的法语话语语料库中对 *on/nous* 变体进行了分析，其结果也证实了以上发现。同时，作者还阐明了形式 *nous* 是如何持续作为构建幽默的一种资源，或是作为标志风格或活动类型细微变化的资源（另见 van Compernolle, 2011a）。因此，尽管第一级指示性与这些代词存在明确的联系（如在正式性、说话人年龄、社会经济地位等方面），说话人可充分利用这些常规或关联关系来建构当地的情景化个人意义。

二语法语学习者通常非常频繁地使用更为正式的变体 *nous*，即使在一些语境中使用非正式的 *on* 更为合适（van Compernolle & Williams, 2009b）。在非教育环境中与法语母语者接触与使用 *on* 的增多存在正相关（Dewaele, 2002; Mougeon *et al*., 2010; Sax, 2003）。这一观点也得到了一项关于出国留学研究的支持，该研究记录了学习者在一个讲法语的国家逗留之前和逗留之后的表现（Regan *et al*., 2009）。就我所知，只有范康珀诺勒和威廉姆斯进行了教学方面的研究。他们报告称，在整个课堂最近发展区内实施语言分析任务可以有效提高学习者对 *on* 和 *nous* 之间差异的意识（van Compernolle & Williams, 2012a）。在他们的另一项研究中（van Compernolle & Williams, 2012b），两位作者展示了发展元社会语言意识如何也能引导学习者主动使用如 *on* 之类的风格变体，尽管他们在这方面的表现落后于他们对这些代词意义的理解。

ne 的存在与缺位

前置否定小品词 *ne* 在动词否定中的存在与缺位是法语中最突出的风格变量之一（Coveney, 1996）。指称语法和标准教学课文将动词否定描述为包含 *ne*（或在元音前的 *n'*），并加上某一动词否定后置补词（如 *pas*“不”，*rien*“从不”，*jamais*“永不”），如 *il ne vient pas*“他不会来”。但是，*ne* 的缺位，如 *il vient pas*“他不来”，在几乎所有的非正式或日常法语中无处不在。范康珀诺勒（2010b）对法语否定式社会语言分析进行了全面的综述，突显了文献中所记录的与社会、风格和语言因素相关的一般趋势（见表 2.3）。

表 2.3　社会、风格和语言因素

因素	说明
区域 / 种类	频率最低的有加拿大（不足 1%）、瑞士（2. 5%）。近年来在法国的比例为 1%—20%。
说话人年龄	年纪大的说话人比年轻人使用 *ne* 的频率高。
社会经济地位	社会经济地位与保留 *ne* 之间存在相关性，因为处于中上层社会经济地位的说话人比经济地位较低的说话人更频繁地使用 *ne*。这种影响在年轻人中比在年长者中小。
主语类型	与代词性主语相比，*ne* 的保留更多出现在名词性主语和非显性主语的语境中（如不定式和祈使语句）
表达频率	频繁出现的表达，如 *c'est pas*, (*il*) *faut pas*, *je sais pas*，可能会逐渐词汇化为没有 *ne* 的结构。为附着词和动词的语法化观点提供了证据。
风格	较谨慎的话语风格倾向于保留 *ne*，而在较轻松的语境中则倾向于省略 *ne*。*ne* 可以用于创造风格效果，如强调、说教等等。

来源：改编于范康珀诺勒（van Compernolle, 2010b: 451）。

二语法语学习者倾向于频繁使用带 *ne* 的结构（van Compernolle & Williams, 2009a）。关于其他风格变量的研究同样显示，在非教育环境下和说法语母语者的接触与省略 *ne* 的增加成正相关（Dewaele, 2004;

Mougeon *et al.*, 2009），尤其是在出国留学之后（Regan *et al.*, 2009）。就 *on*/*nous* 变体来说，结合教学进行的唯一研究就是范康珀诺勒和威廉斯的研究。他们报告称，比起只是简单地暴露在语言环境中，显性教学更能有效地提高学习者对变体意义的意识（van Compernolle & Williams, 2011a），因为通过教学过程中的对话，显性教学能够在最近发展区为发展提供丰富的互动模式（van Compernolle & Williams, 2012a）。以上作者随后报告的研究证实，进行更广泛的教学干预来增强学习者的元社会语言意识，有助于提高他们在自发的语言产出过程中对这些形式的掌控能力（van Compernolle & Williams, 2012b, 2012c）。

重大差异及各阐述形式之间的关系

本书所报告的研究选择了三个阐释性的可变特征，各个特征之间存在几个方面的重大差异。正如本书的一位匿名审稿专家所观察到的那样，*tu*/*vous* 变体具有社会指示性，因为其所指的关系范畴（至少在传统意义上说）在整个关系生命周期中相当稳定，并且关系范畴只是用来标记群体类别或社会身份，并与 *tu*/*vous* 在一系列情形中的关系分布相关。相比之下，风格变量（如 *on*/*nous* 和 *ne*）在一种关系中则可能是变化的，并且正是在某一交际事件中的相对频率指明了其社会因素和风格因素。除此之外，关于风格变体使用的选择很大程度上取决于个人偏好，因此，*tu*/*nous* 使用的选择在本质上更加具有人际关系和关系程度的考量——选择这些代词中的一个或另一个是听话人和当前说话人的合理关切。与此相关的是，在很大程度上以及在很多语境中，*tu*/*vous* 的使用高度规约化，而风格变量不是。换言之，即解释一下该审稿专家颇有见地的评论，*tu*/*vous* 的使用受制于“公认的惯例”，所以本质上不在个人选择范围之内，而违反公认的惯例可能会冒把自己的交际意图理解为“合理的个人意义”以外的东西的风险。鉴于这一实质性的、引人深思的批评，我想澄清我所认为的 *tu*/*vous* 选择与本研究中用来阐述指示性的风格变量（*on*/*nous* 和 *ne*）之间的关系。这些问题当然值得在专业文献中进一步批评和修正。

第二级指示性（见上文）必然具有自我表征性以及主体间关联性，因为第二级指示性与第一级指示性（社会常规、概率模式）以及第三级指示性（超地域性意识形态）具有辩证关联性。它们之所以具有自我表征性，是因为语言实践指向并被解释为归属于各种社会群体的主张，无论其是从客体上来定义（如性别、年龄、社会阶层），还是更具地域性地构建（如实践社区）。反过来，它们也具有主体间关联性，因为语言实践指向并被解释为相对于交谈者的某种社会关系定位（如 Bucholtz & Hall, 2005）。换言之，因为语言实践可以标示并被解释为在文化上可识别的群体中某个说话人的真实或感知的成员身份线索，所以语言实践同时——并且辩证地（Silverstein, 2003）——影响谈话者之间真实或感知的关系地位的主张（如群体内与群体外的身份地位、被认为的相似或不同的社会范畴、被认为的相似或不同的意识形态）。这同样适用于 *tu/vous* 的选择和风格变体，尽管形式有所不同（如上文所提到的）；也适用于初次见面和 / 或短暂的关系以及在各种语境中已经建立的和正在形成的关系。

语用语言的选择参与对社会身份和关系性质的感知的发起和具体化。显然，*tu/vous* 的选择也是如此，因为 *tu/vous* 关系一旦被确立，一个或另一个代词的使用往往在某种关系范畴中保持不变（即说话人通常不会交替使用两个代词，除非关系状态发生了改变，例如从 *vous* 到 *tu* 的转变表示关系向更亲近或更亲密的方向发展），所以，初次使用 *tu* 或 *vous* 可以指示身份信息和关系信息（即并非一种关系中 *tu/vous* 使用的相对频率问题，正如风格变量一样）。既定惯例也非常重要，在广泛的社会互动语境中，它们被高度规约化。尽管如此，选择是有意义的，即使是常规化选择：常规化选择，例如 *vous* 在服务接触中的使用，使得在指示域中可获得的社会意义潜势的范围具体化；而非常规选择则会挑战，并有可能改变既定惯例（Eckert, 2008; Silverstein, 2003; van Compernolle, 2011a）。风格变量在某种程度上具有意义，因为其相对频率指向社会范畴和与身份相关的范畴，并且与称谓形式相互作用，在建立社会关系性质的过程中形成功能社会语言系统。例如，在互致 *vous* 的关系中，主体间采用相对“非正式”的风格（如 *on*，省略 *ne*），会缓和或降低关系中社会距离的程度。在本质上，这就像说，“是的，确实存在着某种程度的距离，但我们似乎自以为我们至少都有相同或相似社会群体的成员身份（第一级指示性），并且在语言使用方面共享某些相同的意识形态（第三级指示性）”。相比之下，在风格选择不具相互性时，那就隐含地（如果不是公开的话）说明了我们之间的不同。

子概念

正如上文所提到的，指示性层级的主导概念为理解语用语言学实践的社会意义潜势提供了一个宏观层面上的框架。然而，子概念（subconcepts）对于解释说话人可获得的与特定语用语言实践相关的具体意义潜势十分必要。本研究挑选了三个重要的社会语用子概念供学习者使用：自我表征（self-presentation）、社会距离（social distance）和权力 / 相对地位（power/relative status）。

自我表征

第一个子概念——自我表征，是选择使用 *tu* 还是单数 *vous*、*on* 还是 *nous*，以及带 *ne* 还是不带 *ne* 的否定时需要考虑的第一步。这一概念被描述（图 2.3）为一个人将自我表征为 **T 恤牛仔**式与**西装领带**式二者之间的区别，以促使学习者思考，在不同的社会互动语境中，以一种或另一种方式表征自我会带来怎样的后果。例如，对该概念最初的书面解释如下：

> 选择使用 *tu* 还是单数 *vous*，*on* 还是 *nous*，或者带 *ne* 还是不带 *ne* 的否定形式，第一步需要确定你想如何表征自己，并要记住这些形式的常规用法。从常规来说，*tu*、*on* 和不带 *ne* 的否定形式都是使用法语的非正式方式，与日常语境中的非正式话语、闲散或时髦的态度、友善、青春活力和自由主义密切相关。相比之下，*vous*、*nous* 和带 *ne* 的否定形式在常规情况下都是使用法语较为正式的方式，与正式语境、学术演讲、上层话语、保守主义和正

式书面语相关。要记住，你可以使用这些常规来创造你想要创造的意义。一种有助于思考如何创造意义的方式是问自己：我现在是 T 恤牛仔式（*tu*、*on*、不带 *ne* 的否定），还是西装领带式（*vous*、*nous*、带 *ne* 的否定）？然后思量一下在不同的语境中将自己表征为“T 恤牛仔”式或“西装领带”式的后果。

图 2.3　描述自我表征的教学示意图

上图旨在包含潜在指示要求（Eckert, 2008; van Compernolle, 2011a），它基于学习者最可能业已识别的文化相关形象，在以一种虽简单却系统的方式使用一种或另一种变体时来调用。**T 恤牛仔**式这一形象意指该类潜在意义，如青春活力、非正式性、潇洒时髦等，而**西装领带**式的形象则往往与保守主义、职业化、正式性等相联系。值得注意的是，以下的概念卡以及教师和学习者之间的讨论清楚表明，将 T 恤牛仔式和西装领带式形象中的元素（如既用 *vous* 也用 *on*，以及 Ø... *pas*）交叉混用的情况不仅是可能的，而且还是一个重要的符号资源。不同的个体对这些形象以及与语言之间的关系可能会有不同的理解，因为我们以不同的方式感受着社会语言世界（Johnstone & Kiesling, 2008）。因此，不同个体必然会赋予符号产物（语言和意象）以不同的指示意义。同样，不同个体在解释上图（以及下文其他图）的过程中出现的多样性，不应被视为这一研究设计上的一个缺陷，相反，而应被视为一个优势，因为这些材料使得个体能够将这些概念内化为他们自己的东西（见第三章）。正如维果斯基所设想的那样，内化不是对预先打包好的知识的获取，而是对文化构建产物的借用并转化据为己有的过程（见 Lantolf & Thorne, 2006: 第六章）。

社会距离

社会距离指的是两个或两个以上个体之间熟悉和 / 或亲密的程度，既可以是事先建立的，也可以没有任何关系（如既有关系与陌生人）。因此，*tu*/*vous* 的选择可以解释为在某一既定关系中建立、维持或可能改变社会距离的程度，并被描述为**亲近**与**疏远**。如下段文字所解释：

> 在某种程度上，通过在 *tu* 和 *vous* 之间做出选择，可以实现对亲近或疏远的标示。你可以用 *tu* 表示亲密，用 *vous* 表示距离。因此，你所选择的代词对你和他人的关系具有实质性后果。

这一教学示意图将这个概念描述为两人彼此站得靠近（*tu*）与两人之间站得有一定距离（*vous*）（图 2.4）。

亲近还是疏远?

图 2.4　描述社会距离的教学示意图

相对地位

相对地位或权力可用 *tu/vous* 的对称性来解释。亲近或疏远可以通过对称的 *tu-tu* 或 *vous-vous* 用法来指示，而权力关系的构建（如对他人的权力）则可通过一种非对称的 *tu-vous* 关系来实现。埃杰（Ager, 1990）举了一个例子，即警官对嫌疑人使用 *tu*，而希望嫌疑人对其使用 *vous*，并将这个例子视为权威和法律权力结构在社会语言方面的延伸。如图 2.5 所示，对称和非对称的 *tu/vous* 关系之间的区别在于对谈话者之间等级差别的强调程度，或对这些等级差别的构建：两人处于同一等级（对称的 *tu-tu* 或 *vous-vous*）和一个人地位高于另一个人（非对称的 *tu-vous*）。值得注意的是，为对称关系所描绘的看似平等的地位，并不意味着体制或其他权力 / 地位差异不存在。然而，通过建立或维持一种对称的 *tu/vous* 关系，这些差异在某种程度上可以被淡化。如下段文字所解释：

相对地位?

图 2.5　描述相对地位 / 权力的教学示意图

在某种程度上，通过在 *tu* 和 *vous* 之间做出选择，以及 *tu/vous* 使用的对称性——两人均使用 *tu* 或 *vous* 和一个人使用 *tu* 而另一个人使用 *vous*，可以实现相对地位的标示。对称性（*tu-tu* 或 *vous-vous*）可以通过淡化可能存在的权力等级表示团结甚至是平等。非对称性（一个人使用 *tu* 而另一个人使用 *vous*）可以强化或使人注意关系中非常明显的等级情况——被称为 *vous* 的人被置于有权力的地位，而被称为 *tu* 的人则被置于权力较低或无权力的地位。需要说明的是，现如今人们更倾向于对称关系（*tu-tu* 或 *vous-vous*），而非对称关系可能会被视为粗鲁或不礼貌，这与很久以前的社会等级制度有关（例如，贵族称仆人为 *tu*，而仆人必须称贵族为 *vous*）。

小结

综上所述，本章着重讨论了四个主要的社会语用学概念：（1）指示性层级；（2）自我表征；（3）社会距离；（4）相对地位。概念解释的核心是关注意义的主动设计。主动设计当然并不意味着随心所欲；说话人必须遵守可获取的语言和意义常规，并与其群体的其他成员共享，但说话人可以操纵这些模式和意义以满足自己的交际需求（Lantolf & Thorne, 2006）。范康珀诺勒写道（2011a）：

> 从根本上来说，变体实践在积极主张多种意义和意识形态的过程中，利用现有的语言模式和常规，这些模式和常规具有广泛的指示意义和意识形态。简言之，在意义的主动设计过程中，它从所有可获得的可能性中选择一种常用的表达方式（van Compernolle, 2011a: 92）。

因此，为本研究而提出的这些概念旨在为学习者在使用基于意义的语言变体时提供一个取向基础（指示性），而在具体的交际活动中，他们可以主张使用任意数量的语言变体。

结　　语

本章概述了面向语言学习和语言教学中得体性概念的社会文化理论框架，这是二语教学语用学这一领域的核心问题。与有关得体性的传统观点不同的是，二语教学语用学的社会文化理论框架并没有将语言使用的社会常规与恰当社会行为的规定性法则混为一谈，而是强调意义的主动设计和说话人根据当前的交际互动与环境和目标的变化，协商指示域的能力。

语用学作为中介行为的概念形成了这一框架的核心。社会行为由语用语言选择中介，而这些选择又由个人的社会语用知识中介。上文中作为范例呈现的教学材料设计旨在为学习者培养一种系统的、基于意义的取向基础，以便学习者能够理解社会语用领域以及选择语用语言形式。因此，这些概念意在被内化为心理中介因素。然而，正如上文所强调，内化并不等同于关于习得的主流观点，也不需要死记硬背。相反，内化是有关适当利用心理中介因素并据为己有。如此一来，学习者知识上的多样性就是意料之中的。事实上，社会文化理论框架的优点之一就是承认和包容个体的独特性（见第三章），并使学习者能够将他们的心理介质个性化，以满足他们达成二语使用所期待的自我、目标和倾向。换言之，教学语用学的社会文化理论框架的优势在于深思熟虑地使用语用语言形式，并通过对个人选择的潜在意义的系统理解进行中介，尽管这种理解具有个人意义。

注释

（1）对法语中 *tu/vous* 的详细综述，感兴趣的读者可以参考以下著作：Coveney (2010), Gardner-Chloros (2007), Morford (1997), Peeters (2006), van Compernolle (2008c) 以及 Williams and van Compernolle (2007, 2009)。

（2）值得注意的是，甚至当 *on* 做主语时，*nous* 必须作为以下成分出现：作为直接宾语（如 *tu devrais venir nous voir*“你应该来看我们”）；作为间接宾语（如 *elle nous dit la nouvelle*“她告诉我们这消息”）；作为强代词，比如双主语（如 *nous on va voir un film*“我们–我们要去看电影”）或介词宾语（如 *chez nous*“我们家”, *c'est à nous ça*“那是我们的［东西］”）；以及作为所有格代词（如 *on va rester avec notre famille*“我们将与家人在一起”）。例外情况是反身结构，其中的主语和宾语附着词一致（如 *nous nous appelons demain* 相较于 *on s'appelle demain*“我们明天会相互打电话”）。

第三章

将学习者理解为人

引　言

社会文化理论的核心是关于作为一个人意味着什么的理论。当延伸到二语发展过程中时，社会文化理论认为，二语学习不仅仅是习得特定的语言形式，二语学习者也不仅仅是语言输入的加工者和语言输出的生产者。相反，社会文化理论观要求将二语学习者视为人，而人有着不同的历史、情感和愿望，对语言和学习有着不同的倾向和信念，对语言学习有着复杂的、不断变化的动机，这些共同塑造他们的学习经历和学习效果的质量。因此，正如兰托夫和帕夫伦科（Lantolf & Pavlenko, 2001: 156）指出，“我们不应期待任意两个个体以完全相同的方式学习和发展，即使他们学习的物质环境或物质条件相似”。相反，我们必须期待个体具有独特性，正如兰托夫和帕夫伦科（2001: 157）在讨论列昂季耶夫（Leontiev, 1981）关于二语教育的观点时所指出，我们必须发展“一种不仅承认独特性，而且建立在独特性基础之上的教学方法”。

当延伸到二语教学语用学，这种方法产生的后果之一就是，必须承认多种行为方式可能都是得体的，即使这些行为方式可能违背社会常规（见第二章）。[1] 例如，摘录 3.1 斯蒂芬妮和 3.2 康拉德的语料表明，当与一位大学院系的行政助理进行互动时，关于得体、可取的行为就出现了两种不同的取向。在一份得体性判断调查问卷中，这位大约 50 岁的女助理与学生的关系被描述为比较正式。

摘录 3.1

1 教　　师：　那第四个呢¿
2 斯蒂芬妮：　((默读情境)) 嗯，只从背景信息来看，
3　　　　　　她与学生的关系比较正式，
4　　　　　　我可能–我肯定会用 *vous*.
5　　　　　　嗯因为 + 呃她年纪较大所以她也许期待如此，
6 教　　师：　嗯哼
7 斯蒂芬妮：　也期待学生这样¿同样也使用 *nous* 和 *ne pas*,
8　　　　　　我会坚持使用以上用法.
9 教　　师：　好的.
10 斯蒂芬妮：　嗯只是为了保证 + 我不想 + 在某种程度上冒犯她.
11　　　　　　使用更随便的闲散之类的谈话.
12 教　　师：　好的.

摘录 3.2

1 康拉德：　(默读情境) 我会–是的我会使用
2　　　　　与前一位同学 + 嗯相同的用法.
3　　　　　所以我会使用 *vous* 和 *on* 与 *pas*,
4 教　师：　好的
5 康拉德：　*vous* 也表示同样 + 程度尊重 + 的距离.
6　　　　　我们谈论的.对我的教师.
7 教　师：　好的.
8 康拉德：　并且嗯.+ 是的.用 *on* 和 *pas*. 为了嗯 +
9 教　师：　因为你只想做你自己，((笑))
10 康拉德：　是的.我就是我自己.((笑))

斯蒂芬妮对选择使用更为正式的变体——更为常规的选择——的解释，表明了她希望与谈话者在话语层面趋同（即更为西装领带式），特别是当谈话者可能被认为相对于她处于较高的社会地位时（如基于年龄）。然而，

在整个强化项目过程中，康拉德表现出他希望能够用法语在各种语境中展示他在日常生活中的那种无拘无束、漫不经心的形象。在这一情境中，他通过选择使用 *vous*——正式的“您”创造了他称之为表示**尊重的距离**，但同时也体现了无拘无束、漫不经心的身份（即使用 *on*“我们”和在否定中省略 *ne*），这是一种不太常规的选择。然而，在这两个案例中，斯蒂芬妮和康拉德都做出了合适的选择，并通过借用这些概念对选择进行中介。[2]

本章论述二语教学语用学的社会文化理论框架如何容纳个体的独特性，并鼓励学习者发展与社会语用概念和语用语言形式之间的关系，这种关系对他们个人来说具有重要意义。应该牢记的是，独特性需要通过文化中介。换言之，根据维果斯基（Vygotsky, 1978）对发展遗传规律的解释，文化——或者说“现在的历史”（Cole, 1996: 110）——先于个体，并为独特个体通过内化文化所构建的产物而发展提供了条件。因此，社会文化理论框架不仅承认学习者的历史——文化中介的独特性——而且还以此为基础，通过提供材料和任务使学习者能够内化新的中介手段（如概念），不断提高学习者对语言的自觉控制，这既具有重要的个人意义，也关系到学习者在二语中的理想存在方式。由此产生的结果是，二语学习者可以创造他们想要创造的意义，而不必受制于一套狭隘的经验性参照规范的得体性语用规则（van Compernolle & Williams, 2012c）。正如在前一章中所讨论的，这需要将语用学视为中介行为——尤其承认，个人社交语用知识的性质在实现社会行为的过程中中介语用语言选择。同样应该谨记的是，承认独特性并以其为基础并不是一种“万般皆可”的教学方法，但这种方法为学习者创造意义提供了系统的选择，而非提供恰当社会行为的教条规则。

教育与个性发展

社会文化理论框架的研究方法包容个体独特性并建立在个体独特性之

上。我们必须考虑维果斯基关于个性发展的立场。维果斯基认为，个性发展与心理的整体发展密不可分，包括智力在内。对维果斯基来说，个性根植于社会遗传发展——个性产生并贯穿于我们与世界的互动过程之中，从而内化基于文化的中介手段，“行为的文化手段并非简单地表现为外部习惯，而是构成个性本身不可分割的一部分，并植根于个性新的关系之中，以创造自己的全新体系”（Vygotsky, 1997: 92）。

教育的作用

维果斯基及其追随者们认为，教育活动，包括正规的学校教育和校外养育，对个性的形成和持续发展起到了重要的作用（Chaiklin, 2001, 2002; Davydov, 1995）。在维果斯基影响下，1980 年代末，俄罗斯开启了教育体制改革，达维多夫（Davydov）在讨论时概述了以下立场：

> 维果斯基的以下基本观点经过其学生和追随者的阐释，更加清晰明确。**第一个观点**是，教育首先是为了个性**发展**，包括人类的教学/学习，也包括养育。**第二个观点**是，人的个性与其创造性潜能有关；因此，个性发展首先要在教育体系中为发现和揭示学生的**创造性**潜能创造条件。**第三个观点**是，教学/学习和养育承担学生掌握各种内在价值的个人**活动**；学生在教学和养育过程中成为一个真正的主体。**第四个观点**是，教师和养育者**指导和引导**学生的个体活动，但不把自己的意志强加于学生。真正的教学/学习和养育是通过成人与儿童和青少年的合作进行的。**第五个观点**是，对学生的教学/学习和养育来说，最有价值的方法应该与其发展特性和个体特性相适应，因此方法不能千篇一律。（Davydov, 1995: 13 ；原文强调）

达维多夫的评论十分有趣，原因是多方面的。

首先，根据达维多夫对维果斯基的解释，教育的首要目标是发展个性，并且与发展学习者的创造性潜能相关。正如我们在讨论加尔佩林（Galperin, 1989, 1992）和达维多夫（2004）关于基于概念教学的文献时所看到的，创造性潜能取决于学习者可获得的文化工具的质量和系统性

（Stetsenko & Arievitch, 2010；另见第一章）。因此通过内化，个性可以得到发展、丰富和/或转化。这一观点与一些更主流的教育方法形成鲜明对比，它们只寻求发展智力（如技能、内容知识）。事实上，从维果斯基的辩证法角度来看，智力和个性是密不可分的——它们统一于心理发展过程中，并彼此施加影响。其次，个体通过教/学活动成为真正的主体。这是因为个体意识，即个性和能动性，通过文化工具的内化得到发展（Lantolf & Thorne, 2006; Wertsch, 1998）。个性并非先天固有或与生俱来，而是被文化所中介，因此可以通过教育而不断发展和/或修正。再次，教育者应该对学习活动加以指导或引导，而非强迫学习者。这意味着学习者应被赋予自由，以个人的方式接触文化工具。达维多夫所称之为的个体特性需要得到承认并在此基础上发展（Lantolf & Pavlenko, 2001）。因此，我们需要教/学活动的个体化而非同一性。这与个性化的概念有关，本章将稍后进行讨论。

因此，个性具有文化基础，也就是，通过养育和正式教育培养人的基础。然而，这并不是要否定生物学的重要性。当然，神经生物学因素可使个体先天具有不同的行为特征（DeYoung, 2010）。[3]但是，正如维果斯基所理解的，个性这一概念是一个更高级的中介性心理构念。实际上，柴科林（Chaiklin）指出，维果斯基使用“个性”这一术语有两种用法，两者均强调个性发展的文化或社会遗传基础：

> ［第一种用法指］那些文化发展所导致的人类行为品质，以区分生理意义上的成熟。第二种用法是指对特定文化发展更准确的识别，在维果斯基的分析中，即指以概念进行思考，亦即对这一能力的自我意识。（Chaiklin, 2001: 239—240）

维果斯基论述中对个性概念的两种理解都很重要。

柴科林描述的第一种用法将个性发展提升到与智力发展相同的水平。

事实上，因为智力发展和个性发展在一个辩证统一体中互相对彼此施加影响，要将两者截然分开几乎是不可能的，这是因为“个性发展……主要关注与社会实践相关的动机发展”（Chaiklin, 2002: 168）。例如，个体学习数学、化学或其他语言可能会有不同的动机（如为了通过一门课程或完成大学的要求；为了成为一名工程师或化学家；为了教学工作或作为多语者环游世界），而且这些动机必然会随着社会物质环境的变化而变化（Lantolf & Genung, 2002）。教育在培养社会实践动机方面发挥关键作用，因此对个性发展也同样重要——为什么（如动机）人们会有如此行为。在维果斯基的论述中，个性概念的第二种用法与本书中描述的教学语用学的社会文化理论框架尤为相关。正如柴科林（2001）在上述引文中所评论的那样，维果斯基关于个性发展进行了更为细致的思考，一方面涉及利用概念作为心理介质，另一方面也需要有意识地注意到个性发展。青春期概念思维的出现标志着心理能力的质变——个人如何理解社会现实和社会关系（Vygotsky, 1986）。社会意识不断发展，并向内转化以调节内在心智活动和外在物质活动，涉及个人行为动机的自我意识以及修正能力。与前概念思维相比，概念思维在本质上是一种新的更成熟的个性形式。[4]

教育的作用——尤其是正规教育——旨在促进以概念为中介的思维方式，以便使学习者在连贯、系统的行为导向基础上获得对行为更好的意志控制力（Davydov, 2004; Galperin, 1989, 1992; Vygotsky, 1997）。这不仅仅关涉内容掌握或智力发展，正如达维多夫（1995）在前面引文中指出，更需要赋予学习者以创造性，并作为一种在正式教育的环境中发展个性的手段。创造性取决于对自己行为有意识、有目的的控制。对新的和 / 或修正的中介手段的内化——尤其是科学概念——创造了这种机会。这是二语教学语用学的社会文化理论框架的一个关键维度：重点在于将社会语用概念的内化视为人们个性综合维度的一部分，旨在重新中介人们与世界已通过二语中介进行的互动。关键是，这包括对个人语用行为意义和动机的意识。我们将在下一节中看到，这些观点对于理解与课堂二语语用发展有关的自我、身份和能动性十分重要。

自我、身份和能动性的中介性质

本节将进一步讨论个性及其与教学语用学之间的关系。我们在之前的讨论中看到，维果斯基和他的同事以及后来的解释者认为，个性发展是心理发展的一个综合维度。正规教育通过概念中介思维发展，在个性发展中有发挥关键作用的潜能。有三个与理解个性相关的概念——自我、身份和能动性——将与二语教学语用学语境中的中介概念联系起来讨论。

在讨论美国中级法语学习者的两个案例研究结果以及他们对社会风格和语用语言变体的理解与使用时，范康珀诺勒和威廉姆斯（2012b: 246）[5]总结道：

> 使用社交和风格变化，并赋予其意义和相关性的能力，既涉及学习语言的形式方面（如哪些话语特征能够变化，以及这种变化意味着什么），也涉及学习者（重新）协商与表现其身份，并与二语在学习者过去、现在和将来生活中的地位相关。

这项研究以两位年轻女性凯西和梅拉尼（均为化名）为研究对象，她们都参加了一门二年级速成法语课的学习，该课程将社会语言变体和语用变体的意义和使用纳入教学内容（如正式和非正式语体）。凯西较为矜持内敛，勤奋刻苦，倾向于将学习法语作为个人学术上的追求。梅拉尼是一位军官的女儿，已经会说多门语言（英语、西班牙语、日语），在墨西哥、德国、澳大利亚和英国长大，十几岁才移居美国。她有通过社会实践学习语言的经历，因此，她倾向于将法语学习当作能够进入更多社交网络而非学术领域的钥匙。范康珀诺勒和威廉姆斯报告称，凯西和梅拉尼对语言的变异特征产生了两种不同的态度。一方面，凯西倾向于保持一种更正式、更学术性的姿态，尽管她懂得并能够使用非正式的语言风格。而另一方面，梅拉尼则主动追求系统地使用非正式的语言风格，因为她认为这对自己在未来创造并保持亲密的社会关系这一目标至关重要。上述引文表明，范康珀诺勒和威廉姆斯将这两位女性对变体产生的不同倾向归因于她们不同的经历、现状和未来预期之间的关系：凯西和梅拉尼利用所学知识的方式受她们不同的经历所中介，并与她们未来的目标密切相关。

范康珀诺勒和威廉姆斯的研究所采用的框架，改编自韦利（Wiley, 1994: 18—39）对皮尔斯（Pierce）和米德（Mead）的自我符号学的综合，下文将进行详述。这一观点与维果斯基将人类理解为历史的、被中介的人，以及对个性的社会遗传根源的理解相一致（Chaiklin, 2001; Davydov, 1995；见上文）——实际上，这里的"自我"概念在本质上等同于维果斯基使用的个性概念。自我是指具有持久性、历史性，但面向未来的个体品质，而非与生俱来的铁板一块。相反，由于人类心理具有中介性，自我得以在人与世界互动过程中建立：即所内化的文化构建产物整体（如工具、符号、概念、信仰系统）。并且，由于人只要还活着，就会继续与世界互动，自我就会不断地适应新的环境。人们在整个一生中都会对新的中介手段进行内化和 / 或对现存的中介手段进行修正，自我的结构也因此而改变（Pavlenko & Lantolf, 2000）。[6]

我们发现，自我与世界的联系存在于个体在特定语境中所扮演的多重身份或角色之中，以及执行的以目标为指向的物质活动："身份是对个人（自我）与世界关系（重新）协商、（重新）构建和（重新）概念化的结果"（van Compernolle & Williams, 2012b: 237；另见 Block, 2007; Kinginger, 2004, 2008; Lantolf & Pavlenko, 2001; Pavlenko & Lantolf, 2000）。从本质上说，身份在自我 / 意识与外部世界之间起着中介作用。图 3.1 展示了这种关系。正如双向箭头所示，在三角形的底部，自我与世界以间接的方式相互作用。在三角形的顶端，自我——或其与当前社会物质环境相关的方面——与身份相连接，并与世界进行互动。自我与身份、身份与世界之间的双向箭头意在表明这种关系的双向性。身份在自我的基础上产生于我们与世界的互动过程中，而且这些互动有可能向内发展，对自我产生作用。回顾第一章对内化的讨论，这意味着向外（自我到世界）发展和向内（世界到自我）发展。身份中介自我和世界，同时也被自我和世界所中介。

诺顿（Norton, 1995, 2000）将身份视为斗争的场所，这一观点有助于进一步理解身份的中介性质。诺顿（1995: 15）认为，主体性具有“多重性和矛盾性”，产生于我们与社会文化世界的互动中，并以此将（社会）身份概念化：

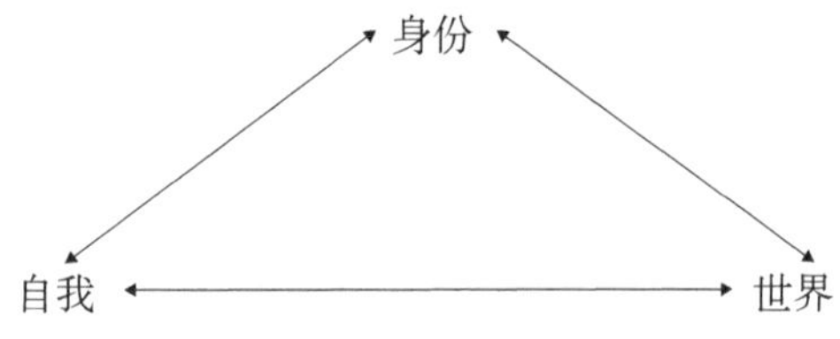

图 3.1　身份的中介性质

> 主体性产生于各种各样的社会场所，所有这些场所均由权力关系构成，人们在这些关系中占据不同的主体位置——教师、母亲、管理者、评论家——其中有些位置可能与其他位置相互冲突。（Norton, 1995: 15）

维果斯基对诺顿观点进行了阐释，将个体占据的不同主体位置视为角色或身份，并在追求目标指向的物质活动过程中发生。这些主体位置随即被自我和世界所中介。正如诺顿指出，斗争的场所就是人们行为的发生地：个人的所作所为以在特定的社会物质环境中获得的中介手段为条件。身份在内部自我与外部世界的互动过程中形成。根据定义，身份是暂时的，但由于其具有双向中介性质，身份能够——不管是好是坏——对自我和世界产生持久性、变革性影响。

将身份视为自我与世界之间起中介作用的一个后果是，我们必须承认人类主体通过中介手段行事的一致性（Wertsch, 1998）。如上所述，自我不是一个生理遗传或与生俱来的实体，而是通过内化文化所构建的产物而养成。这并不是说人是被动的主体。相反，正是通过将各种中介手段融入到我们的心智活动和物质活动之中，人们才能从外部控制自己的行为（Vygotsky, 1978）。因此，我们对社会物质环境做出的反应使我们可以做出自主选择，但选择须由我们已经内化的中介手段动态提供，并受其制约。能动性是社会文化中介的行为能力（Ahearn, 2001）。没有文化中介，就没有能动性："一旦我们将文化产物和概念融入我们的心理和物质活动中，人的能动性就会出现"（Lantolf & Thorne, 2006: 63）。此外，能动性"具有赋予事物和事件以关联性和重要性的能力"（Lantolf & Thorne, 2006: 143；另见 van Lier, 2008）。因此，人类能动性——进一步说，个人在对社会物质环境做出反应的过程中所扮演的身份或占据的主体位置——取决于内化为心理介质的文化产物和概念的质量。

与教学语用学的相关性

自我、身份和能动性的中介性质是二语教学语用学社会文化理论框架的基本原则。简言之，这一框架的目标是为自我的转变创造条件。上述讨论已经明确，自我或意识具有历史性：它形成于我们与世界的互动过程之中，并在这种互动中，我们内化文化构建的中介手段。这一过程通过我们在所追求的具体物质活动中所扮演的各种身份或占据的主体位置进行中介，从而在自我与世界之间创造出一种间接的中介关系。转变自我涉及内化新的和 / 或修正现存的中介手段（如文化产物、概念）（Lantolf & Thorne, 2006）。这里的关键问题是让学习者能够发展能动性的可替代形式——新的和 / 或修正的选项（身份、主体位置），以便与世界进行互动，并为具体的语用实践赋予相关性和重要意义。

正如范康珀诺勒和威廉姆斯（2012b）的研究所示，学习者借用新工具（如语言形式、概念）以满足其未来的目标（动机），这一过程不可避免地与学习者的历史（自我）联系起来。因此，可能会产生新形式的能动性，且对个体学习者来说各不相同，因为“什么是相关的和有意义的在很大程度上会受［其］历史轨迹的影响”（Lantolf & Thorne, 2006: 143）。对凯西来说，教育导致她赋予所使用的更正式、更学术性的语体以新的意义和相关性：通过学习非正式的日常语言，她开始懂得更正式语体的重要意义，这关系到她自身以及学习法语的未来目标。对梅拉尼而言，为了追求建立亲密的人际关系，教育为她打开了一扇通向她所青睐的日常语言的新大门：她不仅学习了新的日常语言形式及其意义，而且赋予了她在以前课程中已经学到的更正式的标准形式以新的相关性和意义。因此，尽管各不相同，凯西和梅拉尼二人均能够采用矫正的主体位置，并为她们借用的新工具和新概念所中介。这就是二语教学语用学的社会文化理论框架承认个体独特性并以之为基础的方式：通过提供连贯的、系统的社会语用概念，并使学习者可能再中介其与世界已通过二语中介进行的互动。回顾上文讨论的达维多夫（1995）的评论，这是一种符合个体特性的教学方法，目的在于发展个性。

为了更进一步阐述这一观点，我们可以将目光转向本研究的前强化阶段和后强化阶段所进行的语言意识访谈（见第一章）。语言意识访谈旨在评估学习者对用于教学的说明性语用形式的陈述性知识，包括任何指导他们选择一种或另一种形式的规则或概念。摘录 3.3 是里昂前强化阶段的语言意识访谈的部分内容，他在其中描述了他对第二人称代词 *tu* 和 *vous* 的理解。

摘录 3.3

1 教师：　你能跟我谈一下你是怎么理解
2　　　　*tu* 和 *vous* 的吗．
3 里昂：　好的．这个嘛 *vous*- 呃 *tu* 和 *vous*. 显然都是“你”的意思．
4　　　　呃 *vous* 既是 + 复数形式，呃也可以只是一种正式用法，
5 教师：　对
6 里昂：　嗯 *vous* 你可以用于未曾

谋面的人，或者也可用于呃就像 + 教师和 ++
你想对其表示尊重的人．
教师：嗯哼
里昂：或在某个具有权威性的地方．与 *tu* 正相反．
只是 *tu* 更为非正式．用于朋友之间．表示友好．

显然，里昂理解了 *tu/vous* 体系中诸多重要特征：两个代词都用作第二人称称谓，并且 *vous* 有双重角色，既可以表示复数的“你们”，也可以用作正式的“您”，与更亲昵的、非正式的 *tu* 相对应。他还指出了几种适合用 *vous* 的人（陌生人、教师、应该尊敬的人）和 *tu* 适用的人（朋友）。这是标准的教科书式、不系统的经验知识（van Compernolle, 2010a, 2011b, 2012）。尽管里昂所述并没有什么本质上的错误，但他在这方面的知识限制了他可以承担的主体地位——本质上来说，里昂**受制于**外部因素，并且他不明白在这种情况下他可以主动对这些因素施加影响。虽然里昂确实学过第二人称形式以及一些习惯用法，这些知识在某些语境中足以发挥作用，但他并没有将这些形式或它们的意义潜势作为已有知识加以利用（如认识到他有能力改变身份和关系的质量）。

六个星期之后，对里昂的后强化阶段的语言意识访谈（摘录 3.4）揭示出他对 *tu/vous* 体系的理解出现了显著的变化——他不仅受制于外部因素，而且可以对外部因素施加影响。

摘录 3.4

教师：你能告诉我一下：+ 你是如何理解
有关 *tu* 和 *vous* 的．+ 先说说这个吧．
里昂：好的，+ 嗯：：+ 这个嘛有：：+ 好像有
总共三种情况 + 第一要考虑，+
嗯我怎样呈现自己
是非正式地，还是正式地，
教师：好的，

里昂：嗯：+ 但是 *tu* 和 *vous*（（清了清嗓子））
也有：+ 另外两种嗯 + 特征，
嗯类似显示某种距离，
或多大程度的距离，+
vous 显然 + 比 *tu* 呃 + 的距离更远呃：
并且还有嗯 + 一种类似 +
等级的，+ 类似东西，+ 那嗯，++
很像是相互性我想 .
就像如果我：：如果有人用 *tu* 指我，
我用 *tu* 回应较为合适因为呃
您知道 . 如果他们–如果他们称我用 *vous*，而
我回应时用 *tu*，+ 嗯那就有一种 +
有点我制造了一种等级的感觉。
教师：好的 .

里昂强化后的知识被他在教学项目期间所借用的概念所中介。他就 *tu* 和 *vous* 的使用清晰地提出了一个系统且基于意义的框架：即人们必须考虑自我表述、社会距离、权力和相互性。这就为一种新的符号–意义关系的发展提供了证据，这一关系中介了里昂的思维方式，并且为实施新的或矫正的主体位置开启了新的可能性。里昂认识到他不仅必须为了应对交际语境而遵循语用规则，而且他有能力塑造语境和社会关系的性质。这是一种新形式的潜在能动性，且被社会语用学概念所中介。

小结

根据以上讨论，关于个性发展与自我的中介性质、身份与能动性，以及此类概念与二语教学语用学的相关性，本人试图确立以下观点：

（1）个性是人类心理的一个综合维度，源自于文化发展——具有被中介性。具体而言，个性产生于由概念中介的思维发展。

（2）教育——包括家庭教育和正规学校教育——可以发展个性。这是个

人自我意识的发展基础。

（3）自我是历史的，但以未来为导向，并通过内化中介手段而得到发展。

（4）身份，或主体位置，在自我与世界之间起中介作用，是人类行为被中介的场所。

（5）由于身份的中介性质，自我作用于世界，世界也作用于自我。这种双向性使得向内发展和向外发展成为可能（如内化）。

（6）能动性由社会文化中介，不仅具有对行为的能动控制力，而且具有赋予行为和经验以意义和相关性的能力。能动性取决于承担各种主体位置时可获得的中介手段。

（7）教育具有再次中介学习者与世界互动的潜能，并能够导致自我重构（即内化新的和 / 或被矫正的文化产物和概念）。

（8）因此，新形式的能动性成为可能，这可使学习者通过二语承担新的和 / 或被矫正的主体位置。社会文化理论框架就是以这种方式建立在个体独特性的基础之上。

本章的余下部分将从两个方面就以上观点展开讨论。下一节将详细论述内化是一个将中介手段个性化的过程这一观点，然后紧接着将讨论与教学语用学相关的情感和认知的不可分割性。

内化即个性化

这一节将进一步详述内化即个性化过程的观点（见第一章）。这一概念至关重要，其重要性在于将学习者理解为人，以及将教学语用学视为以个体独特性为基础的一次尝试。内化不只是一个习得新的、预先包装好的形式–功能映射的过程。相反，它是有关借用新的意义范畴，并将这些意义范畴映射到二语形式上，这就导致在二语中介活动中创造意义的再次中介能力。因此，邓恩和兰托夫（Dunn & Lantolf, 1998: 427）指出，“从社会文化的视角来看，二语学习者有第二次机会创造新工具和赋予意义的新方式……从某种重要意义上来说，二语学习就是获得创造的自由”。中介手段（如形式、概念）的内化 / 个性化在本质上是为能动性提供新的发展潜能——个体占据的重要而有意义的主体位置，通过二语在自我与世界之间起中介作用。

概念转化

正如津琴科（2002）所言，内化是一个双向过程，包括向内发展和向外发展（见第一章）。发展这一概念对于理解内化如何蕴含着个性化尤为重要。向内发展不等同于更传统的习得模式（Kozulin, 2003; Sfard, 1998），在该模式中，所习得的内容只是“按照原来的样子”整合进大脑 / 头脑之中。相反，人类将中介手段变为己有，并在物质活动中通过中介手段实施行为（Wertsch, 1998）。这是一个“转变和互惠的过程，在这一过程中，个人会改变已被内化的东西，并且通过外化潜在地对自我和群体施加影响”（Lantolf & Thorne, 2006: 158）。因此，中介手段也可能在向外发展过程中被改变。

正如第二章所述，本书报告的这项研究所设计的教学材料（如书面的概念说明、图表），旨在从规约化的适当语境使用中抽象出相关语用语言形式（如自我表征、社会距离）的意义潜势。其核心观点是要避免以教条式、规范性方式向学习者传授语用学知识，这种方式可能导致生搬硬套式的学习和不假思索的行为。因此，我们并不是给学习者提供规则去遵守，而是给他们提供不同的意义类型（如概念），促使他们根据不同的具体语境思考并指出使用不同意义类型的后果，以支持对概念个性化过程进行批判和思考。例如，自我表征示意图（即 T 恤牛仔式对比西装领带式）指向两种相反的意义类型，如年轻、非正式和时髦，与保守、正式和职业化。在言语反思过程中（见第四章），鼓励学习者外化他们对概念的理解，包括在不同的社会语境中将自己表征为 T 恤牛仔式或西装领带式可能产生什么后果；在执行得体性判断任务（见第五章）和策略性互动场景（见第六章）过程中，促使学习者将概念应用到具体的社会互动语境。重要的是，对教师来说，目的不在于引导学习者相信 T 恤牛仔式适合于某些具体的语境，而西装领带式适合于其他语境。相反，关键是要促使他们根据自己的目的参与到对概念的个性化过程中——将概念变为己有。（回顾一下前文讨论过的达维多夫 1995 年的观点，他将个性发展视为一个涉及创造性和指导性的过程，而非将教师的意志强加到学生身上。）然而，这并非是一个“万般皆可”的观点：这些概念提供了参数，在参数限制范围内学习者可以根据语用行为做出有意义的选择。[7] 因此，发展体现在合理利用各种意义类型，从而成为个人重要的相关心理介质（见 Negueruela, 2008）。

通过使用本书所报告的这项研究中所收集的数据材料，范康珀诺勒和金吉格（van Compernolle & Kinginger, 2013）在该研究的第二阶段（第 2 周），对妮基（Nikki）完成的一项得体性判断任务进行了微变化分析，详细阐释了个性化过程。两位作者详细分析了妮基与教师之间的合作互动，当时妮基在试图决定使用 *tu* 还是 *vous*，并通过概念解释她所做出的选择其情景如下：

> 因为要与朋友一起准备一个小型餐会，你正在一家食品店寻找某种奶酪。遗憾的是，你没有看到你想要的奶酪。你决定问一下店员，一个 25 岁左右的年轻女性。

这一情景比较含糊。虽然听话者是一个年龄相仿的同龄人（这一因素在习惯上倾向于使用 *tu* 来表达亲近的社会距离），但是她也是一个陌生人和店员（这两个因素在习惯上支持使用 *vous* 来表达礼貌的或适度的社会距离）。在这一情景下有关 *tu*/*vous* 的选择中，这种模棱两可导致对如下概念进行了长时间的讨论（约 4.5 分钟）：自我表征（即妮基想要如何被看待），社会距离（即这种关系是亲近还是疏远），以及权力（即如果有的话，哪一位对话者可以被视为相对另一位对话者处于有权力地位）。

范康珀诺勒和金吉格指出，妮基需要解决这一冲突：既希望通过使用 *tu* 表征自己的 T 恤牛仔式形象，又想避免这一行为被解读为她对店员具有相对权力的可能性。（用 *tu* 称呼店员可能会被解读为将店员置于较低的权力位置，而店员称呼顾客为 *vous* 则是一种社会惯例。）在与教师的合作下，妮基得出了以下解决方案：

摘录 3.5

妮基： 我想使用 ++ 等一下 . + 哎呀 . + 我当然不想
表现出我对她高高在上 . 但想 +++
我想 + 我想使用 *vous*.
教师： 好的，
妮基： 因为 +++ 我不 ++ 想 ++ 因为
教师： 嗯哼，
妮基： 因为我不想与此人有一种亲近关系的感觉 .
所以我想使自己与她保持一定的距离 .
教师： 好的，
妮基： 但是 + 并且我不想表现出我拥有权力，
对这个人，但是 ++ 所以我想（3. 5）使用 ++
我认为我们应该相互使用 *vous*. + 像
表明像是 ++ 一种平等的关系 . 但是
距离平等¿有距离的平等 . =
教师： = 啊哈 .

（van Compernolle & Kinginger, 2013: 297）

两位作者认为，这一摘录的重要性在于将社会距离和权力两个概念进行综合分析——“有距离的平等关系”概念（第 69 行）的产生与交际双方建立的一种互致 *vous* 的关系有关。在应对有关得体性判断任务所描述的情景参数，以及教师的提问、提示和建议时，妮基并没有“原封不动”地使用提供给她的这些概念，而是创造性地将其个性化，变为己有。正如范康珀诺勒和金吉格所述，这一互动提供了“一个新的、对个人来说意义重大的概念微变化证据，妮基可以通过这一概念进行思考”（van Compernolle & Kinginger, 2013: 298）。简言之，证据表明了向内发展（如将概念个性化为思维工具）和向外发展（如使用个性化的概念实施行为的能力）的存在。这是内化 / 个性化过程的转变本质。

人的中介作用

将内化理解为一个涉及个性化的过程，并不意味着任由学习者自行其是去发现对个人来说十分重要的意义。事实上，在社会文化理论框架内，防止更专业或更博学的人的干预（如教师），或是希望学习者能够靠自己发现他们需要了解的东西，都没有意义。这是因为学习者顾名思义就是不知道自己需要学习什么——如果他们知道，就没有理由参与到教育活动中。实际上，学习者需要依赖教师等中介人来帮助心理介质的内化（Kozulin, 2003）。

正如我们之前在讨论达维多夫关于个性发展和教育的观点中所看到的，教师“**指导和引导**学生的个体活动，但不把自己的意志强加于学生”（Davydov, 1995: 13；原文强调）。因此，人的中介行为在内化过程中发挥着重要作用：其目标是帮助概念的内化，同时也对学习者的个体特性非常敏感，以便学习者将这些概念变为己有。部分内化过程需要面对关于语言和语言使用的非系统性知识或信念。因为语言学习者都是人——是有着包括语言使用在内的不同历史的人——关于具体的语言使用，以及这种语言使用如何融入意义的意识图式，他们必然有着自己的态度（Niedzielski & Preston, 2000）。实际上，这是西尔弗斯坦（2003）提出的指示性层级这一概念的核心原则之一（另见 Eckert, 2008; van Compernolle, 2011a；本书第二章）。然而，要让这一知识接受有意识的检查，并在已掌握的概念范围内对其（重新）理解，学习者往往需要帮助。这是人的中介的一个特别重要的领域，它要认识到学习者的独特性并在此基础上指导和引导他们——值得注意的是，通过学习者突出的语言经历方面的交谈，学习者倾向于理解他们所使用的概念。

摘录 3.6 展示的是一段玛丽和教师之间的对话式的言语反思，发生在本研究的第二阶段（第 2 周），重点围绕指示性层级这一主导性概念。玛丽在建立正确理解语言意义的偶然性本质时遇到了困难——指示性意义既取决于说话人的意图，也取决于对话者的解读这一观点，两者可能或并非总是匹配。参照一下她约 20 分钟之前完成的独白式的言语反思，玛丽讲述了她过去的一个突出例子：以前有一位教授说话时总是使用一种过于正式的学术语体。

摘录 3.6

玛丽： 好像 ++ 我一直在想这位
曾经在这里教过我的教授，+ 好像哦我的天啊 . 他很–喜欢
自己的说话方式 . 好像你甚至可能–就好像他
甚至不是在说英语 . 好像他总是使用每个
正式的
教师： 嗯哼
玛丽： 比如 . + 语言，结构，他总是使用 + 最
华丽的辞藻谈话 + 只是–你甚至根本
不懂他在讲什么 . 并且我感觉他这么做
是想说，看我多聪明 .
教师： 啊 . 那么你的解释是什么 =
玛丽： = 他想要证明某件事 . + 我觉得那
很烦人，就像我知道您很聪明，您没有必要 +
强行当着我的面，就像呵呵我仍然会尊重您如果
您很聪明，但是您没有必要 + 来烦我，
用所有这些正式用法
教师： 那么考虑考虑这一点 . 你可以有你的意图 .
对吧，
玛丽： 嗯哼 .
教师： 但你还有别的需要考虑吗 .（2. 5）

((玛丽露出“我不明白”的表情))如果你没有-
你可能打算+要做.一件或另一件事.对吧,
玛丽：嗯哼
教师：但你需要考虑的另一件事是什么.
玛丽：哦其他人将如何 +++ 理解此事.

当玛丽被提示考虑一下她自己如何理解这位教授讲话时，她表示对她来说，这就是“他想要证明某件事”（第 12 行）的证据，并且接着将他的话和正式用法描述为“烦人”（第 13—16 行）。作为回应，教师引导玛丽重新考虑一下说话人的意图和其他人的解读之间的关系。玛丽在这里表现出了困难，她不理解教师提出的除了意图外还有其他因素需要考虑的问题（第 21—22），长时间的停顿和“我不明白”的表情可以说明这一点。教师在第 22 和 24 行对提问进行了重新表述，以提示玛丽注意这一概念的一个新特征：人们还必须考虑对自己讲话的可能解读。对玛丽来说，她的回答以“哦”开始（第 25 行），证明她已考虑到这个新的或萌生的知识，表明（认知）状态发生了变化。

如我们在摘录 3.7 中看到，教师进一步讨论了这个问题。在这里，他尝试引导玛丽去理解话语风格可能存在多重解读。

摘录 3.7

教师：啊.那么+只有一种理解吗¿
玛丽：++ 不我想-差不多我以前是-我以前
想说-我当时很难想出例子.
人们在哪里使用-具体想传递出某种+
嗯+印象.并且有人把它-把它
理解错了.
教师：啊
玛丽：我很难[想出]这方面的例子.
教师：　　　[因为你有]

　　　那么，想一下那位教授.=
玛丽：=对了.
教师：你将这理解为+某种势利的或者=
玛丽：=对了.=
教师：=(这)之类的.其他人可能将这理解为+
　　　好的.比如是聪明的标志.或其他
　　　之类的.是吗,
玛丽：是的.

教师先是提示玛丽去思考关于语言使用是否始终只有一种单一的理解（第26行）。在她的回答中，玛丽换成了过去式（第27—31行），并描述了在独立的言语反思任务中所遇到的困难，表明她在回避手头的任务（如她没有回答教师提出的问题，而是陈述她当时遇到的困难）。在27到31行中，教师对玛丽回答的导向表明，他听出来她换成了过去式，并且将独立的任务视为请求帮助——此时此刻有必要做出一个明确的解释，因为她不能恰当地回答教师的问题。这就为教师提供了一个干预的机会，并以玛丽的教授作为具体的例子（第35—42行），为这一概念的理解提供一个明确的解释。

玛丽的例子说明了在概念使用中人的中介作用具有两方面的重要性。第一，帮助玛丽发展对语言偶然性的理解的意图非常明确。教师的作用是提示玛丽去思考她没有考虑到的概念的不同方面（如任何语言的使用可能存在多重解释）。第二个方面与指导方式有关，教师与玛丽共同构建对这一概念的恰当理解，同时避免纠正她的错误：即使教师最终给出了一个明确的解释，但他也没有强求玛丽如何去理解她提供的例子，而是指出对于这位教授的话语风格有两种可能的选项或理解。换言之，在这个例子中，人的中介作用在于引导玛丽对概念的理解逐步趋于系统化，但是究竟选择哪种方式去解释她的例子（如势利的还是听上去很智慧的话语）仍然是玛丽自己的事。

个性化与得体性

如我们在第二章所看到的，二语教学语用学的社会文化理论框架构想得体性概念的方式与较传统的方式存在根本性区别。得体的语用行为是从主位或参与者相关的视角来理解的，而非将这一概念等同于随机的、通常理想化的语言使用惯例。（另见 Leung, 2005 和 Dewaele, 2008 提出的非社会文化理论传统的类似观点）。把整体性社会语用学概念的内化作为行为的导向基础，使学习者能够做出有意义的选择，这些选择可能与社会惯例一致，也可能并非总是如此，但必须将其理解为具有潜在的得体性。因为内化是一个涉及中介手段个性化的过程，不同的学习者必然以不同的方式发展。在这里，有必要回顾一下柴科林（2001, 2002）关于社会文化理论传统（见上文）中个性发展的观点。在教学语用学的社会文化理论框架中，我们主要关注的是社会实践动机的发展——为社会语用概念所中介的语用选择背后的原因。不同的个体参与同样的社会实践（如选择相同的形式）可能会出于完全不同的动机，正如不同的动机可能会导致不同的选择。因此，就得体性而言，判断任何一种语用行为都需要理解这一行为背后的动机，甚至需要理解个性的发展，因为个性需要在不同的主体地位或身份中具体化，并在自我与世界之间实施中介。

得体性判断任务（见第五章）在这方面尤其具有启发意义，因为可以促使学习者在各种类似真实的社会互动情境中外化他们选择语用形式的动机。（这也同样适用于策略性互动场景的演练或计划阶段，稍后将在第六章中讨论。）摘录 3.8 对在本研究的后强化阶段，苏珊在办公时间与一位教授会面时，为何选择非正式的或日常的第一人称复数代词 *on*“我们”以及不带 *ne* 的动词否定式（即只有 *pas*“不”）给出了解释。

摘录 3.8

1 **苏珊**：((解释了 *vous* 适合用于保持距离))
2　　　然后就坚持使用 […]+ 我会坚持使用 *on*.
3　　　和 *pas* 因为我是 +T 恤牛仔式 + 我是学生 .

苏珊的选择对于个性化和得体性来说非常有趣，原因有两个。

首先，她借用自我表征概念对非正式形式的选择进行了中介。对苏珊来说，在这一语境中，她觉得做自己——一个自由自在、无拘无束的年轻学生（即T恤牛仔式）——很舒服。换言之，她已将概念个性化，把保留自己的个性作为动机。这个例子的第二个有趣方面是，苏珊也认识到通过使用 *vous* 来维持距离通常被认为在这种关系中是得体的，但是不损害她的自我形象也可以做到这一点——结合使用 *vous* 来创造距离和使用 *on* 并省略 *ne*，可以同时实现两个目标。换言之，她不仅仅是机械地遵循规则或使用概念的内容，而是以一种对她有意义和相关的方式将概念个性化。在这里可以明显看出，苏珊的选择是出于对社会关系期望的特别敏感，同时，在大多数语境中她都渴望成为自己。这些都是她个性中不可分割的部分，并通过她所使用的概念使其成为可能。

摘录 3.9 显示，对于同一情境，劳里的取向与苏珊截然相反。

摘录 3.9

1 **教师：** 那么–你想是西装领带式，在那种情境中，
2 **劳里：** 是的 . + 我想是这样 .
3 **教师：** 为什么 .
4 **劳里：** 因为她是 + 我的教授，并且 + 嗯 . 是的 .
5 这就是我常常如何试图 . 在我的教授面前，
6 表现得更专业一点 .
7 **教师：** 哦 . 好的 .

在办公时间与教授见面时，劳里直截了当地选择使用更正式的西装领带式的语言形式（即 *vous*, *nous* 和 *ne…pas*）。尽管劳里在很多情境中通常选择了更非正式的形式（包括将 *vous* 和非正式的形式混合使用，如上文中苏珊那样），在劳里看来，与教授的互动是一个特殊的语境，更正式的语言更为合适。劳里的解释给我们提供了一个有趣的视角来观察她的动机，以及她如何将自我表征概念个性化：对她来说，西装领带式表示专业性，这

也是她在该语境中的期望。值得注意的是，劳里的这一期望当然不是在参与该研究项目期间发展而来的——这很可能已经成为了她个性的一部分。然而，这些概念的使用为劳里用法语创造和解释意义建立了一个新的框架，并对其个人的社会实践具有重要性和相关性。

从教学语用学的社会文化理论框架的视角来看，苏珊和劳里的回答都是得体的，因为她们的回答均反映了自己语言选择的思想和动机，并受到了个性化的社会语用概念的中介。尽管两位年轻女性回答背后的动机不尽相同，但都是她们个性的重要组成部分。苏珊和劳里是不同的人，各自经历独特，有着不同的语言倾向和处世态度：在教授面前，苏珊表现得自由自在、无拘无束，感觉十分惬意，而劳里则竭力想将自己表现得专业一些。重要的是要认识到，苏珊和劳里如何以不同的方式将概念个性化，从而使两位年轻女性对自己的语用行为赋予恰当的意义和相关性。

情感与教学语用学

到目前为止，本章已讨论了个性、自我、身份、能动性、内化即个性化，以及试图将学习者理解为人等问题。本节将讨论在一般的语言学习中，尤其是在教学语用学中，往往被忽略的一个方面：情感。情感影响我们参与其中的活动，包括语言学习活动，并且也受这些活动的影响。换言之，情感影响语言学习的效果，但反过来也受到语言学习过程和经历的影响。这一辩证关系将情感过程和认知过程统一其中。当维果斯基提到“存在一个意义的动态系统，情感和智力统一于其中”（Vygotsky, 2000: 10）时，他当然认识到了情感和认知的不可分割性。本节的重点是强调，在教学互动中发生的情感和智力过程的相互渗透，是进一步加深将学习者理解为人的手段。

（重新）认知情感过程

斯温（Swain）对两名学习法语的大学生在完成一项语法听写任务时的互动进行了重新解释，在介绍中，她做了以下论述：

> 学习另一种语言不仅是一个认知过程，也是一个情感过程。情感就如同“房间里的大象”，每个人都意识到了，但却反映了一个不言而喻的事实：情感对过去发生的，现在正在发生的以及未来将要发生的事情有着重要的影响。实际上，情感是认知不可或缺的部分。（Swain, 2013: 195）

然而，正如斯温进一步指出，情感在语言学习文献中很大程度上被忽视了，除比较显著的“焦虑”外（如 Horwitz *et al*., 1986; MacIntyre, 2002）：“其他情感，如享受、安慰、高兴、兴奋、嫉妒、羡慕、希望、惊讶、自豪、感激、猜疑、喜爱、憎恨、愧疚、厌恶、羞愧和厌烦”（Swain, 2013: 195）都被排除在外，因为这些很难操作和衡量（Imai, 2010）。

然而，有研究通过叙述、访谈、日志 / 日记和 / 或问卷调查对语言学习者和多语使用者的个人经历进行深入的调查，并对学习和使用非母语过程中的情感过程进行了丰富的描述（如 Dewaele, 2010; Kinginger, 2004, 2008; Pavlenko, 2005, 2006）：在遇到要克服的困难和挑战时，面对新的经历、挫折、失望、希望、愉快等，往往要求学习者汇报诸如焦虑和兴奋之类的情感经历。但是，要理解真正的语言学习过程仍然存在着局限性：“[这种方式的] 多数研究发现并不是被调查者当时的实时情感体验，而实质上是对过去情感色彩记忆的一种抽象表征”（Imai, 2010: 280）。当然，这一工作具有重要意义，是一种从学习者的角度将语言学习理解为情感体验的方式（即他们对过去情感的表述和报告），同时，探索并理解情感和认知如何实时互动也十分必要——情感和认知影响如何实时地相互作用。语言学习的情感因素不仅通过学习者的回顾式叙述获得，而且在互动中也可以表现出来。

针对以下瑞切尔和索菲之间的互动（摘录 3.10），斯温（2013）提供了四种解释，说明了情感和认知是如何紧密结合在一起的。当时瑞切尔和索菲遇到了一个二语难题：名词 *menaces*“威胁”正确的语法性别。

摘录 3.10

1 瑞切尔：des nouveaux mences［一些新的威胁］。

2 索　菲：很好！｛祝贺瑞切尔发现了“problèmes”的一个同义词｝

3 瑞切尔：是的，nouveaux, des nouveaux, de nouveaux. 是 des nouveaux 还是 de nouveaux ¿

4 索　菲：是 des nouveaux 还是 des nouvelles ¿

5 瑞切尔：Nou…des nou…de nou

6 索　菲：那 menace，是 un menace，还是 une menace, un menace，还是 une menace. 唉唉唉！

7 瑞切尔：Je vais le pauser［我想暂停一下］｛即录音机｝｛索菲和瑞切尔在词典里查了下“menace”｝

8 索　菲：是 des nouvelles!

9 瑞切尔：是阴性 …des nouvelles menaces.

（Swain, 2013: 199）

斯温的第一种解释以认知主义二语习得为基础：这一互动促使两个女孩注意并填补了他们的语言能力空白（即 *menaces*“威胁”这个词的语法性别）。第二、第三和第四种解释吸取了社会文化理论的有关知识。斯温发现，合作对话可以导致新知识的构建；自言自语可以视为瑞切尔和索菲试图自己解决问题；最后，情感不可避免地与语言学习过程联系在一起。关于情感，斯温写道：

> 在话轮 1 中，我看到了自尊；话轮 2 中，我看到了愉悦、自豪和钦佩。话轮 3—6 中，我看到了当她们独立完成工作时对彼此的信任——信任可以维系任务继续并向前推进。话轮 6 中，索菲有些挫败感（也许是一个理想的“教学时机”）。话轮 8 流露出了激动、兴奋、喜悦。话轮 9 中，一种满足感显而易见。（Swain, 2013: 203）[8]

斯温得出结论，互动可以“中介认知渗透的整体情感的共建过程；或也许是情感渗透的整个认知过程¿我认为，关键在于两者兼而有之”（Swain, 2013: 203）。简言之，斯温认为我们不仅必须认识到，而且还要重新**认知**情感在语言学习中的作用：认知具有情感特性，情感也具有认知特性。

一个说明性例子

本研究中，当学习者遇到具有挑战性的概念或任务时，往往会感到沮丧，这些概念或任务会驱使其将自己的独立能力发挥到极致，甚至超越极限。在很多情况下，教师在中介学习者的认知过程时，明显倾向于学习者的情感过程，因此，不仅实现了与学习者智力发展相关的目标，而且还获得了情感的主体间性——“对特定对象或事件的共同情感关注”（Imai, 2010: 281）。

作为一个说明性的例子，让我们回到范康珀诺勒和金吉格（2013）所分析的妮基和教师之间的互动（见上文）。尽管两位作者并没有明确地讨论情感，但重新考察一下语料就可以清楚地观察到情感过程的存在，并与理解互动相关。摘录 3.11 呈现的是互动开始的片段，在面对年龄相仿的店员这一情景下，如何在第二人称代词 *tu* 和 *vous* 之间做出选择。（下面的摘录根据范康珀诺勒和金吉格研究中所提供的转写材料修改而成，用双括号加注，是为了突出情感过程的证据。）

摘录 3.11

1 **教师**：嗯好的 . 第四个呢¿
2 **妮基**：（（大声朗读情境））嗯（3.5）我想¿ ++ 使用
3 　　　（4.0）（（妮基看上去困惑不解））
4 **教师**：嗯 .（（轻声笑了笑））
5 **妮基**：（（微笑进而大笑））
6 **教师**：你在想什么 . = 是什么-

7　　　是什么给你带来了麻烦 . 现在不要考虑形式 .
8　　　只考虑情境 .

妮基一开始无法回应，她的沮丧显而易见。她在第 2—3 行中产生了一些不确定性标记，表明她不知道如何回应：例如，犹豫不决的“嗯”，升调的不完整话语“我想¿”，以及几次长时间的停顿。此外，妮基的面部表情也表明了她的困惑：在第 3 行中，她眉毛轻皱，茫然地盯着调查问卷，停顿长达 4 秒。教师不仅回应了妮基的认知困难（即对任务的反应），也回应了她的情感过程。在第 4 行，他轻轻地“嗯”了一声，然后轻声地笑了笑。这明显缓解了妮基的一些挫败感：妮基回以微笑和大笑（第 5 行）。简言之，妮基和教师已建立起了情感主体间性——实质上，他们都认识到这是一项艰巨因而令人沮丧的任务。鉴于教师和妮基之间新生的合作伙伴关系，这种情感主体间性也可能隐含着一种理解，即他们将开始合作解决问题，并对彼此相互信任和充满信心（见 Mahn & John-Steiner, 2002; Swain, 2013）。情况确实如此，在第 6 行，教师立即开始了中介妮基在任务中的表现。

借用斯温（2013）的术语，妮基对问题的最终解决——认知过程——也渗透了情感。回顾一下，通过合作互动，教师引导妮基对社会距离和平等权力概念进行整合，这是通过相互使用 *vous* 实现的，妮基创造了“有距离的平等关系”这一概念（摘录 3.12）。

摘录 3.12

1 **妮基：** 我认为我们彼此之间应该使用 *vous*.（（微笑））
2　　　+ 想表示这是 ++ 这是一种平等的关系 .
3　　　但距离平等¿有距离的平等 .=（（看了看教师））
4 **教师：** = 啊 .（（微笑））
5 **妮基：**（（露出更大的微笑））

妮基认识到问题得到了解决时（第 1 行），她露出了微笑。这表明她获得了一种满足感和幸福感，因为她起初不能独立完成的任务，现在已经找到了恰当的答案。听了她对距离和平等的综合解释之后（第 2 到 3 行），教师做出了一个肯定的表示（即“啊”），并露出了微笑（第 4 行），从而确认了妮基的回答是恰当的，同时也吻合了妮基的情感状态。妮基的反应是，她露出了比之前更大的微笑。简言之，当教师不仅确认了她的回答是恰当的，而且还同她建立起了情感主体间性时，她表现出了一种更强烈的满足感。显然，情感是妮基智力成就的一个必要方面，而且对她与教师之间教学互动的质量至关重要。简言之，情感中介认知过程，同时也被认知过程所中介。

情感过程及其与认知的关系因人而异。因此，在相同或相似的任务中，我们不应期待任何两个不同的个体会有相同的感受，正如我们不会期待他们会有相同的想法一样。这是将学习者理解为人，理解为独特个体的一种方式。但是，重要的是要认识到 / **重新认知**情感以及情感主体间性在中介二语语用发展中的作用。情感渗透于发展过程的质量之中，并对其产生重大影响，包括学习者如何定向、如何参与到任务之中，以及在任务期间教师和其他参与者如何与学习者互动。

结　　语

本章考察了教学语用学的社会文化理论框架如何将学习者理解为人，以及该框架如何努力纳入个体特性等几种方式。这需要认识到，学习者——被理解为独特的个体——应该发展其对社会语用学概念及其实例化的语用语言形式的理解，这种理解具有个体相关性和重要性。因此，必须从学习者的角度，并且根据中介其语用选择的动机和手段来考察得体性。依据这一思路，我讨论了个性发展，尤其着重讨论了自我、身份和能动性概念，以及作为内化过程关键因素的中介手段（如概念、形式）个性化。在前一节，我还讨论了情感过程与认知过程和实时展开的教学互动密切相关。课堂语用发展既是一种情感体验，同时也是一种认知体验，这一理解有助于将学习者人性化，他们在与教师互动和参与教学任务的过程中是有感受与思考的。

人的中介的重要性是贯穿本章的一个中心主题。依据达维多夫（1995）的观点，人的中介目标是引导学习者发展（即支持心理介质的内化），而不是将教师的意志强加给学习者。在教学语用学的社会文化理论框架下，这就要求将重点放在引导学习者发展对社会语用概念的正确理解上，同时支持学习者与概念及概念实例化的形式之间发展一种对个人有意义的相互关系。关键在于支持学习者对心理介质（即概念）的内化/个性化，这将使学习者能够参与各种新形式的能动行为——一种复杂、系统的中介能力，以一种理想的主体位置实施自我与世界之间的中介作用。我们也注意到，人的中介本身也受情感过程的中介。学习者在参与教学任务的同时体验情感，而人的中介的目的之一是必须识别情感过程且与其保持一致。换言之，人的中介的一个主要目标应该是在合作教学任务中建立和维系情感的主体间性。正如我们在妮基的例子中所看到的，在寻求与妮基共同创造一种合作互动的情境中，妮基的挫折感通过教师的引导逐渐得到了缓和。我们也清楚地看到，情感是如何渗透到妮基最终解决问题的过程之中：特别是当教师肯定她的回答恰当时，她的满足感，或许是自豪感显而易见。因此，情感过程和认知过程往往交织在一起。

在接下来的三章中，本章形成的见解将会得到进一步澄清，包括解决社会文化理论框架中的几个具体的教学任务：言语反思（第四章）；得体性判断任务（第五章）；以及动态策略性互动场景（第六章）。我们将会看到，如果不参照个性、个性化和情感，将会无法理解发展过程。

注释

（1）回顾上文所述，在社会文化理论框架下，理解语言使用的社会得体性有两个标准：①语言使用的某一具体实例——无论规约性或非规约性——一定程度上由对话者解读；② 语言使用的某一具体实例——无论规约性或非规约性——一定程度上对反思和（重）塑活动类型、社会关系、和 / 或社会身份是有效的。

（2）第一章提出的语用学作为中介行为这一概念，经过第二章进一步深入讨论，形成了一条公理：社会语用知识中介语用语言选择，转而又中介社会行为的实施。因此，了解社会语用知识对判断学习者语言使用的得体性十分必要。

（3）文化-历史心理学肯定承认生理赋予的能力在心理学各方面的重要性。正如第一章所述，关键在于要避免向上（行为主义）和向下（天赋主义）的还原论（Valsiner & van der Veer, 2000）。整合文化构建的中介手段可以将低级生理功能转化为高级的人类特有的心理活动形式。

（4）这不是说儿童在概念思维发展之前没有个性特征——他们当然有。一方面，有神经生物学因素的作用，另一方面，儿童能够进行复杂思维并可使用准概念来思考（Vygotsky, 1986），并中介他们的行为，包括个性。关键是，通过概念思考是一种性质全新的、更成熟的个性形式。

（5）范康珀诺勒和威廉姆斯（2012b）所报告的研究可视为二语教学语用学的社会文化理论框架的先驱（另见 van Compernolle & Williams, 2012c）。然而，这一前期研究并未遵循本书所描述的基于概念教学的特定模式。

（6）帕夫伦科和兰托夫（2000）考察了几位已故 / 成年作家的自传体叙事小说，几位作家均在成人时期开始学习现在成为优势语言的二语英语。帕夫伦科和兰托夫发现，这些作家将英语作为优势语言并把新的居住地文化当作自身文化的时候，他们的自我感已发生改变。

（7）这些参数并不意味着要以否定的方式限制学习者的选择。相反，他们呈现这些参数是为了在学习者利用第二语言文化的过程中能够引导和解释学习者所做出的选择。

（8）可惜的是，斯温（2013）在解释互动的过程中，并没有对出现在语料中有关具体情感的语言（或其他）线索进行阐述。然而，今井（Imai, 2010）为解释情感过程提供了语言基础证据。

第四章

通过言语反思发展语用知识意识

引　言

本章在发展基于概念的语用意识，或更确切地说——如本章标题所示——在发展语用知识意识的过程中探讨言语反思任务的性质和功能。二语教学语用学的社会文化理论框架的一个核心观点是，语用知识的发展对于二语语用能力的发展是必要条件，但不是充分条件。人们也必须发展对此类知识的意识。关于基于概念的二语语法教学，内格鲁埃拉（Negueruela, 2008: 194）指出，该方法的目标之一是“通过概念来提高对意识的意识”。从这种意义上讲，语用知识意识具有元认知属性——涉及人们对所学二语的语用学知识的意识。此外，元认知也包括人们对未知或未全知的意识（如认识到人们的语用知识存在差异）。因此，意识的元认知功能为学习者以能动、可控和思考的方式使用二语提供了系统的取向基础，同时又为未来发展创造了机会。

言语反思任务是言语活动的一种具体形式，旨在促使学习者（通过言说）外化、（通过言说）思考自身对所运用概念的理解。[1] 设计这类任务的理据是基于维果斯基的观点（1978, 1986），即语言虽然有其社会（如人际关系）渊源，但却可以从内部引导个人对自身心理行为和身体行为进行调节，也就是说，语言可以作为一种心理工具发挥作用（另见 John-Steiner, 2007; Lantolf, 2003; Lantolf & Thorne, 2006; Wertsch, 1985）。例如，人们在解答复杂的数学问题时会经常自言自语，因为他们无法在头脑中思考解决。这种自导性谈话（即自我言说）并非随意为之或无关紧要，相反，这是心理活动的外化表现，有助于集中注意力解决手头的问题（如下一步要采取的行动），就像数学教师可能会在教室和某个学生通过社交话语答疑解惑一样。言语反思旨在通过人工或有意设计的任务（Vygotsky, 1997）对这类语言活动的中介功能加以充分利用，也就是说，有意激发学习者将思维外化，这在非诱发性情景中通常是不会发生的。言语反思使学习者的思维过程得以向自己和他人（比如教师）显化。因此，学习者的语用知识可以进行公开检视和修正。

摘录 4.1 选自范康珀诺勒（2011b: 3276）的研究报告[2]，为我们提供了一个独白式言语反思的例子。简（Jane）在运用与 *tu/vous*（你 / 您）使用相关的权力等级概念时，她被提示思考一下这样的例子，即某人可能称呼对方 *tu*，但却希望对方反过来称呼自己 *vous*，那么通过建立一种非对称的 *tu/vous* 关系，将会产生什么意义。

摘录 4.1

简： 嗯 ++ 也许两个同龄人见面¿但是他们没有嗯 +++ 我不确定是否理解了这点 .（（难以听到或仅仅轻声地重读部分文本和 / 或提问题））哦 . 是的 . 就像一位上岁数的–就像一位年长者可能 + 称呼一位比他年轻的人嗯可能会使用 *tu* 的形式 . 但会希望年轻者对他们使用 *vous*. + 嗯 . 那也许 ++ 仅仅只是意味着在年龄方面存在着 + 等级差异 . 这或许并不一定意味着权力 . + 现在如果你是谈论在工作场所– + 工作的人 . ++ 某人使用 *tu* 并且希望呃希望被人称呼 *vous*+ 可能是想嗯创造一个嗯权力等级 .

简努力表达自己的理解，这可以从她的自我评价中找到证据（如“我不确定是否理解了这点 .”）。因此，她重读了面前的部分文本（可能是部分概念解释和 / 或问题），接着发出了表示状态变化的感叹词“哦 . 是的 .”，这说明在那一刻她意识到了什么（即她理解了这一概念），之后又继续言语反思，并成功回应了提示。范康珀诺勒（2011b）研究提出的论点是，引导简通过言语反思而外化其对概念的理解，不但能让她向人说明自己的理解（例如向教师），而且更重要的是能意识到自己的理解存在不足，为了完成任务必须解决这些不足。因此，言语反思具有重要的发展性成果（Negueruela, 2003; Swain *et al.*, 2009）。

本章提供的语料来自两种类型的言语反思任务：（1）独白式任务。要求学习者向自己解释（教师不在场的情况下）对所提供的概念和教学示意图的理解（见第二章）；（2）对话式任务。学习者向教师解释自己是如何理解有关概念和教学示意图的，反过来教师会给学习者提供反馈、提示、引导性问题等，目的是促使学习者对概念有一个更深刻的理解。言语反思任务的讨论核心有两个重要方面。第一，言语反思帮助学习者外化和显化其所知，包括非系统知识和通常隐性的知识（如非意识知识；见第一章）、日常知识（如经验法则）。第二，言语反思为科学概念的形成过程和内化过程创造了机会。

语言作为心理工具

语言在维果斯基的心理学说中占有重要地位。如前文所述，他认为人类语言尽管最初发展为一种社交 / 交际工具，但同时也反映心理状态（Vygotsky, 1986, 1987）。在个体发育早期（指人的发展），儿童的行为经常受成人的指导性语言所中介。例如，成人可以通过社交话语（如“现在，紫色那块放这里”）帮助儿童拼好一块拼图，并以此作为调节儿童行为的手段。随着儿童的成长，以及儿童对社交话语的内化，他们逐渐能够在任务过程中谈论自己，形成自我中心话语（即指向自我的外化 / 口头话语），并以此作为调节自身行为的手段。最终，自我中心话语悄然演变成内部话语或纯粹的思想。然而，如前文所述，成人在遇到复杂或困难问题时，通常会回到早期发展阶段（即运用自导性话语或私语）（另见

Frawley, 1997; John-Steiner, 2007; Lantolf & Thorne, 2006; Wertsch, 1985）。

值得指出的是，维果斯基认为更高级的心理机能具有中介性质，并在这一更具普遍性的论断框架内构想了话语的心理机能。正如第一章所讨论的，将中介手段融入心智机能会产生性质不同的、基于文化的心理过程。

> 维果斯基认为，将心理工具（例如语言）引入心智机能（如记忆）会引起该机能的根本性转变。在他看来，心理工具不应视为辅助手段，也并非简单地促进现有心智机能而不改变其性质。相反，其关键在于具有改变心智机能的能力。（Wertsch, 1985: 79）

因此，话语并非单纯有助于思维，实际上还会将思维转化成人类特有的一种能力。维果斯基（1987）称之为言语思维，也就是说，思维受语言中介。思维的质变涉及心理过程的重组，这一过程不仅需要语言表达，而且被语言重塑。正如约翰-斯坦纳（John-Steiner, 2007: 137）指出：

> 当儿童向他人用语言表达需求、描述世界以及计划行动时，交际互动的内化便成为可能，并导致交际语言转化成内部话语和言语思维。但如［维果斯基］进一步指出，"话语结构并非思想结构的简单镜像。因此，不能像把衣服放在置物架上一样，把话语放在思想上面。话语不只是充当成熟思想的表达工具，同时，思想在其转换成话语时被重组。思想不是用语言表达，而是用语言完成。"（Vygotsky, 1987: 251）

简言之，一旦儿童形成言语思维，思维与言说便以一种辩证关系相互影响：话语塑造思维，同时思维也塑造话语。

对成人而言，言语思维通常是隐形的，因为是通过内在话语在内心发生，或用维果斯基（1987）的说法，以纯粹意义的形式发生。然而，当遇到困难任务时，成人可能会通过自导性言语表达外化其思维过程。在讨论弗劳利（Frawley, 1997）对维果斯基进行重新诠释时，兰托夫和索恩（Lantolf & Thorne, 2006: 76）认为，成人的自导性话语"用以维持个人对正在从事任务的关注”。换句话说，自导性话语通过将个人的注意力资源聚焦于某一任务的具体特征，旨在中介个人的心智（或身体）行为，“它具有计划功能，因为言说可以预测心理和身体行为；这样，可使人们构建一个心仪未来的心理意象，并防止我们行事冲动，也就是未经思考的行动”（Lantolf & Thorne, 2006: 79—80；转述自 Frawley, 1997）。

以上概述内容为理解思维和言说之间的关系打下了坚实基础，即两者存在一种辩证关系，相互影响。二语发展研究探讨了自导性话语或私语与语言学习之间的关系（如 Lantolf, 2003）：自导性话语能够中介二语问题，并促进二语进一步发展。此外，研究者还探讨了合作对话（如 Antón & DiCamilla, 1998; Swain & Lapkin, 2002）在促进二语发展中的作用。同时，本研究也支持了这一观点：在二语学习任务中，自我对话活动（Swain, 2006）可以通过外化内在思维过程，从而使其显化并接受有意识的检查，以促进二语发展。同样，依据加尔佩林（Galperin, 1989, 1992）的系统理论教学模型，基于概念的二语教学法认为，言语表达任务是内化过程中的一个关键因素（Negueruela, 2003; Swain *et al.*, 2009）。实际上，加尔佩林提倡两种形式的言语表达以帮助内化过程：即解释概念本身和通过概念解释语言运用。本章仅着重探讨前者，后者将留在第五、六章讨论。

加尔佩林无意将言语表达仅仅作为有声思维法，以便教师或研究者能够获知学习者知识的质量，理解这一点很重要。相反，言语表达任务为学习者通过自我交谈以理解所使用的概念提供了机会（Lantolf & Thorne, 2006: 305）。根据加尔佩林的观点，言语表达能促使学习者使用外在言语来表示行为，让学习者扩展到表达非熟悉语境下的行为（如将概念抽象化为意义），并形成新的心理机能（如通过概念重组思维过程）。简言之，言语表达不会简单地导致对内容或规则的死记硬背，反而会导致对心理介质（如概念）的内化。如本书第一章所述，内格鲁埃拉（Negucruela, 2003）和斯温（如 Swain *et al.*, 2009）等的研究清楚地表明，言语表达对于二语概念的内化是一个必要条件。

独白式言语反思

在二语教学语用学的社会文化理论框架中，独白式言语表达是要求学习者在没有教师指导的情况下外化其思维的任务过程，在此过程中，尝试理解指示性层级、自我表征、社会距离等概念。本书所选用的语料来自当前研究项目，其中独白式言语反思任务在第 2 周和第 4 周实施。第 2 周的独白式言语反思任务是对基于概念的语言材料进行初步陈述。该任务要求学习者通读教材，包括其中的文字概念卡片和教学示意图（见第二章），并用语言外化对概念的理解。为了有助于言语反思，所用材料也包括有声思维式问题，旨在激发学习者对概念解释的内容进行推理和详细阐述。我们发现这两种言语表达形式有益于学习者的发展（Swain *et al*., 2009）。第 4 周要求学生用语言反思教学示意图（如解释示意图的意义以及示意图如何在法语语用学中起作用）。两种任务在进行时，教师都会离开房间，只留下一台摄影机和一台数字录音机记录学生的言语表达。

这一方法的基本原理是基于对内格鲁埃拉（2003）的观点的发展，他认为私密和社会语境是内化发生的两个必要条件。教师不在场为成人学习者创造了环境，这样，成人学习者就有足够的私密空间自由自在地将内在的心理活动**自我**外化。同样，教师通过摄影机和数字录音机代替本人在场创造了一种社会语境，意欲促使学习者能更加完整地**对某一社交对象**阐释自己对概念的理解。

独白式言语反思的社会和私人维度

如上所述，独白式言语反思是在一个同时具备私密性和社会性的语境中完成的。学习者的言语表达质量与任务的私密性和社会性双重维度有关。

独白式言语反思反映在任务的社会维度上，其主要特征是话语的相对完整性。尽管真正的私语——只对自己而非他人说的话语——倾向于高度简短，但独白式言语反思话语却需要充分表达，好像专门针对某一社交对象。摘录 4.2 显示了第 2 周的部分言语反思内容，妮基在回答一个有声思维式问题时，被问及能否从指示性层级概念的解释中推知什么。这一问题特别提到在一些情况下，说话人意图与受话人对社会意义的解读并非总是趋同。

摘录 4.2

妮基：如我得出的推论：根据这一解释，
是你应该小心地对待 +
你说的话以及你怎么说，
取决于你与谁说，因为：：
比如你与你的朋友说话，=
= 你的朋友会知道你是在开玩笑，
但如果你是与其他人¿ +
他们可能会理解错：误：：并：：++
他们可能认为你是在嘲笑　呃
某人，并 – + 这仅仅取决于
你是与谁说话 .

尽管妮基的言语表达肯定反映出她个人对概念的思考 / 理解，但这很像是回答调查访谈问题（毕竟，她是在回答一个社交对象如教师的书面问题）。然而，应该谨记，根据维果斯基（1987）的理论，话语不仅仅是传递思维，而且在一个辩证的统一体中对思维产生影响（另见 John-Steiner, 2007）。下面将要阐述的是，独白式言语反思的社会性并不妨碍个体或私人的发展效果。

除了独白式言语反思过程中产生话语的社会性特质外，还有其他一些显性行为也能为学习者指示任务的社会性取向（如教师用摄影机和数字录音机代替在场）。摘录 4.3 以及图 4.1 中的截屏，提供了这样一个例子。在这种独白式言语反思中，里昂试图回答一个有声思维式问题，即什么时候和为什么人们可能会选择使用不同的语言风格（如非正式与正式语体）。

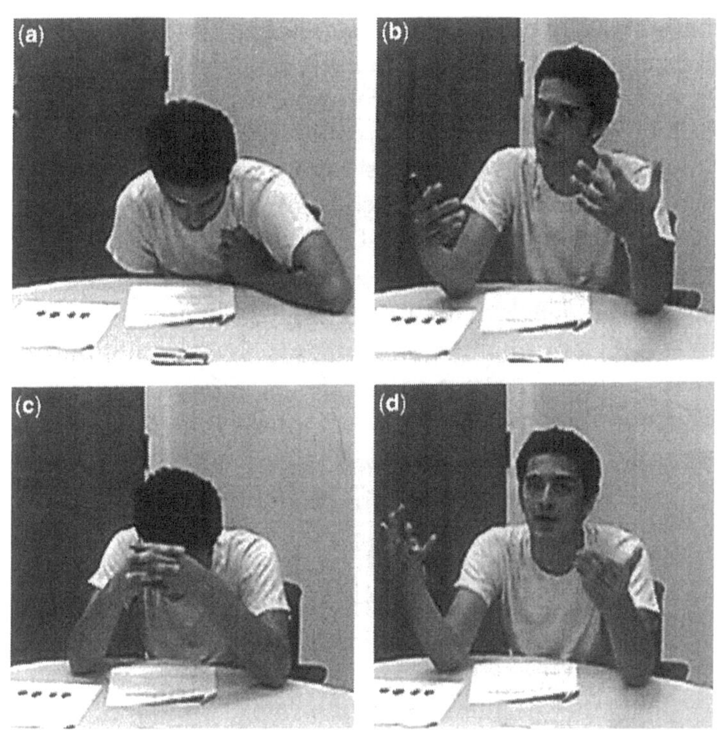

图 4.1　里昂在摄像机前进行独白式言语反思

摘录 4.3

((以下独白声音很小，且“支支吾吾”))

1 里昂：我经常不（×××）特别的语言风格.

2　　　你知道. + 像（×××）正式与非正式.

3　　　我从来不会说 + 嗯 ++ **很多东西**

4　　　**我不会**说他他在别人面前

5　　　这些人 + 嗯 ++ 我不– + **他们的**

6　　　**尊重我会尽力** + 获得.

如摘录4.2中妮基的言语表达一样，里昂的言语表达也是完全充实的话语。尽管声音很小，且“支支吾吾”，但音质通常与私语有关（John-Steiner,

2007; Lantolf & Thorne, 2006; Zinchenko, 2007）。里昂当然也意识到了语境本身的社会性本质：他的眼神几次在眼前桌子上基于概念的教学材料和摄像机之间来回移动。如图 4.1 所示，里昂看着材料，开始言语反思（1—3 行；图 4.1a），当他说到“很多东西我不会说”时，眼睛转向了摄影机（3—4 行**粗**体字；图 4.1b），然后又低头去看材料（4—5 行；图 4.1c），接着又抬头面向摄影机（5—6 行**粗**体字；图 4.1d）。简言之，里昂把摄影机当作是谈话者，这表明他也同样意识到教师用录像设备代替在场，并且教师会在之后观看录像（即独白式言语反思的社会维度）。

妮基和里昂的言语表达阐明了独白式言语反思的社会维度，也就是，话语似乎是为了某一社交对象而趋于翔实，并且一些显性行为，比如对着摄影机讲话，指示着学习者发现此任务中的社会性。然而，话语的私密性和内导性特征也产生并贯穿于整个言语表达过程。如前文所述，成人私语有助于调节个人的心理（或身体）活动。在独白式言语反思的情况下，当学习者难以用话语来表达对某一概念的理解时，就会使用语言来调节自己的言语表达方式。因此，尽管独白式言语反思话语与社交话语在很多方面相似，却能使学习者通过私语的方式中介其在任务中的表现。

摘录 4.4 选自本研究项目第 4 周的语料。苏珊试图表达对描述自我表征概念教学示意图的理解（即 T 恤牛仔式与西装领带式；见第二章）。她能够描绘该图中 T 恤牛仔式与西装领带式的基本含义（1—3 行）。然而，她很难进一步阐释她对该图的理解（4—5 行）。

摘录 4.4

苏珊：两个：：都是关于说话的方式．
你想表现为：：+
T 恤牛仔式，还是：：西装领带式．
+ 并且你要选择如何称呼
某人或你如何：：+ **嗯**：：**像**-

6　　不是称呼自己＋像你的　嗯－噢．
7　　你指称自己．使用：：正式或非正式：
8　　＋语言．取决于什么样的理↑解
9　　你希望得到：：↑

第 5 和 6 行（**粗**体字）中，苏珊使用私语的目的是调节她在言语表达中的表现。具体说来，她无法完成她在第 5 行（即“你如何：：+”）产生的想法，证据是出现的短暂停顿和紧接着的犹豫标记“嗯：：”。然后，苏珊又开始自我修正：“像－不是称呼自己＋像你的　嗯－”（5—6 行）。进行自我修正的作用是为了聚焦于当前任务（即解释示意图）。接下来的“噢”对理解话语的这个方面非常关键，因为这表明苏珊当时认识到了或想起了什么（即认知状态发生了变化），那么，她随之完成了自己的言语表达（另见 Gánem-Gutiérrez & Roehr, 2011 对私语中的话语标记语的论述）。[3] 因此，言语反思具有社交话语特征，同时苏珊也能够在任务过程中使用语言中介自身的心理机能。

除自导性话语外，手势也可能在私人层面用作调节心理活动的手段。具体而言，做手势——与话语同步的手势——在心理上起着麦克尼尔（McNeill, 2005）所说的增长点的作用。也就是说，说话者的心理预言（即意义）可以通过分析（用话语）和综合（用手势）共同表达。在二语领域，有人提出“手势像言语一样，能够在个人思维发展过程中作为一种思维方式；而且，它是一种独立的、空间运动的思维方式”（McCafferty, 2004: 149；另见 Lantolf, 2010; van Compernolle & Williams, 2011b）。

在摘录 4.5 和图 4.2 中，皮埃尔正在对自我表征教学示意图进行言语反思。这为我们提供了一个手势行为中介思维的例子。皮埃尔能够描述部分示意图的意义：如 T 恤牛仔式以及“何时使用：*tu*、*on* 以及 uh：省掉 *ne*：”（1—4 行）。然而，他在表述对第二组语用变体的理解时遇到了困难，如 *vous*、*nous* 和 *ne pas*（即西装领带式变体）。

摘录 4.5

1 皮埃尔：然后：+ 第二组是关：于 +++
2 　　T 恤牛仔式：和：：西装领带式：
3 　　与何时使用：*tu* 和 *on* 以及 *uh*：
4 　　省掉 *ne*：++ 和何时使用
5 　　***vous*** ++ ***vous nous*** 和 ***ne pas***.

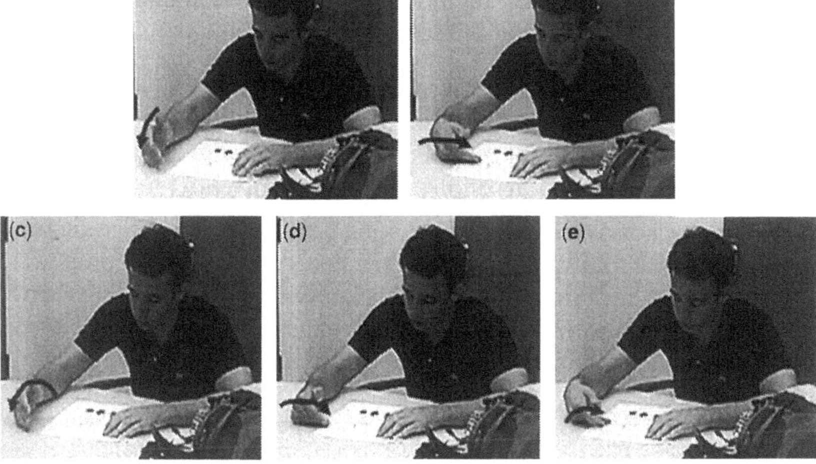

图 4.2　皮埃尔的自我调节式节拍手势

皮埃尔一边说 *vous*，一边做了一个节拍手势（图 4.2a），接着，沉默的间隙又把手朝自己的身体移回（图 4.2b）。这表明，皮埃尔意识到需要给出另外一个变体，但他一时忘了下个变体应该是什么。他又从头开始看了看清单，一边重复 *vous*，一边把手放回到原来的位置（图 4.2c）。然后，他在说 *nous* 和 *ne pas* 的同时，又做了两次手势加以配合（图 4.2d, e），一次比一次靠近身体一点。皮埃尔在创造体现西装领带式系列语用变体的过程中，手势参与了其内在心理活动的外化，从而帮助监控（即调节）自己的言语产出（见 McCafferty, 1998; Lantolf, 2010）。简言之，皮埃尔的节拍手势有助于他专注自己的言语表达，这也是内化过程的关键方面（Frawley, 1997）。

到目前为止，关于独白式言语反思的讨论一直聚焦于任务的社会和私人两个维度，主要通过与社交话语和自我话语相联系的话语特征进行描述。一方面，言语反思话语与社交话语一样，相对完整并针对某一社交对象（如妮基、里昂）。同时，学习者当然会意识到教师的替代存在，并且会时不时地对着摄像机进行言语表达（例如里昂）。另一方面，学习者在遇到困难时，也会使用语言（如苏珊）和手势（如皮埃尔）来中介自己的思维。这种行为具有绝对私密性，或者说自我导向性。下一节，独白式言语反思将会结合任务的主要目的加以讨论：使语用知识之于学习者显形，并由此接受意识的检验。这样一来，独白式言语反思成为发展语用知识意识的发端（即意识的元认知功能），这也是社会文化理论框架中二语语用能力的关键维度。

使语用知识显形并进入意识

独白式言语反思的主要目的是引导学习者提高对所使用概念相关的现有语用知识的意识水平，包括他们不知道的语用知识。换言之，关键在于使这些语用知识显形，这样他们才能对此进行有意识地反思，并有可能加以修正。正如范康珀诺勒（2011b）所述，独白式言语反思能够帮助学习者联系起他们的已有知识，并将他们现有的功能性知识或基于规则的知识与概念相结合。在很多情况下，学习者会借鉴以前母语和二语的经验（即经验性或日常性知识；见第一章）作为对概念个性化理解的方式，反过来，这也会帮助他们重新诠释这些知识（van Compernolle, 2012）。[4] 简言之，日常知识可以帮助学习者使用概念，但在概念内化的同时，日常知识也随之转化。因此，在内化过程中言语表达在日常知识和概念知识之间具有中介作用（Brooks *et al.*, 2010）。

该强化项目第 2 周呈现的基于概念的语料，其最初目标之一是为了引导学习者理解与指示性层级这一主导概念相关的风格转变（即根据语境和/或对话者变化而发生的个人内在变体）。为此，学习者受到鼓励来考虑他们母语（英语）中的例子，目的是通过一些渗透到日常生活世界中的语言实践来引入这一概念，但这些实践对他们来说往往是隐形的，然后再向学习者展示这些概念在二语中的表现。在摘录4.6中，斯蒂芬妮在思考如何、何时以及为何她可能会改变母语中的话语模式。

摘录 4.6

斯蒂芬妮： 且这一解释只是讨论有关
如调整你的说话方式，如要么
顺应要么：违反，你周围的人¿
++ 所以：：我知道对我来说 + 当我回家，++
我的南方长调音就明显很多，因为
我周围的：人都来自如 + 南部
弗吉尼亚州，并嗯 +++ 这使口音
更加糟糕 . 不过当我在宾夕法尼亚州时，+
我注意到当我说诸如
melk((“milk”)) 或者 *hai*::((“hi”)) 之类 + 就像拖着一个
长长的“I”或诸如此类的东西 . + 嗯并且我尝试着不要
经常在这里那样做 . 因为 + 尤其是和我
来自泽西岛的室友一起时她一定会
++ 为此取笑我 .

作为南弗吉尼亚州本地人，斯蒂芬妮将南方长调音视为自己话语的一个可识别模式。当她在家（即在弗吉尼亚州）或者和南方人在一起时，这种口音就会出现，但当她在宾夕法尼亚州（即她上学时生活的地方）时，她会尽量减少这种口音。更确切地说，斯蒂芬妮注意到，将元音 /i/ 减弱为 /ɛ/（如将 *milk* 读成［mɛlk］），以及将 /ai/ 单元音化（如将 hi 读成［ha:］），是南方话语风格的显著例证（第 10 行）。据她所说，自己会尽力在室友面前回避这种口音，以免室友取笑她（第 11—14 行）。尽管斯蒂芬妮的言语表达内容很有趣，但重要的是，这涉及该任务为她提供了一个机会去思考和外化自己所掌握的与指示性层级概念相关的母语实践方式。独白式言语反思任务创造出一个语境，将母语者根深蒂固而并未言说的知识提升到了意识层面。[5]

当然，这只是语用能力发展的起点。因为学习者不是训练有素的语言学家，没有能力更强的人（如教师）的帮助，他们往往没有能力对自己所使用概念的经历进行深入的理解。（以下在讨论对话式言语反思时我们将会再回来讨论这一点。）接下来的一系列摘录用于说明独白式言语反思如何帮助学习者（里昂）重新诠释先前获得的有关科学概念方面的经验知识。正如第三章所讨论的，学习者的二语社会交往经历是经验知识的重要来源。尽管这类知识也许进入了意识，但并不系统，因为其主要是基于具体的生活经验，且学习者并不总是有办法来理解这些经验。言语反思能让学习者在一个更大的系统的意义生成框架内开始重新诠释这些具体的例子。

摘录 4.7 中，里昂正在评论法语与英语中第二人称代词系统的差异。确切地说，他的言语表达主要关注人们可能在法语中遇到的困难，即不清楚何时该使用更为非正式的 *tu*，或何时该使用更为正式的 *vous*。

摘录 4.7

里昂：是 .+ 很显然英语不需要区分
you 和 *you*.（ ××× ）*you* 既指单数
也指复数 .+ 它既可以：表示正式又表示
非正式 .+ 嗯 ++ 而：：且我想我往往会用
tu：：当与我同年龄的人在一起时，+ 嗯与我
觉得好处的人在一起时，+ 与那些啊 ++ 或者那些
与我同年龄的人，或者我觉得好处的人在一起时 .
嗯：：那些人我认为不需要公开表示尊敬 .
我的意思不是–不是说 *tu* 表示不尊敬，而是它
不那么过于表示尊敬 . 嗯 ++ 而 *vous* 刚好

11　相反 . 但是这是 : + 啊 : : 能够 –+ 呃耶 . + 这
12　肯定会很难 . 而且 (我曾)+ 呃 : 多次
13　+ 我曾不得不 : : ++ 嗯 + 被明确告知 . 或询问是否
14　嗯 ++*je peux tutoyer*¿ ((“我可用 *tu*”)) 呃 + 像我的
15　教师 : , 或者呃 : : 他们是否可用 *tutoyer* : : 哦 *titoie* 我 ((“用 *tu*”))
16　++ 嗯 + 我认为这非常有趣 .

里昂开始言语反思时，发现英语中第二人称代词并无区分，导致他列举了一些例子或不同的谈话对象，在法语中可使用 *tu* 或 *vous*（第 1—8 行）。然而，在第 9 行中他遇到了困难，因此又折回去澄清他的意思并不是想说如果 *vous* 表示有礼貌，那么 *tu* 就是不礼貌。这表明他认识到，至少是部分认识到，法语的第二人称体系自身存在固有的模糊性，以及对这些代词教科书式的解释具有非系统性（van Compernolle, 2010a）。当里昂重新修正解释时，发现自己被明确告知或要求在某些场合应该使用某一人称代词，尤其是对他的某位教师（第 12—15 行）。他认为这些观察结果“非常有趣”（第 16 行），但是他并没有说清楚为什么有趣，也没有对其社会意义的理解进行任何说明。尽管我们很难判断，里昂是真的不知道如何理解这个例子，还是出于何种原因有意不做任何说明，但是“非常有趣”这个修饰语表明他对这一经历至少没有具体的理解。换言之，这一经历值得注意，并与这一言语反思任务相关，然而里昂并没有赋予其具体的意义。[6]

大约六分钟后，里昂在思量自我表征概念的时候（摘录 4.8），又回顾了教师明确告知他使用 *tu* 的例子。此摘录的意义在于里昂迈出了第一步，他将概念与经验知识联系在一起，并通过概念重新理解经验知识。

摘录 4.8

1 里昂 : 呃 + 耶 . 呃尽管很明显耶 . 有时候
2　我好像是一个 +T 恤领带式，类型的人，嗯 ++
3　这可能会很难 . 例如在教室

4　　这种地方 + 你知道 . 显然我需要呃表示我
5　　对教师的尊敬 . 但同时 + 嗯我–
6　　我们彼此已经非常熟悉：：，
7　　我可以与他们开玩笑，+ 我们：：+ 根本 . 不是朋友 .
8　　本来也不是朋友 . 但是 + 你知道 . + 我们呃：
9　　++ 我们都是熟人 . ++ 嗯 ++ 而且由–由于那个原因 .
10　　我认为这就是为什么 + 像是呃：+ 这里可能有困惑 .
11　　+ 并且是曾经 . 在教室里 . ++ 这需要
12　　被：清楚地告知 . 你知道 . 我们可以用：：+ 至少是
13　　*te*. + 呃 *tu* 的形式 .

里昂在回应有声思维问题时，需要思考什么时候将更为非正式（T 恤牛仔式）和更为正式（西装领带式）的人物角色结合在一起是合适的。他评论说，自己有时候是一个 T 恤领带式的人（第 2 行）（即两种风格的混合）。这在某些情境下会出现问题，尤其是在教室（第 3 行）。这使得他又回到了教师的例子，他对教师使用了更为随和的代词 *tu*。正如里昂所说，在教室可能会造成困惑，有必要对使用这个或另一个代词提出明确要求（第 10—13 行）。此摘录的重要性在于里昂开始在概念（即自我表征）和教师要求使用 *tu* 这一形式的经验知识之间建立起联系。里昂用这个例子来支撑他对概念的理解，但同时概念也给他提供了谈论和理解这一经历的手段。简言之，摘录 4.8 的语料表明了里昂利用概念去理解经验的初步尝试。

当里昂遇到社会距离概念的时候，他再一次回到自己教师的例子（约两分半钟后）。如摘录 4.9 所示，概念为里昂提供了一个谈论和理解经验的框架。

摘录 4.9

1 **里昂：** 你知道 . 呃 + 嗯例如在高中 .
2　　我非常亲近，+ 呃跟我的一位教师，
3　　我认识他一年多了，他认识我的家人，

但是仍然 . 他是我的一位教授 . 所以我还是
使用 *vous* 形式：+ 只要我和他说话 .
最终他就说 . 你知道 . 里昂 . +
tu peux me tutoy:+yer, +tu peux me tutoyer.
((“你跟我可以 用 *tu*”))+ 并且嗯：从此以后 .
这是 + 呃 + 一种 + 嗯 + 你知道的 .
不需要改变什么 . 但这差不多是：
+ 是明确的提示 + 你知道 .
我们的确彼此很熟 . 我们很亲近 .

这里，一个特别的兴趣点在于新出现的有关亲密程度的词汇。之前（摘录 4.7、4. 8），里昂只谈到了有关熟悉程度、朋友、礼貌等经历。然而，在这次言语表达中，他从与教师“非常亲近”的角度重新表述了这段经历（第 2 行），这显然是他刚阅读了社会亲密程度和社会距离的解释后的产物。概念，包括重要的替代词汇，给里昂提供了一种新的方式，以重新诠释经验并与社会关系性质建立联系：“不需要改变什么 . 但这差不多是：+ 是明确的提示 + 你知道 . 我们的确彼此很熟 . 我们很亲近 .”（第 10—12 行）。

里昂这一系列的言语反思主要围绕他与高中法语教师的经历展开，表明先前的社会交往经历，一方面能支撑学习者如何理解概念，另一方面，社会交往经历亦可通过概念得到重新诠释。上述摘录中，最重要的方面是里昂的话语吸收了概念性词汇（摘录 4.9）。这很重要，因为这一任务促使里昂用话语表达出他所理解的东西（即外化内在的心理活动），并且话语又会递归地影响思维。基于概念的语料为里昂谈论（外化）进而理解（内化）其经历（如亲密程度）提供了恰当的元语言。[7] 在上述摘录中，尽管里昂只是向前迈进了最初一步，但这是非常重要的第一步，可使其知识显化并进入意识。下面将要阐述：对话式言语反思的一个主要功能是进一步促使学习者使用基于概念的语料中呈现的词汇外化其思维，并用这些术语重新诠释其经历和现有语用知识。

对话式言语反思

对话式言语反思是指学习者向他人解释其对概念理解之类的任务——在本研究案例中是向教师进行解释。如上所述，独白式言语反思为学习者创造了使语用知识对本人显化的机会。然而，由于他们不是训练有素的语言学家，所以他们并非总是能够为所使用的概念建构合适的意义。对话式言语反思旨在创造一个更具社会性、合作性的框架，从而进一步促使学习者深入思考概念的性质，并（重新）中介其对概念、现有语用知识和社会交往经历的理解。

在教学语用学的社会文化理论框架中，对话式言语反思效仿了撒普和加利莫尔（Tharp & Gallimore, 1988）提出的教学会话。根据维果斯基（1986）的观点，大量的心理发展是通过与更有能力的人进行交往互动而产生，教学会话旨在培养“具有丰富发展模式的师生互动，[以便] 帮助学习者理解并能够交流对其学习非常关键的概念和思想”（Hall, 2001: 83）。此类互动的特点是具有主题焦点（如概念）、使用学习者的背景和相关知识、促进更复杂表达和论点支持、连贯话语，以及在需要时进行直接和明确的教学（Goldenberg, 1991; van Compernolle & Williams, 2012a; van Lier, 1996, 2004）。这一教学互动框架的目标是为了创建一个最近发展区（ZPD），以便学习者可以构建对教学会话主题的理解，而这是他们无法独立完成的。换言之，这不只是教师向学习者传授知识，而且还能帮助学习者以个人有意义的方式转化概念。这也契合了维果斯基的观点，即内化是将某些东西转化为己有的过程（Lantolf & Thorne, 2006；另见第一章）。因此，对话式言语反思旨在促使学习者与能力更强者（如教师）合作，以对概念进行个性化理解。

外化内在心理活动的合作框架

创建一个外化内在心理活动的合作框架是对话式言语表达的关键因素。显然，这尽管需要有中介者（如教师）在场，但是考虑到合作框架的具体特性也十分重要，因为不同的参与框架或语境布局会在不同程度上既可帮助亦可限制潜在的行动方向（Goodwin, 2007）。正如阿尔加夫雷和兰托夫（Aljaafreh & Lantolf, 1944: 471）指出的那样，从独立框架到合作框架的初步转变涉及某种“合作的姿态”，而中介者在其中可以扮演一个“潜在的对话伙伴”。因此，对话式言语表达的质量不仅要依赖某一社会对象的实体存在，而且还会受到对话伙伴的具体语境布局的影响。

图 4.3 展示了本研究中对话式言语反思的语境布局情况。[8] 教师和学习者（康拉德）紧挨着坐在一张椭圆形大会议桌的圆角上，摆在他们面前的是一些概念卡和教学示意图。这一语境布局创造了两个关键的有利条件。一方面，这既给两个对话者创造了一个界限分明的社交空间，又使他们能够面对面而非并排坐着交谈。另一方面，也能使交谈双方很舒适地接触到与对话式言语表达相关的实物材料（即概念卡和教学示意图）。简单来说，设计这种语境布局的目的就是让教师和学习者集中注意力一起合作。

图 4.3　对话式言语表达的社交框架

当然，这一合作框架——如其他任何参与框架一样——并非既定的，而是由交谈双方从某一语境布局向另一语境布局变化时，共同构建的

（Hellermann, 2007）。摘录 4.10 描述了教师和妮基之间的对话式言语反思的开头部分。

摘录 4.10

((妮基完成了她的独白式言语反思后，走到会议室门口，开门进去找教师。))
教师：((在会议室门外))你做完了¿
妮基：是.
教师：那好.
(5.0)((妮基回到自己的座位坐下.
教师走进房间))
教师：((仍旧站着))好的.((关门)).
你是怎么想的.
妮基：++嗯：：+这太长了.+但信息+很丰富.
教师：好的.((以合作姿态坐下))
妮基：我–我–我学到了一些新东西.
教师：好.+嗯：：+那么让我们迅速谈论一下有关
这些示意图情况：：嗯仅是一种–基本上
基于你已经理解的:+
根据提供的解释+嗯+你能–只是
给我大致讲解一下，+解释一下
每一个示意图如何：:(起作用)+如它有什么意义，
以及它是如何建立起联系的：:=
妮基：=好的.=
教师：=如何与你的理解建立起联系的¿
妮基：+嗯：:+第一个示意图((开始了她的对话式
言语反思))

妮基完成了独白式言语反思，开门准备告诉教师她已完成任务。[9] 教师走进房间，发起了一段任务前的预备性谈话，询问了妮基对这些材料的看法（5—10 行），因此，这标志着从独立工作向社会互动参与框架过渡。此外，这时教师在妮基旁边坐下，摆出了一副合作的姿态（第 9 行），因而和妮基一起建构了互动合作框架。此步完成后，教师通过简述对话式言语反思的目的（即解释这些示意图）过渡到任务本身（11—19 行）。这对构建合作框架来说非常重要，因为可使参与双方为接下来的互动协商达成一个共同的目标。同时也明确确立了教师作为潜在对话伙伴的地位，特别是教师通过要求妮基“大致讲解一下”这些示意图（第 15 行）。

前文提到过，对话式言语反思效仿了教学会话（Tharp & Gallimore, 1988）。这种互动的一个主要特征是，教师能够帮助学习者提升更为复杂的表达能力。在本研究中，促使学习者针对概念的理解进行描述是实现评估其知识质量的第一步。摘录 4.11 就是这样一个例子。

摘录 4.11

康拉德：（（指着 T 恤牛仔式示意图））这只是-
+ 是的 . + 这：：T 恤牛仔式：：是非正式的，
+ 当：：你想使用非正式语言 . 比如 *tu*
on 以及 + 嗯：+ 只用 *pas* 时，
教　师： 好的，
康拉德：（（指着西装领带式示意图））而这个：：+ 这：：
西装领带式，++ 情景版本是更为
正式的 . 你通常在更为正式的场合下使用，
教　师： 好的 . + 让我们-我们来谈谈这一示意图 .
那么这仅仅是 + 嗯 +T 恤牛仔式，
是非正式的而西装领带式是正式的¿ + 那
这一解释说明了什么 .
康拉德： 嗯：：：我的意思是我-这只是规则 . 很：显然
不仅仅（是这 .）而且嗯：+ 这更像是
一种人际关系 . 我的意思是如果你是在一种：
没那么正式的场合 ++ 这
穿 T 恤牛仔裤是可以接受的：：
教　师： 好的
康拉德： 如果你只是和朋：友出门闲逛，

20　　你知道 . + 比如和同学谈话，那么
21　　你可以用不那么正式的：嗯：：语言 .

康拉德最初的言语表达（1—8 行）主要是对他面前的示意图进行最浅显的描述。当然，这也情有可原。因为当教师要求学习者描述他们所理解的东西时，很多人更习惯给出正确的答案，而非批判性思考和反思自己的已有知识。正因如此，教师鼓励康拉德进一步深入思考概念的含义，并对他关于这一示意图只涉及（不）正式的看法提出挑战：“那么这仅仅是 + 嗯 + T 恤牛仔式，是非正式的而西装领带式是正式的¿”（10—11 行），从而引导康拉德对示意图有了一个不同的、更复杂（和恰当）的理解，且着重于社会关系性质（13—21 行）。

创造机会作用于最近发展区

下面提供的语料摘录旨在说明对话式言语反思是如何有助于揭示并由此作用于学习者的最近发展区。如第一章所讨论，最近发展区可能被概念化为学习者和中介者（如教师）联合创造的共同活动，有助于中介工具的内化（Holzman, 2009）。从这一意义上讲，对话式言语反思中的最近发展区活动不只是有助于学习者完成任务（如达成对某一概念的正确理解），相反地，集中在帮助学习者对概念进行更深层、更具个性意义的理解，成为内化 / 个性化过程的一部分。这不仅关涉学习者对概念的现有理解的质量评估，而且有助于其对理解的表述更详尽、更系统，同时在必要时提供更为显化的解释。

选作分析的具体范例是斯蒂芬妮在该研究项目第 2 周进行的第一次对话式言语反思，当时她向教师解释了自己如何理解关于第二人称 *tu* 和 *vous* 的社会距离概念。像其他参与此次研究的学生一样，斯蒂芬妮最初将社会亲疏度和社会距离概念与友好度（如亲近 = 友好的）之类的解释范畴混为一谈。但此理解遗漏了一点：通过 *tu* 制造亲近的方式可能会被

认为是不友好的（例如，警官对嫌疑人用 *tu* 并不是表示友好，而是为了营造权力感；见 Ager, 1990）；正如用 *vous* 制造距离并非必然是不友好的，而是可以理解为恰当的、有礼貌的或带有敬意的（如在工作面试的语境中）。摘录 4.12 展示的是斯蒂芬妮和教师之间对话式言语反思的开头部分。

摘录 4.12

1 **教　　师**：那么怎样理解示意图 3 呢 .((社会距离))
2 **斯蒂芬妮**：我呃：我认为他们在营造一种更友好的氛围
3 通过使用 *tu*((指着“亲近”示意图))
4 他们呃他们在制造一种更休闲的
5 元素-我的意思是他应该穿正装¿
6 但是这人没有¿=
7 **教　　师**：=呃：：不要纠结他的穿着 .
8 **斯蒂芬妮**：哦 . 好的 .
9 **教　　师**：这是-这是在营造友好吗¿有必要吗¿
10 **斯蒂芬妮**：嗯：：+ 我认为是 + 既然你用了 *tu*.
11 那就表示了亲近，相对地如果另外一个
12 人用了 *vous*.
13 **教　　师**：那么 =
14 **斯蒂芬妮**：= 就像这种情况 .((指着“距离”示意图))
15 **教　　师**：那么这就不友好了吗，
16 **斯蒂芬妮**：我不知道这是否一定是不友好，
17 因为这也许又是要表现等级之类的事情¿

示意图 3 描述了社会距离概念在两个离得近的人（亲近，*tu*）与两个离得远的人（距离，*vous*）之间的差异。斯蒂芬妮在教师的提示下对示意图 3 进行初步的表述，该表述吐露了两点困惑：斯蒂芬妮将近距离关系与友好关系（第 2—3 行）相混淆，上文已讨论；同时，还把自我表征概念与社会距离相混淆，这一点从她的评价“休闲的”以及她就示意图中人物

穿着的提问中可以清楚看出（第 4—6 行）。这很好理解，因为刚刚讨论了自我表征概念（如更为 T 恤牛仔式的形象，或者更为西装领带式的形象），因此，斯蒂芬妮很可能想到了这一点。根据她的回应，教师能够开始共建斯蒂芬妮的最近发展区：首先，通过指出示意图中人物穿戴的方式在此处无关（第 7 行）；其次，通过提示斯蒂芬妮思考近距离是否必定等同于友好（第 9 行）。尽管斯蒂芬妮仍旧认为近距离与友好（*tu*）等同，但她同时将其与远距离（*vous*）进行了比较（第 10—12 行）。通过促使斯蒂芬妮思考远距离（*vous*）是否就因此意味着不友好（第 15 行），这就为教师提供了质疑她将近距离与友好等同起来的做法。对话式言语反思的余下部分主要围绕社会距离展开（见下文），斯蒂芬妮和教师根据对友好的解释厘清了社会距离的概念，并通过作用于斯蒂芬妮的最近发展区来帮助她运用概念。

摘录 4.13 中的语料表明，教师的最初举动是为了引导斯蒂芬妮关注该研究项目示意图的核心意义（社会距离）。具体而言，他指出了友好可能是对某一行为的一种解释（第 23—24 行），但是他试图将斯蒂芬妮的关注点引向 *tu* 和 *vous* 能够起什么作用（第 26—28 行，第 30 行），也就是说，这些代词能够参与制造或维持社会距离的亲疏。

摘录 4.13

23 教　　师：那好：+ 接着更具体地 + 想一想
24　　　　　友好可能是对某一事情的一种解释 .
25 斯蒂芬妮：嗯哼
26 教　　师：但这一示意图告诉了你 *tu* 能做什么，
27　　　　　以及 *vous* 能做什么 . 记住这不只是
28　　　　　一条规则 . 而 ++ 这些都是 + 行为 .
29 斯蒂芬妮：嗯哼
30 教　　师：对了，+ 你是在做事 .
31 斯蒂芬妮：我的意思是我认为这很好–这 + 表明
32　　　　　比如你需要这种距离或者是你不
33　　　　　需要这种距离 .

34 教　　师：对了 . + 在不同的语境下哪个，[对不同的人，
35 斯蒂芬妮：　　　　　　　　　　　　　　[可能是重要的
36 教　　师：可能会被解释为友好或尊重或
37　　　　　礼貌或其他什么的 .
38 斯蒂芬妮：嗯哼 . 是的 .

从第 31 行开始，斯蒂芬妮的回答证明她的想法发生了转变：她重新表述了对社会距离示意图的理解（第 32—33 行）。此时，斯蒂芬妮似乎也认识到，社会距离在不同的语境中可能很重要（第 35 行），正如教师所明确解释的（36—37 行），“可能会被解释为友好或尊重或礼貌”。

教师继续深入讨论社会距离，并通过引导斯蒂芬妮思考，在不同语境的例子中，亲近可能并不恰当或者并非可以被理解为友好（摘录 4.14）。尽管最初斯蒂芬妮错误理解了针对一个人在什么时候会不友好这一问题（第 43 行），但是教师提醒她回顾先前讨论的例子，即有关她想要对一位教授表示尊敬的情况（第 45 行）。斯蒂芬妮意识到，在讨论到自我表征概念时，她更愿意在教授面前表现得更为西装领带式一点，至少是在正式的教学语境中。顺便提一句，对话式言语反思的一个共同特征是重新利用先前讨论过的例子，以促进对现有问题的深入理解。

摘录 4.14

39 教　　师：好的，+ 因为你–你能否设想一下也许
40　　　　　在某种语境中制造亲近 + 也许并不是
41　　　　　那么友好的情况 . 或者可能不会被理解为
42　　　　　是一件好事 . 如友好 .
43 斯蒂芬妮：嗯：：+ 比如说当你不想那么友好时¿
44　　　　　我猜想是一个：：
45 教　　师：那回到你面对教授的情境 .
46 斯蒂芬妮：哦是 . 的确如此 . 你不会想
47　　　　　像–你不会和他们说话像
48　　　　　他们的孩子那样或者类似的样子 .

49 教　　师：并且：很可能＋在很多情况下＋那个
50　　　　　教授不会认为这是友好的，
51 斯蒂芬妮：他们会认为这是不敬的．
52 教　　师：对了．＋因为亲近对于那种关系而言
53　　　　　可能不是那么恰当．
54 斯蒂芬妮：嗯哼是的．

提及教授的例子成功地促使斯蒂芬妮认识到，亲近并非在所有的语境下都会被视为友好或恰当的行为。确切地说，她注意到一个人可能不会像密友（如孩子）一样与教授说话（第46—48行），因为这样的行为会被理解成不尊重（第51行）。这被教师确认为对此概念的恰当理解（第52—53行）。

作为比较，教师接着要斯蒂芬妮思考示意图中描述距离感（*vous*）的部分（摘录4.15）。

摘录 4.15

55 教　　师：好的，＋然而这个呢（（指着“距离”示意图））
56　　　　　+++（（做出“提问”的手势））
57 斯蒂芬妮：这个 *vous* ¿
58 教　　师：啊哈，
59 斯蒂芬妮：嗯这个似乎更恰当．
60 教　　师：那为何呢．
61 斯蒂芬妮：因为似乎考虑到你的社交-
62　　　　　比如你营造了什么，又比如你想
63　　　　　让他们从交谈中和
64　　　　　你说话的方式中获取什么
65 教　　师：那么你在做什么-对．具体说
66　　　　　通过使用 *vous* 你在做什么．
67 斯蒂芬妮：嗯：＋你在建立关系¿
68 教　　师：那是何种关系．
69 斯蒂芬妮：一种正式的，有距离感的关系。
70 教　　师：距离感．对了，

斯蒂芬妮在此显然形成了自己的理解。她注意到 *vous* 可能会更恰当（在学生教授互动的语境中）（第 59 行）。然而，当要求她解释自己的回答，谈到对话者解释他人话语的相关因素时（例如："你想让他们从交谈中和你说话的方式中获取什么"），她相对比较模糊（第 61—64 行）。但是，教师通过提示斯蒂芬妮回顾使用 *vous* 事实上是一种行为，进一步促使她表述自己的想法（第 65—66 行）。斯蒂芬妮稍微有些犹豫，这可以从"嗯"和短暂的停顿看出，接着用疑问的语气回答"你在建立关系¿"这得到了教师的认可，并引导她指出 *vous* 能够建立的关系类型（第 68 行）。斯蒂芬妮（恰当的）回答——*vous* 能够建立一种正式的、有距离感的距离关系（第 69 行）——获得了教师的认可，讨论也进行到了尾声。

以上对话式言语反思的简要分析说明了斯蒂芬妮对于社会距离理解的初步转变。最初，她将亲近或疏远的概念与日常友好的概念混为一谈。通过对话，斯蒂芬妮和教师能够共同创造机会在其最近发展区内发挥作用。在该案例中，这一互动着重消除社会距离与对友好的解读之间的模糊性，因为 *tu* 或 *vous* 的使用与友好之间不存在一一对应关系。教师在互动中的作用是促使斯蒂芬妮去思考逻辑上的矛盾，以及对亲近、疏远和友好的不同理解，这有助于她重构对本研究中概念的恰当理解。斯蒂芬妮在进行语用语言选择时，教师促使她对这些概念进行系统地思考，这一观念最初的转变随着后续强化项目课程的展开而逐步加强。

结　语

本章描述了在二语教学语用学的社会文化理论框架下言语反思任务的性质和功能。此类任务的基本依据是，在实时的辩证过程中，言说不仅反映思维过程，而且影响思维过程。通过话语，内在心理过程得以显现，并进入意识，从而创造发展机会。加尔佩林（1989, 1992）曾明确阐述，言语表达是内化的必要条件：言语表达能够让学习者归纳熟悉语境之外的心理行为，从而形成新的心理机能（即新的心理介质的内化）。因此，言语反思能够利用语言的力量，并以此作为心理工具中介发展过程。

在学习者处理和回应基于概念的语料（如概念解释和教学示意图）过程中，独白式言语反思为学习者提供了将已知知识与未知知识联系起来的初始机会。独白式言语反思任务的本质涵盖了社会和私人维度：学习者表面上是在向社交对象（如教师）言说，但同时也是展现蕴含着内指的或私密话语的言语行为。通过这种形式的言语表达，学习者的内在知识得以显化，并使之易于接受有意识的检查，即便此时他们还不能独立厘清所用概念的意义。对话式言语反思在言语表达过程中嵌入了一个能力更强者（如教师），以帮助学习者。这一共建互动合作框架为更复杂的表达和论证提供了支持。教师可以促使学习者进一步表达他们对概念的理解，思考思维过程中的矛盾和漏洞，以及对研究对象的不同理解。对话式言语反思的目标是创造机会在学习者的“最近发展区”内发挥作用。通过对话，教师可在学习者对概念的现有理解基础上，促成其对概念理解朝着更深、更系统的方向发展。

因此，言语反思是促进概念形成和概念发展的关键任务。然而，需要记住的一个重要问题是，仅仅只有概念知识是不够的。正如维果斯基（1986, 1977）在他关于教育实践的著作中一贯强调的，知识不可能与实践活动分离。接下来的两章我们将会看到，二语教学语用学的社会文化理论框架的一个关注焦点，就是要创造能够将概念知识与实践活动明确联系起来的教学任务。

注释

（1）请注意，言语反思任务关注学习者对概念本身的理解，不同于其他类型的言语表达，如专注于规划和解释学习者在任务中的表现（即概念的应用）。这些类型将在第五章和第六章中探讨。

（2）该语料选自一个试验性研究，旨在测试教学材料的有效性和可理解性。一位美国大学中级水平的法语学习者简（Jane）参与了该项测试，但她没有参与后期更大规模的研究。有兴趣的读者可参阅范康珀诺勒（2011b）以获取有关该试验性研究及其发现的详情。

（3）话语标记语或小品词 *oh* 在会话中也可用于引发自我注意行为。博尔顿（Bolden, 2006）对 *oh* 前缀序列的研究表明，其使用是在向对话者示意，有关说话人的某一事情已经“刚想起”（Bolden, 2006: 681）。注意，维果斯基（1986）曾论述过自导性谈话由社交话语发展而来，因而保留了社会互动的特征。因此，有理由推定苏珊以 *oh* 为开端的言语表达是在（向自己）示意，她“刚想起”了大脑中储存的内容。

（4）根据范康珀诺勒（2012），本人区分了三大类型的语用知识：功能知识、语义知识和符号知识。功能知识是指语境制约使用规则或经验法则（即何时对何人使用何种形式）的知识。语义知识指产生于不确定的使用规约和意义潜势的静态语用意义（如被贴有正式或不正式、礼貌等标签的形式）。符号知识指语言使用者积极设计意义的理解方式（见第二章）。这是一种把语言看作意义创造优先于静态语用意义的新视角。该分析阐述了独白式言语表达如何在一个意义生成的系统框架内将这三种类型的语用知识联系起来。在本章中，本人主要关注说明独白式言语反思如何促进学习者语用知识显现并进入意识，所以这里不会对不同类型的知识进行深入分析。如要了解这类分析，读者可参阅范康珀诺勒（2011b, 2012）。

（5）有兴趣的读者可参阅涅杰尔斯基和普雷斯顿（Niedzielski & Preston, 2000）以及普雷斯顿（2003）有关民俗语言学和语言态度的文献，以获取更多信息。亦可参阅吉科玛（Guikema, 2004）关于二语学习的民俗语言学研究。

（6）这里的意思是这一例证说明里昂明白他的教师教他使用 *tu* 的经历有某种潜在意义，但他还未形成合适的理解框架。

（7）记录概念形成和内化的一个标准是使用与概念相关的词汇（Negueruela, 2003; Swain *et al*., 2009; van Compernolle, 2011b）。这并不是说，恰当词汇的使用等同于内化；然而，根据维果斯基（1986）对思维与言说辩证关系的分析，将新的符号（如词汇）引入言语思维至少是重新组织（即重新中介）个人内在心理机能的第一步。

（8）教师和学习者之间的所有互动均营造了一个类似的语境布局。这一概念在后面几章还会讨论，特别是在第五章分析合作式得体性判断任务时。

（9）在本阶段开始之初，教师就明确告知学习者，让其知道何时结束了独白式言语反思，这样他们就可以继续下面的合作。

第五章

通过得体性判断任务发展语用知识

引　言

本章考察二语语用知识的发展是如何通过参与得体性判断任务来评估和进一步培养的——在问卷式任务中，学习者被要求指出适用于不同社会互动语境的语用语言形式，并解释其选择。在二语教学语用学的社会文化理论框架内，得体性判断任务有助于学习者将新产生的有关指示性意义的概念知识、其实例化的说明性语用语言形式与具体的交际语境相结合。然而，工具本身并不能带来发展。相反，任务实施才最为重要，因为在任务过程中，学习者可参与合作互动，并能得到必要帮助。通过合作互动，不仅能促使学习者应用其语用知识，还能进一步探索此类知识。学习者的内在心理活动（如反应过程，对社会语言因素、意图、目标的关注）通过言语表达（即通过概念来解释选择行为）而外化，从而得以显化并进入意识。这就为揭示和作用于学习者的最近发展区创造了机会，以促进语用知识的持续增长（van Compernolle, 2013; van Compernolle & Kinginger, 2013）。

本研究中我们已见过不少教师与学习者之间互动的例子，他们共同完成得体性判断任务。在任务中，当学习者试图选择合适的语用语言形式时，教师会给予帮助，鼓励他们解释自己的选择，从不同的维度进行思考，并对所使用概念的理解进行反思。例如，摘录 5.1 中，教师要求苏珊解释她对距离关系的理解，因为这关系到她选择 *vous* 作为恰当的第二人称代词来称呼具有潜在朋友身份的对话者（即朋友的朋友）。苏珊对教师干预的反应表明，她的思维出现了细微却极其重要的转变：从将社会距离理解为先于语境而存在，因而必须对此做出反应，转而认为语言形式的选择积极参与了社会关系性质的创造。[1]

摘录 5.1

1 教师：好的，+ 那为什么–你提到这是
2 　　　一种有距离感的关系，+ 是吗¿
3 苏珊：嗯–+ 我是–我的意思是 + 如果我以前从来没见过他，
4 　　　就不是这种关–这种关系
5 　　　并非已经存在，
6 教师：嗯哼
7 苏珊：那么我创造了一种有距离感的关系¿
8 　　　因为我不认识他．

这个例子以及本书中提供的其他例子均表明：合作对话有助于学习者在概念、形式和潜在的指示意义之间建立联系，并可以在交际活动中实例化。

接下来，我将进一步讨论得体性判断任务的实施，并涉及语用知识的评估和持续增长。首先，根据动态评估原则，本人勾勒出了一个概念框架。动态评估建立在维果斯基的最近发展区概念基础上，并以此方式将评估和教学整合为一个独立统一的活动（Poehner, 2008）。其次，本人将探讨动态实施的得体性判断任务是如何通过干预构建诊断过程，包括如何提供有利于发展的合理性支持，旨在在任务过程中不仅为学习者提供帮助，更重要的是，还能有助于学习者把概念用作思维工具。

动态评估与语用知识

如上所述，动态评估源自于维果斯基的最近发展区概念，通常被描述

为个人能够独立完成什么与在他人和/或文化工具的各种帮助和中介下可能完成什么之间的差异（见第一章）。因此，最近发展区涵盖了那些正在形成过程中，但可能尚未被独立控制的能力。在动态评估中，学习者在尝试完成超出个人独立能力范围的任务时（即已完成的发展），会得到他人帮助，以此发现和促进尚在发展中的能力（即最近发展区）可持续发展。因此，作为一种辩证统一的活动，动态评估是一种整合教学和测试的途径。

最近发展区与互动框架

也许最熟悉的——当然也是引用最频繁的——最近发展区的定义来自维果斯基在有关儿童智力测试中对这一概念的讨论。维果斯基写道，最近发展区是指"由独立解决问题决定的实际发展水平与在成人指导下或在和更有能力的同伴合作下才能决定解决问题的潜在发展水平之间的差距"（Vygotsky, 1978: 86；见第一章）。该定义的特点是描述了最近发展区的两个重要方面。第一，最近发展区可能会被认为是潜在的或尚在成熟过程中的能力（即儿童还无法独自控制的能力），即可能是指在儿童近期的发展轨迹中的能力。第二，维果斯基认识到社交支持形式在创建最近发展区活动中的核心作用。也就是说，最近发展区是通过与他人合作形成的（见Lantolf & Thorne, 2006: 263—290）。

然而，霍尔兹曼（Holzman, 2009）认为，尽管最近发展区的这两个方面对教育心理学影响重大，但对维果斯基论述的另一解读——她认为这更符合维果斯基总体理论的精神——意味着最近发展区可以理解为集体转化活动的一种形式。关于最近发展区的这一观点尤其与动态评估的互动法不谋而合（Lantolf & Poehner, 2004），其中人的中介作用在中介者和学习者彼此互相协调的互动实践的基础上，通过对话形式得以协商（见Poehner & van Compernolle, 2011）。[2] 这一解释意味着最近发展区活动不仅具有衡量学习者潜在发展水平的特征，或者帮助学习者完成其不能独立完成任务的可能，而且还能够为学习者的知识或技能发生质变创造条件。关于动态评估，这意味着将评估和教学视为一个辨证统一体，教学因素不只是简单地在测试中呈现，还是构成评估或诊断学习者能力的基础，其目的是在评估这些能力的同时促进其持续发展（另见 Lantolf & Poehner, 2011; Poehner & Lantolf, 2010）。在这方面，博内尔（Poehner）和范康珀诺勒（2011:187）根据霍尔兹曼的观点进行了如下论述：

> 评估和教学可以理解为一项通过干预进行诊断的持续性综合活动。这与将动态评估描述为一种包括教学或干预的替代程序在本质上截然相反。（如 Haywood & Lidz, 2007）

他们接着指出，动态评估的实现是通过共同构建他们所称为的互动协同框架和合作框架，并在两者之间转换。协同框架包括动态评估互动部分的内容，且活动的重点在于恰当完成任务，而合作框架则会超越手头的任务，旨在解决学习者可能会遇到的更为普遍的困难。

为了证明这一点，博内尔和范康珀诺勒（Poehner & van Compernolle, 2011）考察了动态管理的二语法语阅读理解中多项选择测试的几个摘录。这些例子中，协同框架采用了指导性帮助的形式，如通过提示、提问和缩小任务范围的措施，旨在引导学习者选择和理解针对某一具体测试项目的正确回应。然而，合作框架的特点是，从完成任务本身（即回答测试项目）转向解决困扰学习者普遍性层面的根源（如理解特定的语法特征）。尽管学习者表现出的困难根源当然与完成当前任务有关，但合作互动框架主要是侧重为学习者创造机会，以进一步培养其对问题的非特定性任务的理解。博内尔和范康珀诺勒证明，这种互动框架可能具有帮助学习者在今后的任务中趋向更加独立（另见 Poehner, 2007；Poehner & van Compernolle，即将出版）。然而，必须指出，互动协同框架和合作框架不能概念化为两种不同的动态评估方式，而是动态评估过程中两个不同，却辩证统一的互动焦点。换言之：

> 正是通过中介者努力与学习者共同构建协同和合作互动框架，学习者形成新的理解。换言之，正是这种从一个框架转变到另一个框架，然后再回到最初的框架的过程，需要密切关注学习者的需求、挫败和努力——也标志着动态评估是一种发展性的诊断活动。（Poehner & van Compernolle, 2011: 184）

因此，尽管互动协同框架和合作框架时刻都具有不同的功能（即一方面支持任务实施，另一方面支持学习者能力的进一步成熟），两者共同参与将评估与教学统一于动态评估中，即**通过**干预进行诊断。

理解动态评估中互动的协同框架和合作框架的意义在于认识到，这种中介者-学习者的互动同时涉及教学性评估和评估性教学（Poehner & Lantolf, 2010）。在动态评估过程中，教学为评估学习者知识和/或能力奠定了基础，这从学习者对中介的反应可以看出。例如，一个学习者仅在少量简单提示下就能完成任务，而他的同伴则需要更频繁和/或更明确的帮助才能完成同样的任务，即使两人在独立表现测试中大致无异，人们也会认为前者比后者更具发展潜力。同时，教学也以学习者对中介的反应为基础接受评估。中介者可能需要调整所提供帮助的频率和/或质量（如明确程度），以不断适应学习者的需求（Poehner, 2008）——适应新出现的最近发展区。显然，在动态评估中评估与教学是辩证统一的——诊断与教学彼此相互引导、不断渗透。此外，评估范围不只局限于协同完成当前任务，而且可以通过合作互动超越任务界限，以促进独立控制能力的进一步成熟，甚至在必要时引入新的概念和技能（Poehner & van Compernolle, 2011）。在教学语用学的社会文化理论框架语境下，最后这一点尤其重要，因为如下文所述，得体性判断任务不只是用于评估学习者的知识，还为共同构建最近发展区提供了机会，以促进概念的进一步发展。

动态评估与得体性判断任务

如上所述，得体性判断任务的动态实施，其目的不仅在于诊断学习者能力，而且还在于为讨论并形成最近发展区——可视为集体的转化活动——提供一个互动语境，以促进学习者可持续发展。这与普通二语语用学文献中使用的类似任务（如语篇补全）截然不同，在那里，该类任务主要用来评估学习者有关语用规约的自主知识，以及产生预设性的适当言语行为的能力（见 van Compernolle, 2013; van Compernolle & Kinginger, 2013）。这并不是要削弱自主知识评估的重要性，当然这在很多方面也很有作用。然而，在动态评估的语境下，围绕得体性判断任务的合作互动，其目标是要将学习者新生的有关社会语用意义潜势的概念知识与特定使用语境中的语用语言形式联系起来，以促使其进一步发展。

说明：请根据以下描述的每一种情景选择你想使用的下列语言形式——*tu* 或 *vous*“你（您）”，*on* 或 *vous*“我们”，以及否定式 *ne…pas* 或 Ø…*pas*，并解释你的选择。

情境	*tu* 或 *vous*“你（您）”	*on* 或 *vous*“我们”	*ne…pas* 或 Ø…*pas*
一天晚上，你坐在当地的一家咖啡馆，这时你的一个朋友琼走了进来。他朝你坐的餐桌走过来向你问好。			
就在你和朋友点饮料之前，你朋友的女伴索菲走进了咖啡馆，看到了你们两人，并向你们走来。你之前从未见过她。			
周六下午你和朋友们正在逛街，这时你碰到了你最喜欢的教师罗比内先生。他 40 岁左右。			
你对你的课程时间表有疑问，所以你去系行政办公室。在那儿，一位 50 多岁的女性行政助理向你问好。你之前从未和她说过话，但你知道她对学生相对正式的风格。			
你准备在上班期间去见你的教师特丽奥莱夫人。因为你对即将来临的法国文化考试有疑问。你没有预约见面，所以你不知道她现在是否有时间。			

图 5.1　得体性判断任务

图 5.1 展示了本书报告的得体性判断任务在本研究的前强化阶段和后强化阶段的应用情况。学习者需要针对教学内容，在表示五种不同的社会情景和对话的关系性质中，指出何种语用语言形式最为恰当，并对其选择做出解释。因此，该任务最初的设计与二语语用学文献中广泛使用的其他工具和程序一致——例如，与口头报告相结合的语篇补全任务（见 van Compernolle, 2013），但基于相对地位或权力、社会距离和正式语境的规约因情景而不同。然而，在某些情况下，一个或多个因素可能会模棱两可，或至少不同个体的解释各不相同。图 5.1 表示，在不同情景下，这些因素的相关信息是建立在（可能是理想的）社会语言规约的基础之上的。

情境 1 和情境 2 表示相对非正式的社会交际语境，在这种情况下，日常非正式法语（如 *on*“我们”、Ø…*pas*）的使用可能最符合期待。然而，情境 2 中涉及第一次见面，索菲和参与者之间的距离关系有些模棱两可，或至少有多种解释的可能。对于那些不熟悉母语族群社会语言规约的学习者而言（如对同龄朋友的朋友使用 *tu*）尤其如此。因为索菲是陌生人，根据学习者的课本，这样的情境下要求使用 *vous*。同样，情境 3 也不很明确。首先，语体 / 语域的得体程度也可以有不同解释（如：既可能是更非正式的，因为互动场景是一种日常的非机构性语境；也可能是更正式的，因为互动发生在学生与教授之间）。其次，尽管对教师 / 教授使用 *vous* 是一种规约，但是罗比内先生又是一个深受喜爱，对学生非常友好的教师，这至少可能会让一些经验缺乏的语言学习者认为使用 *tu* 比较恰当。情境 4 和情境 5 的语境明确，根据社会距离和 / 或相对地位，*vous* 是规约使用的称呼形式。然而，情境 4 的正式性或风格的预期等级却模糊不清：一些学习者可能会因为年龄差异和机构性场合这一情景而喜欢使用更正式的风格；然而，另一些人可能会觉得一种更轻松的日常风格更为得体。

表 5.1　情境信息

情境	权力	距离	语境
情境 1：琼（朋友）	否	否	非正式
情境 2：索菲（朋友的女伴）	否	可变	非正式
情境 3：罗比内先生（教授）	是	是 / 可变	可变
情境 4：行政助理	可变	是	可变
情境 5：特丽奥莱夫人（教授）	是	是	正式

值得指出的是，动态评估不依赖于任何一种专门设计的评估任务类型。相反，它是一种在任务过程中通过提供帮助而实施评估的方法。因此只要实施起来符合维果斯基的理论，二语教学语用学的社会文化理论框架——尽管其教学创意十分新颖——就能够吸纳主流或传统的评估工具。至于动态评估，则不止牵涉与口头报告相结合的独立表现，还包括协同和合作互动框架（Poehner & van Compernolle, 2011），以便在任务过程中帮助学习者，为其持续发展创造机会。同样需要记住的是，表 5.1 所示的得体性判断任务仅仅是其中一种可能性——其他形式或工具（如口头、书面或多选语篇补全，得体性等级）可能同样有用，应当鼓励教师和研究者根据其目标设计相关任务。

得体性判断任务的动态实施具有另一个重要特征，即重视与将社会语用概念用作思维工具有关的认知发展。尽管这一手段——至少在表面上——主要聚焦于特定语境下恰当语用语言形式的选择，但这仅仅是探讨各种概念在交际活动中如何发挥作用的一种托词。换言之，动态评估原则不仅仅局限于在特定情境下搭建任务支架，或辅助语言运用（如选择恰当的形式），还要为实际发展创造条件：概念的运用。博内尔（Poehner, 2007）在讨论迁移或超越时，观点十分明确。在他的研究中，动态评估互动不仅有助于法语二语学习者——唐娜（Donna）——在口头叙述任务中使用恰当的过去时，而且更重要的是有助于其使用动词的体态概念（如状态和事件的前景化和背景化，通过使用完成体和未完成体表达及时性与持续性）。因此，这导致唐娜形成了一个选择时态的系统的意义框架，并得以在新语境下对其进行应用、拓展和修正。简言之，这一概念使得唐娜超越了特定任务的要求（另见 Poehner, 2008）。这同样适用于教学语用学的社会文化理论框架。仅仅支持学习者在特定语境下选择一个预设的或理想化的恰当语用语言形式是远远不够的，而且还需要合作互动，关注社会语用概念（意义潜势）的相关性和重要性，以便为构建新的系统的思维方式（即科学概念的内化）创造条件，并通过语言使用创造意义。

作为转化性发展活动的得体性判断任务

本节提供的语料摘录和分析旨在围绕得体性判断任务，说明动态评估互动如何作为转化性发展活动发挥作用。在任务中诱发言语表达（如言语回应过程）和使学习者参与对话，不仅有助于学习者完成当前任务，更重要的是有助于其使用社会语用概念。需要牢记的是，如上述所讨论，动态评估是一种基于评估和教学的辩证观，通过干预将学习者知识和能力的诊断打造为独立统一的活动。这与语用能力评估截然不同，语用能力评估无须学习者参与合作教学活动（讨论见 van Compernolle, 2013），将言语表达（如共现和 / 或回顾式的口头报告）整合为诊断学习者知识或理解其反应过程的一种手段（如 Woodfield, 2010）。

诱发言语表达是动态评估互动的一个重要因素，因为学习者的言语表达为教师或中介者以恰当的发展方式进行干预提供了决策依据（Poehner & van Compernolle, 2011）。换言之，在评估任务过程中，诱发言语表达是在评估任务中，通过干预对学习者知识和能力进行诊断这一过程的起点，而非终点。下面本人将提供语料对这一过程进行论证。每一小节着重对某一个体学习者与教师互动进行个案分析。第一小节主要讨论通过干预进行诊断的观点；第二小节接着讨论动态评估互动的方式——将其置于一个更大、更具凝聚力的教学项目中——这样也可以将教学活动前景化，具体指导学习者将概念视为思维工具。回顾博内尔和范康珀诺勒（2011）关于协作和合作互动框架的讨论，这是一个从某一时刻的前景化诊断转换到另一时刻的前景化教学，再回到最初状态的转变过程，也标志着动态评估是一个以发展为导向的转化活动；第三小节探讨得体性判断任务的动态实施过程中作为发展动力的模糊性和学习者的努力。

通过干预进行诊断

如前文所述，动态评估，被视为以发展为导向的转化活动，是一个通过干预进行诊断的过程。这要求对评估的理解——及其与教学之间的关系——与更为主流的教育学和心理学传统有质的不同。正如博内尔写道：

> 不应将评估理解为观察和记录个体行为以推断学习者的潜在能力，动态意义上的评估涉及通过学习者与作为评估者的教师或**中介者**之间的对话合作来转化这些能力。（Poehner, 2007: 324）

关于得体性判断任务的动态实施，语用知识的评估与教学活动的参与之间并无清晰的区分界限。正是通过教师的干预——以及学习者对干预的反应——才能同时对新出现的能力进行诊断（评估）和帮助（指导），以促使这些能力愈加成熟。

以下系列语料摘录将阐明在得体性判断任务的动态实施过程中如何通过干预进行诊断。这些摘录均选自斯蒂芬妮和教师之间的一次互动，在本研究的第二个得体性判断任务中（第 2 周，紧接着概念表征和言语反思之后；见第四章），针对近似同龄的杂货店店员，他们共同探讨如何选择使用第二人称 *tu* 和 *vous*。回顾前面章节对此情景的讨论，这里多少存在一些模棱两可的情况，因为尽管店员相当于同辈（是一个倾向于使用 *tu* 的因素），但她也具有陌生人身份，并是在服务的语境下，这两个因素按惯例支持使用 *vous*。正如我们将会看到，尽管斯蒂芬妮最初选择了常规上恰当的语用语言形式（*vous*），然而，教师继续要求斯蒂芬妮结合自己所使用的概念对其选择的相关性和重要性做进一步的理解。这一方式既对斯蒂芬妮的语用知识进行了诊断，同时通过干预为共同构建斯蒂芬妮的最近发展区创造了机会——为发展创造了条件。摘录 5.2 呈现了这一互动开始的片段。

摘录 5.2

1 **教　　师：** 那么 + 关于 + 杂货店的情况怎样 .
2　　　　　　第四种情景 .
3　　　　　　（6. 5）（（斯蒂芬妮默读这一情景））
4 **斯蒂芬妮：** 嗯 + 我想用 +*vous*¿+ 因为 + 我们-
5　　　　　　她只是一个店员 . + 呃-这听起来很糟糕 .
6 **两　　人：** （（笑声））
7 **斯蒂芬妮：** （（笑））她不像是 + 你最好的朋友 . =
8 **教　　师：** = 是的，=
9 **斯蒂芬妮：** 她只是刚好在那儿工作 . 你知道 . +
10　　　　　　就像你不认：识她 + 嗯：
11　　　　　　这仅仅是¿出于尊重：：
12 **教　　师：** 是的 . 但是为什么要尊重 .
13 **斯蒂芬妮：** 因为：：+ 就是 + 你别对他人动不动嚷嚷
14　　　　　　当你在杂货店时：喂你 . 给我拿一些
15　　　　　　奶酪 . + 你不应该这样 . + 你应该说
16　　　　　　打扰一下：+ 你知道哪儿有：：++

斯蒂芬妮最初的回答尽管按常规是得体的，但这些犹豫标记“嗯”、多处停顿以及“*vous*¿”的疑问升调，表明了她的回答具有不确定性（第 4 行）。她接着补充了针对店员与自己的特定关系而选择的理由（即“她只是一个店员”“她不像是 + 你最好的朋友”和“你不认：识她”；第 5、7、10 行）。之后，她得出结论：*vous* 可能是一种表示尊重的选择（第 11 行）。如第二章所述，尽管这一理解并非必然错误，但并不全面，因为尊重和礼貌是对语用行为的不同诠释，语用语言形式也并非必然具有这些意义。第 12 行，教师进行了干预，因此其角色也从**观察者**转变为**合作互动者**。干预的具体目的是为了促使斯蒂芬妮反思和解释为什么在此情景下 *vous* 可能表示尊重。斯蒂芬妮的回答表明她对尊重缺乏系统的理解。她并没有解释如何使用 *vous* 可以表达尊重，而是为常规的得体社会行为提供了一个与语境相关的解释——实质上是一种判断（第 13—16 行）。

事实上，教师对斯蒂芬妮的回答进行解读，这显然证明她在建立概念与语用语言实践之间的联系方面需要进一步的帮助，也就是说，教师在通过干预诊断斯蒂芬妮对概念控制的现有水平。这在摘录 5.3 中进行了展示，教师要求继续对尊重展开讨论，这次通过问一个“是”或“不是”的问题为斯蒂芬妮缩小了任务范围，而不是问一个更加开放的问题（见摘录 5.2，第 12 行）：“但 *vous* 就表示尊重吗”（第 17 行）。

摘录 5.3

17 教　　师：但 *vous* 就表示尊重吗 .
18 斯蒂芬妮：我认为表示尊重 .++ 我不知道是否应该
19 　　　　　这样认为：¿但这是–=
20 教　　师：一直都是这样讲的 .
21 斯蒂芬妮：嗯哼
22 教　　师：说 *vous* 表示尊重 .
23 斯蒂芬妮：表示礼貌 . 对的 .
24 教　　师：但真是 .+ 这样吗 . 想一想–想一想这个
25 　　　　　问题 .((指着“距离”示意图))
26 　　　　　因为这真是你要–这真是你要做的
27 　　　　　事情 .+ 亲近或距离感 .
28 斯蒂芬妮：嗯哼
29 教　　师：而且它被解释为礼貌或尊重或其他意思 .
30 斯蒂芬妮：嗯哼

在回答教师的提问时，斯蒂芬妮坚持自己的观点，认为 *vous* 表示尊重（第 18 行）。然而，她也开始质疑这一想法：“我不知道是否应该这样认为：¿”（第 18—19 行）。尽管教师肯定 *vous* 往往被描述为表示尊重（如在学习者的教科书中）（第 20，22 行），但却继续将斯蒂芬妮的注意力引导到概念示意图上，即具体描述社会距离的示意图，并让她重新思考对 *vous* 最初的理解（第 24—26 行）。实际上，教师明确地告诉了斯蒂芬妮这是一个关于亲近或距离感的问题，那就是 *vous* 也可以被理解为礼貌或尊敬（第 27，29 行）。

如摘录 5.4 所示，教师提供了一个斯蒂芬妮最初想法（即认为 *vous* 表示尊重）的反例，同时再次指着社会距离示意图（第 31—32 行），继续实施干预。作用是促使斯蒂芬妮对 *vous* 的意义潜势进行反思：如她自己所说，用 *vous* 称呼一个朋友总觉得“有点奇怪”（第 33 行），并解释这可能是对朋友生气的信号。

摘录 5.4

教　　师：因为想想 .+ 用 vous((指着“距离”示意图))称呼你的
　　　　　最好的朋友 .+ 这是表示尊重吗¿
斯蒂芬妮：不 . 有点奇怪 .+ 这好像是你在
　　　　　与人争吵或你想要表示你生气了 .
教　　师：对 . 所以：*vous* 本身并没有尊重的意思 .
斯蒂芬妮：嗯哼 .+ 但我也：+ 不想看似
　　　　　和那卖奶酪的女孩是最好的朋友 . 就像-
教　　师：对啊 .
斯蒂芬妮：所以：+
教　　师：所以你该怎么办 .
斯蒂芬妮：我不知道 .+ 我想用 *vous* 来制造距离感，
教　　师：对了 . 这可以被理解为表示适当的
　　　　　尊重 . 或类似的情况 .

教师承认斯蒂芬妮的说法是恰当的，并进一步解释说，“*vous* 本身并没有尊重的意思 .”（第 35 行）。然而，这一时刻的明确指导并非这项任务的终点。更确切地说，因为动态评估是一个通过干预进行诊断的过程，所以必须确定的是一个学习者能够通过干预或帮助获得什么。在斯蒂芬妮的这个例子中，我们很清楚地看到教师的干预使她逐步倾向于将概念用作工具，构建对使用 *vous* 的恰当理解。这一点可在第 41 行中找到证据——在稍微犹豫之后（“我不知道”），斯蒂芬妮得出结论说她可以“用 *vous* 来制造距离感”。此外，这一摘录的另一个重要特征是从不定类泛指人称（如“你在与人争吵或你想要表示你生气了”；第 33—34 行）转换到第一人称（如“我不想看似……是最好的朋友”；第 36—37 行）。这表明斯蒂芬妮将概念——及其关联性和重要性——个性化为自己的理解（见第三章）。

很重要的一点是，斯蒂芬妮并没有在互动过程中改变她的语用语言选择。相反，所改变的是她对所使用概念或意义相关的语用语言行为关联性和重要性的理解。通过干预反应过程，教师不仅能够衡量斯蒂芬妮当前的理解，而且更重要的是，能够使她的思维产生质的改变。具体而言，既然理解了 *vous* 并不一定表示尊重，而是一种制造距离的方式（即教师的干预），斯蒂芬妮具备了重新诠释在这一情景下选择使用 *vous* 的能力。当然，这只是代表了斯蒂芬妮思维的一个初步发展变化。但是这一变化十分重要，因为这产生并贯穿于通过干预进行诊断期间与教师进行合作对话的全过程。

将概念作为思维工具

如上文所述，得体性判断任务的动态实施的一个重要维度是，提供支持不仅是为了帮助学习者做出恰当的语用语言选择，而且——更重要的是——帮助学习者正确理解他们所使用的一个概念或一组概念的相关性和重要性，以作为思维的工具。的确，正如斯蒂芬妮的例子所述，学习者可能已经有了一些关于合适或恰当社交行为的观念，由于没有一个系统的行为取向基础（如科学概念）做指导，并非适用于所有情况（如 *vous* 表示礼貌或尊重这一假设并不适用于朋友间的互动）。因此，在学习者试图回答得体性判断任务的问题时，必须引导他们朝着将概念作为思维工具的方向发展。

虽然本书大部分内容主要致力于讨论学习者新生的概念性知识的性质，但是强调指导学习者将概念用作思维工具的核心基本原理也十分重要。下面几条摘录是关于康拉德的案例，他和教师一起探讨本研究第 2 周的两个得体性判断任务的问题。起初，康拉德有些抵制使用这些概念，因为他既有的常识的确可以让他在一个毫无歧义或直接明了的社交语境中选择恰当的语用语言形式。然而，教师引导康拉德得出一个结论：这些概念对理解所选择的语用语言形式的潜在意义的确具有关联性和重要意义。摘录 5.5 展示了该任务第一项的开头部分，主要是围绕第二人称代词的选择所进行的互动（邀请一位同辈 / 同学，或可能成为朋友的人，参加一个聚会）。

摘录 5.5

((康纳德正在阅读项目 1))
(6.5)
康拉德： 嗯.
(4.5)
我会用 *tu*. =
= 我的意思是他与我年纪相仿 + 所以 + 我的意思是 =
教　师： = 是因为他与你年纪相仿¿
康拉德： 是的，还有.
(.)
我-我-我认为我已经认识他.
好几个月了. 所以 =
教　师： = 好吧，

康拉德的最初回答——他会选择用代词 *tu*——是恰当的，符合同龄同学之间的社会规约。然而，他的思路主要以对话者的年龄和现存关系地位等经验法则为中心（康拉德已经认识他数月；第 11 行）。这些因素当然与这一情景相关，但并非是选择语用语言形式的系统框架证据。因此，教师询问康拉德关于选择 *tu* 的具体理据（第 7 行和摘录 5.6，见下文），试图通过干预来诊断康拉德在何种程度上能够将概念用作思维工具。如摘录 5.6 所示，教师继续引导康拉德关注选择的潜在意义，即相关概念。

摘录 5.6

13 **康拉德：** 它–它是 +++ 我只是在想–（1.0）
14 **教　师：** 但它是什么意思 .
15 你反复回到这些 + 规则，
16 但这是 + 你已经追踪那么多的规则：
17 实际上在，+ 关于 *tu* 和 *vous*, ++
18 你有三件事 + 仅仅（(手指着示意图)）
19 需要你思考一下 .
20 （2. 5）
21 **康拉德：** 是的 . + 看–那么看看 +
22 **教　师：** 所以你在做什么–当你– +　你在用 *tu*. 对吗¿
23 ++ 那么它是什么意思 .
24 ++
25 **康拉德：** 我们好像是– + 平等的 . 好像我没–我没–我没–
26 我没把他看作 + 我好像没有试图想– +
27 切断我俩的联系 .［好像］我正开：启那条（.）道路 =
28 **教　师：** ［好的，］
29 **康拉德：** = 通向我俩的关系 . 因为我明白 + 你知道 .
30 他是 + 我已经认识他好几个月了，=
31 **教　师：** = 嗯哼，=
32 **康拉德：** = 你知道 . 他是我的同学 . 而且一般来说，
33 如果我和一位同学讲话，我会用 +*tu*.
34 + 是的–我–所以我把他看作– +

教师的干预（第 14—19 行）包括三个关键特征。第一，教师一直在追问康拉德所做选择的意义（第 14 行）。第二，教师解释道，比起依赖条条框框，概念实际上是一种简单的思维方式（第15—19行）。第三，教师通过手势引导康拉德看示意图（第18行和图5.2）。实际上，教师是在示意康拉德在哪里可以找到问题的答案，而不是从一开始就加以纠正。尽管康拉德似乎短暂考虑了这些示意图（如图5.2所示，当教师的手势指向示意图时，康拉德的视线也转向了示意图），但他仍然很难将示意图融入自己的思维中。具体而言，他在根据关系状况说明理由时表现出有一定的困难（第25—29行）。康拉德最终放弃了这些概念，又回到了自己对规约的既有日常知识（如“我已经认识他好几个月了”，第30行；“他是我的同学”，第32行）。这表明他虽然知道教师在帮助他，但他还未能从中受益，这说明他还需要更加明确的指导性帮助。

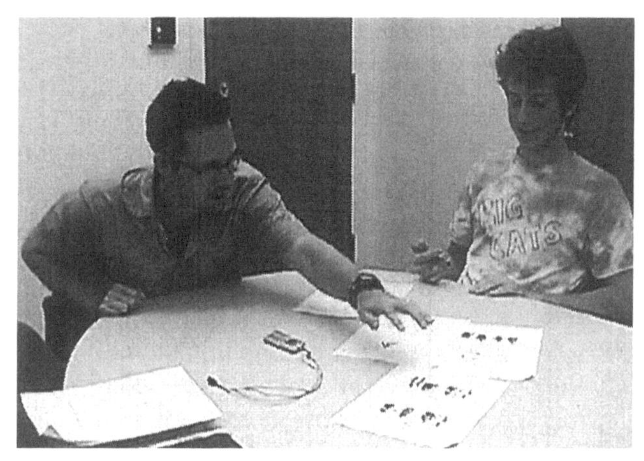

图5.2　教师引导康拉德看示意图

事实上，教师想通过缩小任务核心范围继续为康纳德提供帮助（摘录5.7）。尤其是，教师又回到对意义的提问，但这次他明确指出“人的类型”（如同龄人、朋友、陌生人之类）不是主要问题（第35—36行）。

摘录5.7

35 **教　师：** 但是，又为什么 .= 这是什么意：思 .+ 不是一些例子，

36 　　　　也不是人的类型，对吗¿ +

37 **康拉德**：是 + 一［种（ ）］关系 .
38 **教　师**：　　　［（　　）］
39 　　　　实际上 + 你所真正需要做的，就是遵循 ++（（指着示意图））
40 　　　　第一什么你 - + 什么选择 . + 是你必须要做的 .
41 　　　　+ 首先，+
42 **康拉德**：嗯 =
43 **教　师**：= 你想如何对待这个人 . +
44 **康拉德**：对了 . + 所以嗯 + 我决定我想 +
45 　　　　嗯 + 对他更友好¿ +
46 **教　师**：或：只是 T 恤牛仔式的，+
47 **康拉德**：是的 . =
48 **教　师**：= 因为你没有必要，如果你不想，
49 **康拉德**：是的 . 是的 .
50 **教　师**：是吗¿
51 **康拉德**：那么我嗯 +
52 **教　师**：好的 . 那么第［二个，
53 **康拉德**：　　　　［这也是 + 通过这样做（（指着“亲近”示意图））
54 　　　　我也决定 + 我要更 + 和他更亲近，
55 **教　师**：对了，
56 **康拉德**：那么我还决定我们像是 +
57 　　　　在平等的 + 位置 .（（指着同等地位 / 相互的 *tu*））
58 **教　师**：对了 . 是的 .

康拉德承认“一种（ ）关系”（第 37 行）很重要，大概是与人的类型相比。回答时，教师又一次引导康拉德看示意图（第 39 行和图 5.3）。教师首先要求康拉德思考在这种情景下他想如何表现自己（第 43—50 行）。康拉德随后意识到了这些概念的作用：当教师开始参考下一张示意图（距离与亲近），康拉德与教师异口同声，并发言解释他决定通过使用 *tu* 来表示亲近关系（第 52—54 行）。接着，虽然教师没有要求他这么做，康拉德仍然继续解释——参考权力等级概念——使用 *tu* 表示平等地位（第

56—57 行）。换言之，康拉德这次从教师提供的帮助中获益了，因为通过选择语用语言形式（的意义），他认识到这些概念如何可以用作思维工具。

图 5.3　教师第二次引导康拉德看示意图

在下面谈到的对法国勤工助学项目主管进行电话采访的情景中，康拉德表现出对相关概念有更好的掌控。如摘录 5.8 中的语料所示，康拉德仍然需要一些提示。但是，他能够通过社会距离概念理解这一情景的意义，比上一个情景需要的帮助少得多。

摘录 5.8

1 **康拉德：** 这非常正式 . 我要尽量显得非常
2 　　　　　一本正经 . + 我要尽量使他印象深刻 .
3 **教　师：** 好的，
4 **康拉德：** 嗯 + 所以我会用 *vous*.
5 **教　师：** 好的，
6 **康拉德：** 还有 *nous* + 和 *ne pas*.
7 **教　师：** 好的，+ 在这种情景下 *vous* 还有什么其他作用 .
8 　　　　　（3. 5）
9 　　　　　除了只 + 表示 + 某种正式性
10 　　　　　或诸如此类的事情

11　　　　（2.0）
12 **康拉德**：是的．+ 所以可以表示他们，+ 地位在我之上¿
13 **教　师**：可能．是有可能．+ 但更具体地说
14　　　　你已经决定 + 是一种西装领带式的
15　　　　情况．
16 **康拉德**：嗯哼
17 **教　师**：这对你们的关系起什么作用．
18　　　　（4.0）((康拉德看着示意图))
19 **康拉德**：切断了与他们的关系¿（非常缓慢 / 犹豫地说，面露困惑）
20 **教　师**：怎样切断了与他们的关系．
21 **康拉德**：((微笑))因为你在制造距离((指着“距离”示意图))

康拉德迅速看出了该语境的正式性是一个重要因素，并指出更偏向于使用第二人称代词 *vous*，以及常规上更为正式的社会风格变体 *nous*“我们”和在动词否定中用到 *ne*（第 1—6 行）。康拉德的选择在常规上当然是恰当的，但教师要求他说明理由（第 7—10 行）。这是因为，如前文所述，得体性判断任务的动态实施不仅关注评估反应（如语用语言形式的选择），而且更重要的是诊断背后的反应过程。康拉德首先提到 *vous* 可以表示对话者比自己地位更高（第 12 行），这很可能是参考了权力等级概念。接着，教师促使他进一步思考这一问题，具体是指与社会关系性质相关的问题（第 17 行）。这时，康拉德将目光转向教学示意图，这说明他知道示意图是充分思考和回应问题的恰当工具。他犹豫地说 *vous* 可能会“切断”与对话者的关系（第 19 行），对此教师进行了质疑（第 20 行）。随后，康拉德认识到社会距离概念是有关联的：他的微笑表明他对刚才认识到的东西很满意，并一边解释说通过使用 *vous*“你在制造距离”，一边指着描述距离的示意图（第 21 行和图 5.4）。

上述摘录给我们提供了一个例子，以说明在得体性判断任务的动态实施过程中，学习者康拉德如何开始把概念用作思维工具。诚然，这只是代表了康拉德的概念发展过程的第一步，但却是很重要的一步。仅仅了解这

些概念（即内容知识本身）是不够的；还必须引导学习者充分思考与他们的交际意图相关的问题来理解概念与思维如何相关。在上述摘录中，教师的作用是促使康拉德运用概念，而不是运用日常知识，在语用语言选择过程中推知原因。这样，可以帮助他更好地切实掌握概念，并把概念用作语用行为的相关工具。

图 5.4　康拉德指着“距离”示意图

模糊性和学习者纠结是发展的动力

上述两个说明性案例分析展示了得体性判断任务动态实施的两个重要特征。第一，根据动态评估原则，人类中介或在任务过程中提供的帮助，旨在通过干预诊断学习者的语用知识。重要的是，正如斯蒂芬妮的例子所说明的那样，人类中介并不等同于学习者在选择恰当的语用语言形式过程中的受助表现，除此之外，还有助于学习者对所使用概念的相关性和重要性的理解。第二，如康拉德的例子所示，在得体性判断任务动态实施过程中，所发生的大多数人类中介主要聚焦于引导学习者将概念用作思维工具。在本小节中，本人将转向得体性判断任务动态实施的第三个重要特征：模糊性和学习者纠结作为发展的动力。

在第三章中讨论过的范康珀诺勒和金吉格（van Compernolle & Kinginger, 2013）所做的一项研究，阐释了模糊得体性判断任务项目的发展结果，那些任务项目是根据两个或两个以上相互冲突的社会语用经验法则来定义的（另见第一章和第二章）。本研究实施的第二个得体性判断任务情景 4（即在杂货店遇到同龄服务员；另见上文斯蒂芬妮的例子）特别重要：这个假定的对话者是同辈（倾向使用 *tu* 的一个因素），她同时也是一个陌生人和杂货店职员（倾向使用 *vous* 的因素）。在范康珀诺勒和金吉格的研究中，这一情景促使其中的一个参与者妮基超越(Poehner, 2007）自己对这些概念本身的理解，以便考虑一个人的要求何时可能比其他人的要求更重要。在妮基的案例中，要解决这一难题：她既想将自己表征为 T 恤牛仔式的风格，又想避免不平等或非对称的权力关系。假如她对店员说 *tu* 而得到的回应却是 *vous*，问题就来了。在教师的帮助下，妮基最终形成了一个综合概念，将社会距离与 *vous* 的互称用法结合起来：即用 *vous* 维持距离，同时得到的回应也是 *vous*，这就可以创造一个她所希望的距离–平等关系。

以下摘录展示了在杂货店情景下里昂对类似问题的纠结。值得注意的是，里昂在没有指导的情况下，运用了他所使用的这些概念完成前三项相对无歧义的任务——教师只是要求他解释自己的选择，里昂通过使用概念示意图进行了解释。这表明里昂的确对这些概念有了一定的把控，并且能够应用于没有任何冲突的语境中。然而，事实证明情景 4 的情况更加困难，由于对话者相对于里昂的地位模糊不清，导致其表现犹豫不决。摘录 5.9 展现的是该互动的开头部分，包括里昂最初选择使用 *tu* 以及选择的理由。

摘录 5.9

1 **教师**：　那么你会使用 *tu* 还是 *vous*.

2 **里昂**：　我会使用 *tu* 形式 .

教师： 那好 .+ 我们来讨论一下这个问题 .
里昂： 好的 .
教师： 那你通过对她使用 *tu* 想取得什么效果 .
+ 并想一想这个关系
你们俩之间的关系 .
里昂： 好的 .+ 嗯 +++ 我的意思是我不认识这个女人 .
教师： 是的，
里昂： 我们不-我想我们还不认识 .+
我想我们还没有任何关系 .+ 根本没有 .
教师： 哦不 . 你们有 . 因为有-我的意思是 =
里昂： = 我的意思是 [(   )] 我的意思是有一种-
教师： [有一种-]
里昂： 有一种像是 + 我与她交谈是我-
第一次，
教师： 是的，
里昂： 呃她是在这里工作的人，+ 呃我还要请
她帮助我 .

里昂最初选择 *tu* 并不符合常规：人们通常倾向于使用互称 *vous*——至少在顾客和店员刚开始互动交谈时，甚至在更年轻的学生交谈者之间也是如此，虽然他们在其他情况下会互称对方 *tu*。[3] 然而，教师并没有从一开始就加以纠正，而是引导里昂说出选择的理由：教师发出了一个合作姿态的信号（“我们来讨论一下这个问题”，第 3 行），接着提示里昂考虑一下他与店员之间的社会关系性质，以及 *tu* 在这一情景下可能会取得什么效果（第 5—7 行）。这时里昂显得有一些犹豫不决。尽管他指出了他不认识这个女人，他们是第一次交谈，但是他无法对该语境和关系的理解进行条理清晰的表述（第 8—19 行）。

下一步教师将里昂的注意力集中到以下情景中描述的对话互动类型，如摘录 5.10 所示。

摘录 5.10

20 教师：那么是何种–这是何种互动．
21　　　你和她之间．
22 里昂：我想这是＋嗯＋嗯．＋对了．这是我–我–
23　　　我在＋我在寻求她的帮助．＋她像是＋
24　　　在这种情况下像是＋我＋你知道．不像是呃
25　　　显然不像是–强调好像她–
26　　　在这种情况下她好像是个＋高人一等的人．她更有
27　　　知识一些，她是–
28 教师：她怎么–=
29 里昂：=不像高人一等．这不是–我不–我不–我好像不知道
30　　　该用哪个词．但是＋她是＋在这种情况下．她好像是
31　　　一个＋在想尽办法帮助我的人．
32　　　嗯．所以我不知道．
33 教师：她在想尽办法¿=她在工作=
34 里昂：=她在那里工作．对．((笑了))
35 教师：((笑着))这是她的工作．
36 里昂：的确．

有趣的是，里昂认识到这一事实，店员帮助他也是互动对话的一个相关因素（第 23 行），并得出结论——但不准确——“她好像是个＋高人一等的人。她更有知识一些”（第 26—27 行）。当教师开始质问这一判断时，里昂修正了自己的表述，这次说明了店员是“在想尽办法帮助”他（第 31 行）。这在某种程度也是对语境的不准确理解，当教师提示里昂注意：作为店里的职员，帮助里昂是店员的职责所在（第 33—36 行）。这是重新引导里昂更恰当地理解语境的关键一步，进而拓展到相关的概念，如最后的两个摘录所示。

教师下一步（摘录 5.11）是要促使里昂仔细思考自己与店员所处的关系位置（第 37—38 行）。之后，里昂能够断定店员有义务帮助他（第 39 行）。这就为教师对里昂理解权力等级概念以及如何与当前任务建立关联

进行中介创造了机会。

摘录 5.11

教师：想一想-想一想你的位置 . ++ 你是谁 .
里昂：嗯 + 我是 ++ 对 . 我是顾客 .
教师：啊哈 .
里昂：她应该帮助我 .
教师：啊 . + 所以想一想你之前关于 *tu* 的回-回答 .
里昂：嗯哼 .
教师：如果你是个顾客，+ 在一个顾客店员，+ 互动对话中¿
里昂：啊哈，+ 我想这就像 +
教师：谁-谁可能是-可能有某种权力 .
里昂：呃 + 当然是 + 我 . 顾客 .
教师：因此 + 看着你的示意图 . + 看着这个嗯
看着图 4.((“权力”示意图))
里昂：好 . 这也是我刚才在思考的问题 .
所以呃我想 +++ 嗯如果 +
教师：如果你用-=
里昂：= 对 . 我试图淡化-因为如果我用 *tu* 形式，
教师：什么能 =
里昂：= 无论她想什么-她仍然会 + 可能仍然会
觉得有义务用 *vous* 形式 . =
教师：= 啊 . =
里昂：= 那么这样会产生一种效果 + 我们就不
在平等的位置上 .
教师：你可以那样做 . 没问题 . 但是 =
里昂：= 是 . 但是我不想做个混蛋之类的人 .((笑))

教师提示里昂回忆并思考他最初使用 *tu* 的选择（第 41 行），但这次让他思考顾客和店员的互动对话语境如何与权力概念相关联（第 43—45 行）。里昂回答说，他这个顾客具有更高的权力地位（第 46 行）。作为回应，教师明确提示里昂参考那个权力示意图，并表示它与这一情景有关。之后，里昂能够开始清晰阐述自己对这一语境的恰当理解：他认识到店员可能会觉得有义务对自己用 *vous*（第 54—55 行），但自己如果使用 *tu* 可能会造成一种权力关系的失衡（第 57—58 行："那么这样会产生一种效果 + 我们就不在平等的位置上"），他想要避免这种情况，而不想"做个混蛋之类的人"（第 60 行）。

里昂意识到用 *tu* 可能会出现负面的或者不确定的后果，这表明他的思维出现了一个重要的转变。当教师继续展开这个话题时（摘录 5.12），在这一颇为模糊的情景下，关于 *tu*/*vous* 的选择，里昂展示了对权力概念的相关性和重要性的新理解。

摘录 5.12

61 **教师**：((笑)) 因为根本上会有何-有何效果.
62 　　　或有何潜在的解释.
63 **里昂**：那嗯如果我是-如果我用 *tu* 而她仍然要
64 　　　用 *vous* 所以你知道.我就高高在上了.我期望
65 　　　你为我服务.
66 **教师**：嗯哼
67 **里昂**：我不一定是个讨人喜欢的人，我有点自命不凡.
68 **教师**：所以如果你想避免成为混蛋，
69 **里昂**：于是我就想用 *vous* 了.因为 + 我不能确定她是，+
70 　　　我不-我不知道实际上我可能 + 知道一个事实
71 　　　她用 *tu* 称呼我会不自在.
72 **教师**：嗯哼.
73 **里昂**：所以我想我会用 *vous*，在那-在那种情况下.

当里昂被要求解释如果对店员用 *tu*，而收到店员的回应是 *vous* 会出现什么后果时，里昂得出恰当的结论：这可能会造成明显的权力不对称，因为他会被视为"高高在上"（第 63—65 行）。同时，他将不对称关系理解为“不一定是个讨人喜欢的人”或者“有点自命不凡”（第67行）。这表明他对这些概念有了初步的个性化理解，认识到这些概念与其目标和交际意图密切相关和十分重要（见第三章）。听到这句话之后，教师提示里昂完成这一任务项目：“所以如果你想避免成为混蛋，”（第68行；参照摘录5.11，第60行，里昂关于做个“混蛋”的观点）。里昂修正了自己的回答，倾向使用 *vous*，因为他意识到店员也很有可能用 *vous*。对里昂来说，这在本质上是一种通过概念进行思维的新形式：只是按照自己的交际意图**运用**这些概念本身是不够的，同时，他还必须考虑概念之间如何协同合作，以及对话者潜在的社会职责。

像范康珀诺勒和金吉格（2013）所提供的妮基的案例一样，里昂的例子也强调了模糊性和纠结在推动发展过程中的重要性。也许更清晰的情景可以为学习者提供理想的语境，以引导他们理解如何应用那些教师和/或教学材料中提供的概念。然而，模糊情景要求学习者超越对概念内容（如简单的陈述性知识）的肤浅理解，从而加深对概念及其相互关系，以及概念与语用语言实践关系的理解。当然，这并非意味着只有模糊情景才有作用。相反，清晰情景与模糊情景协同合作，共同创造机会，逐步朝着概念作为思维工具（如康拉德），以及更深入、更系统理解概念（如斯蒂芬妮和里昂）的方向发展。

前强化阶段和后强化阶段的得体性判断任务

本节我们将会把注意力转向按时间顺序的发展上，主要体现在前强化阶段和后强化阶段中得体性判断任务的比较上。由于详细结果在其他地方已有报告（van Compernolle, 2012），所以在这里无需赘言。因而，下面本人将聚焦讨论数量有限的几个主要发现和一些说明性例证。

如第一章所提到，为了直接对比学习者参加强化项目前后的反应，如本章前面图5.1所示，第1周（前强化阶段）和第6周（后强化阶段）实施的同一得体性判断任务通过详尽的情景描述对实际任务进行了展示。为了提示读者，这里列出该任务所包含的情景：

（1）与朋友琼在咖啡馆交谈；
（2）第一次与朋友的女伴索菲见面；
（3）在周末碰见最喜欢的教师罗比内先生；
（4）向一位大学的行政助理寻求课程安排方面的帮助；
（5）在教授特丽奥莱夫人的办公室与她见面。

学习者的反应

表 5.2 简要说明了学习者在前强化阶段和后强化阶段对得体性判断任务的回应。图 5.5 是在前强化阶段和后强化阶段，每一情景下社会风格变体（*nous/on* 和 =/–*ne*）得分与 *tu/vous* 得分的散点图。分数范围从 0 到 1，0 表示完全同意使用非正式的社会风格变体（*y* 轴）和 *tu*（*x* 轴），而 1 则表示完全同意使用正式的社会风格变体和 *vous*。比如，表 5.2 中的数据表示，在前强化阶段任务中，所有参与者都选择了 *tu* 作为得体的第二人称代词，并且除一人（康拉德）外，都选择了正式的社会风格变体。

表 5.2　前强化阶段和后强化阶段得体性判断任务回应

化名	情景 1		情景 2		情景 3		情景 4		情景 5	
	前	后	前	后	前	后	前	后	前	后
妮基	TF	TI	TF	TI	VF	VI	VF	VI	VF	VI
苏珊	TF	TI	VF	TI	VF	TI	VF	VF	VF	VI
里昂	TF	TI	TF	TI	TF	VI	VF	VF	VF	VI
皮埃尔	TF	TI	VF	TI	VF	VI	VF	VF	VF	VI
玛丽	TF	TI	TF	TI	VF	VI	VF	VI	VF	VI
斯蒂芬妮	TF	TI	VF	TI	VF	VI	VF	VF	VF	VI
劳里	TF	TI	VF	TI	VF	VI	VF	VF	VF	VF
康拉德	TI	TI	TI	TI	VF	VI	VF	VI	VF	VI

注：T/V，*tu/vous*；I/F，非正式（即 *on*，无 *ne*）/ 正式（即 *nous*，有 *ne*）。

因此，前强化阶段的 *tu*/*vous* 得分是 0，社会风格变体得分为 0.875。在图 5.5 中对应的数据值出现在坐标图的左上角，这表明社会风格正式性方面得分很高，但对使用 *tu* 有很强的倾向性——在这一案例中全体同意使用 *tu*。

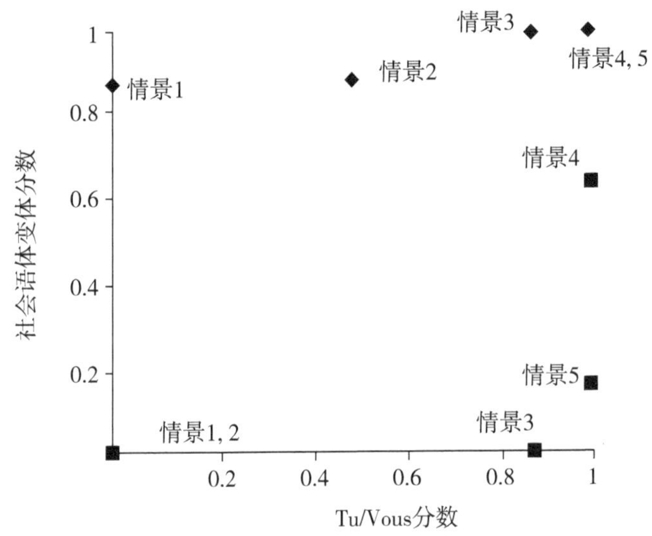

图 5.5 前强化阶段和后强化阶段得体性判断任务散点图表

注：◆，前强化阶段；■，后强化阶段

总而言之，这些数据表明在本研究的后强化阶段，参与者朝着使用非正式的社会风格变体方向转变。在前强化阶段的任务中，只有康拉德一人在情景 1 和情景 2 中选择使用非正式变体。然而，这是任务本身的产物。由于任务的设计形式，康拉德不仅能够准确推测出 *on* 是 *nous* 较为非正式的替代词（见摘录 5.13），同时也让他认为，不使用 *ne* 也是表达动词否定的一种非正式形式。

摘录 5.13

1 **康拉德：**（（默读情景 1 的描述））我觉得这似乎是在暗示

2　　　　+这些都与+不同程度的+嗯+++如
3　　　　+++的-的-你知道的.与不同程度的关系有关.
4　　　　比如.+所以.
5 **教　师：** 好的.
6 **康拉德：** 我-我这里会用 *tu*.
7 **教　师：** 好的.为什么你会对琼使用 *tu*.
8 **康拉德：** 因为这是朋友关系.所以我和这个人非常熟.
9 **教　师：** 好的.
10 **康拉德：** 我想我会用 *on*. 因为我觉得+这是在暗示
11　　　　*on* 比 *nous* 更随意一些.

然而，在后强化任务中，所有的学生都认为情景 1、2 和 3 必须使用非正式的社会风格变体。在情景 5 中，只有（劳里）一人认为使用非正式的变体会更为恰当。对情景 4 来说，意见分歧更多：五个学生（苏珊、里昂、皮埃尔、斯蒂芬妮和劳里）选择了正式变体，而剩下的三个学生（妮基、玛丽和康拉德）选择了非正式变体。

上述图表还表明在前强化任务中，学生们已经能够在 *tu* 和 *vous* 之间做出符合常规的恰当选择。因此，前强化阶段与后强化阶段的 *tu/vous* 分值没有显著差异。当然，这并不能说他们选择 *tu* 和 *vous* 的理由没有差异——在前强化阶段和后强化阶段的反应过程中存在着重要的差别。然而，比较一下情景 2（与一个朋友的女伴，一个同辈，第一次见面）中前强化阶段与后强化阶段的结果，就会发现前后回应中存在一个明显的重要差别。在前强化阶段任务过程中，学习者平均分为两派意见：妮基、里昂、玛丽和康拉德认为 *tu* 更恰当，因为对话者是个同辈；而苏珊、皮埃尔、斯蒂芬妮和劳里则选择使用 *vous*，因为对话者是一个第一次见面的陌生人。在后强化阶段任务中，八个学生都选择了 *tu*，表明在这一语境中，大家有一种通过使用 *tu* 创造近距离关系的愿望——以此发出一种潜在的朋友关系信号——这一愿望远比在第一次见面时应使用 *vous* 等相关经验法则更为重要。更多讨论可见下面小节。

在后强化任务中，最后一个重要的观察发现是 *tu/vous* 与社会风格变体并非百分之百对应。具体而言，所有的学生都赞同在情景 4 和 5 中 *vous* 是一个更恰当的第二人称代词，这并不一定让他们也同样选择更正式的社会风格变体 *nous* 和 *ne... pas*。换句话说，他们是根据所使用的意义和概念信息做出选择，而不是根据简单的非此即彼、正式与非正式的区分。例如，康拉德注意到，针对情景 4（摘录 5.14），使用 *vous* 创造一个尊重距离是恰当的，但同时使用非正式的社会风格变体以表达自己随和的个人形象也是可以接受的。

摘录 5.14

康拉德： ((默读情景描述))我会–是
我会使用同样的词与 + 嗯与前面一样
所以我会使用 *vous* 和 *on* 和 *pas*,
教　师： 好的.
康拉德： *vous* 又一次表示相同 + 程度的尊重 + 距离.
这我们已经谈过. 对教师的尊重.
教　师： 好的.
康拉德： 还有嗯. + 对. *on* 和 *pas*. 表示嗯 +
教　师： 因为你只想要做你自己,((笑))
康拉德： 是的. 我就是我.((笑))

这就是将概念内化——个性化——为思维工具的证据。下面将对此进行详细讨论。

内化证据

接下来，我们将以学习者（苏珊和里昂）在前强化阶段和后强化阶段做出的回应为例进行讨论，以论证概念的内化过程。两个例子都涉及与社会距离概念相关的 *tu/vous* 选择上的变化。就苏珊而言，在情景 2 中实现了从 *vous* 到 *tu* 的转变；对里昂来说，在情景 3 中实现了从 *vous* 到 *tu* 的转变（结果见上文）。

读者可以回忆一下情景 2（与朋友的女伴，一个同辈，第一次见面），在前强化阶段，学习者在选择 *tu* 和 *vous* 时出现了一些困难。妮基、里昂、玛丽和康拉德均选择了符合常规的形式 *tu*；而苏珊、皮埃尔、斯蒂芬妮和劳里则认为对索菲使用 *vous* 这个代词是恰当的。在后强化阶段任务中，八个参与者一致认为 *tu* 是最适合使用的代词，这表明该强化项目帮助学习者厘清了第二人称代词 *tu* 和 *vous* 的指示意义。比如，在前强化阶段任务中，苏珊认为为了对以前从未谋面的人表示尊重，使用 *vous* 更为恰当，尽管事实上索菲是同龄人，而且是一位好朋友的女伴。

摘录 5.15

1 **教师**：那第二个呢 .+++ 琼的女伴索菲 .
2 **苏珊**：我可能会说 *vous*. 就因为我之前没有见过她，
3 　　　+ 这就完全回到了尊重的问题上，我认为，+
4 　　　并且即使，+ 她和我同龄，还 + 是我朋友的女伴，
5 　　　+ 我还是要 + 因为我是第一次见她，+
6 　　　我觉得我应该默认使用 *vous*,
7 **教师**：好的 .
8 **苏珊**：为了表示尊重，

然而，苏珊的论断在后强化阶段任务中发生了改变，具体而言，她注意到由于相似的社会地位，而且事实上索菲是她朋友的女伴，没有理由用 *vous* 来制造社会距离，因此用 *tu* 更合适。

摘录 5.16

1 **教师**：那第二个呢¿
2 **苏珊**：好的 .((默读情景描述)) 嗯 + 我想，
3 　　　至于那个，因为我知道以前有个类似情况 .
4 　　　我想我说过用 *vous* 来保持一种距离关系，
5 　　　+ 但是我其实 + 不应该 . 因为我又思考了一下

我想如果她是我朋友的女伴，+ 她显然有点像
+ 我不想说跟我们的交情在同一个等级，+ 但几乎像是 +
在类似我们的等级 .[...] 所以我应该就用 *tu*. +
并且希望她不会因此觉得被冒犯了 .
教师： 那会有什么作用 .
苏珊： 嗯 + 好像在制造一种关系像是 +
你不必有距离 . 比如你是我朋友的女伴，
+ 好像我们没有理由像是嗯——
（(在椅子上往后仰，好像在使自己远离某人))
我不想与你说话哈哈，
教师： 对 .

以上两个摘录都证明，苏珊在参与强化项目的过程中，思维方式从依赖经验法则系统（即默认使用 *vous*）转变为基于概念的系统（即避免社会距离）。这也说明苏珊似乎在通过社会距离概念对前强化阶段的回应进行回顾和重新诠释："我想我说过用 *vous* 来保持一种距离关系"（第 4 行）。事实上，苏珊在前强化阶段任务中没有提及距离，相反，她提到这一事实，她从未见过朋友的女伴，因此她想用 *vous* 来表示尊重。然而，由于她已经将这一概念内化，即使在回忆以往的任务表现时，她还在通过概念进行思维。

在另一个例子中，里昂对情景 3 的回应的转变明显说明他把概念内化为思维工具了。在前强化阶段任务中，里昂注意到，因为罗比内先生是他最喜欢的教师，所以他很可能会对他使用 *tu*，尽管事实上罗比内先生是一位长者和教师，而这两个因素一般要求使用 *vous*（摘录 5.17）。

摘录 5.17

里昂：（(默读情景描述)) 所以还是如此。
这是（×××），他是我最喜欢的教师之一，
+ 即使他可能四十岁了，嗯 +

4　　如果我已经认识他一段时间了，我会觉得我和他很熟悉，
5　　我很可能确实会使用 *tu* 形式，
6　　+ 即使通常 + 嗯对教师用 *vous*,

然而，在后强化阶段任务中，里昂对**最喜欢的教师**这一范畴进行了重新诠释。他认为**最喜欢的教师**不一定意味着**关系亲密**。因此，至少在开头，他会用 *vous* 来制造和维持一种职业距离。

摘录 5.18

1 **里昂**：（（朗读情景描述））嗯 + 所以在这种情况下，
2　　这个人是–我想 ++ 是我的教师，
3 **教师**：嗯哼，
4 **里昂**：呃 + 还是一样 . 这要看情况 . 因为往往–我想通常情况下 .
5　　对我的教师 . 他们告诉我是否 + 嗯
6　　我应该 . 是否使用形式 *tu*,
7 **教师**：好的 .
8 **里昂**：嗯那么因为没有其他信息，
9　　我只能–我会在一开始用 *vous*，嗯
10 **教师**：好的 .
11 **里昂**：因为尽管他是–他是我最喜欢的教师之一 .
12　　这并不一定意味着好像我们 + 非常亲近或者
13　　+ 仍然存在一种像 ++ 嗯职业距离，
14 **教师**：嗯哼，
15 **里昂**：他是教师而我是学生 .
16 **教师**：当然 .

换句话说，里昂不仅转向选择常规意义上合适的第二人称代词，更重要的是他能够通过社会距离概念反思关系的性质，并使他在没有对话者的指导下做出合理的决定 .（参照第 5—6 行中他的表述："对我的教师 . 他们告诉我是否 + 嗯我应该 . 是否使用形式 *tu*,"）。

结　　语

本章探讨了动态实施的得体性判断任务对语用知识评估和发展所起到的作用。**动态实施的**这一修饰语是指在动态评估中指导通过干预进行诊断的过程（Poehner, 2008; Poehner & van Compernolle, 2011）。与教师的协同合作互动不仅有助于提高学习者在得体性判断任务（即选择语用语言形式）中的表现，而且还有助于对他们与社会语用概念及其使用进行互动起到中介作用。

本章第一个分析部分仔细考察了得体性判断任务的动态实施的三个主要特征。斯蒂芬妮的案例分析详细阐述了通过干预的诊断过程，在评估斯蒂芬妮的语用知识的过程中教师可借此提供帮助，尤其是促使斯蒂芬妮对自己的回答进行批判性思考，并把自己没有完全掌握的概念要素纳入考虑范围，进而使她对社会距离形成一个更为准确的理解。在康拉德的案例中，重点是引导他将概念用作思维工具。尽管康拉德的既有常识能够让他在某个情景中选择合乎常规的语用语言形式，但是教师引导他理解了概念作为思维工具的关联性。当里昂试图回答一个困难问题时，通过分析里昂与教师的互动，凸显了模糊性和学习者纠结在推动语用知识发展中的重要作用。在里昂与同辈店员接触时，正因为里昂通过与教师合作，努力调和冲突并化解模糊性问题，才对社会距离与权力概念以及他们之间的关系产生了更深入、更系统的理解。这些例子共同说明了得体性判断任务的动态实施具有转化和发展导向的属性。

本章第二个分析部分对学习者在前强化阶段和后强化阶段关于得体性判断任务的回答进行了对比。发现的结果揭示了一系列重要的变化。第一，在后强化阶段任务中，学习者的转向了对更为非正式的 *on* 和缺省 *ne* 的社会风格变体的普遍偏爱。第二，尽管 *tu/vous* 选择没有实质性的变化（学习者在前强化阶段已经做出了符合常规的恰当选择），在后强化阶段任务中，他们的回答过程发生了显著变化。这在苏珊和里昂前强化阶段任务和后强化阶段任务的例子中尤为明显，也为社会距离概念的内化提供了证据。第三个发现是，学习者并非只限于根据正式或非正式的二元划分来进行语用语言选择，更确切地说，有证据显示他们是在依据一个灵活多变的社会语言系统进行思考，如他们可以使用 *vous* 作为维持适当社会距离的手段，但同时也可以选择更为非正式的社会风格变体，以表现随和、T恤牛仔式的个人形象。

得体性判断任务的动态实施作为一个重要的纽带，将学习者产生的（最初通过言语反思发展而来的）概念知识本身（见第四章），与具体的交际实践（即在特定的社交语境中的语用语言形式选择）连接起来。这不仅有助于概念运用，而且有助于他们进一步发展。然而，回顾一下对维果斯基的教育实践的讨论（如 Davydov, 2004; Galperin, 1989, 1992；见第一章），只有概念知识是不够的。下一章我们会看到，创造机会将概念知识与实践相结合同样十分必要。在教学语用学的社会文化理论框架下，根据迪・彼得罗（Di Pietro, 1987）的策略互动法，动态实施的口头交际任务可以使学习者根据所使用的概念和语用语言形式来规划自己的表现，并在教师的帮助下实施自己的规划。

注释

（1）范康珀诺勒（2013）就苏珊的得体性判断任务进行了详尽分析，并集中分析了苏珊在 *tu/vous* 系统中对社会亲近关系概念的使用。关于摘录 5.1 中的语料，范康珀诺勒（2013）记录了教师如何干预并引导苏珊理解自己所做选择的非常规性，即作为一个 20 来岁的年轻女性，使用 *vous* 来与一位具有潜在朋友身份的同龄人制造距离。事实上，该研究详尽记载了苏珊如何将概念个性化，并最终决定在此情境或类似情境中使用 *tu* 来建立一种亲近关系会更为理想，因为这符合她的自我认识。

（2）这并非要排斥或贬低在其他文献中讨论的其他方法对动态评估和理解最近发展区

所做的贡献（如 Haywood & Lidz, 2007; Poehner, 2008）。然而，正如下文将具体谈到，在本研究所勾勒的教学语用学的社会文化理论框架语境下，特别是涉及得体性判断任务的运用和目的时，霍尔兹曼（Holzman, 2009）提出的将维果斯基有关最近发展区的论述解读为集体转化活动的建议是非常有用的。当然，其他二语语用学的动态评估方法在不同的情况下，为了实现不同的目的也颇有见地（见第六章和第七章）。

（3）毋庸置疑，在服务接触中第二人称称呼语存在多样性。在为年轻时髦的顾客提供服务的场所（如俱乐部、酒吧、青年服饰店）里，使用 *tu* 是完全可以接受的，甚至是期望的，因为这完全可以被解读为不拘礼节、具有青春活力、亲密感、亲和力等。

第六章

通过策略性互动场景发展语用运用能力

引　言

本章探讨通过参与动态实施的策略性互动场景（strategic interaction scenarios, SIS）发展二语语用运用能力。如前章所述，得体性判断任务的动态评估有助于学习者将产生的基于概念的语用知识与特定交际语境结合起来，以促进这些知识的持续发展。为了推动学习者在近似真实生活的交际互动中将他们的知识应用于实践，动态实施的策略性互动场景又向前迈进了一步。下文将具体讨论，策略性互动场景的一个主要目标就是帮助学习者通过动态评估步骤发展其对语用语言特征的掌控能力，即创造机会使学习者能在最近发展区将知识（概念）和实践（语用语言运用）结合起来。

动态实施的策略性互动场景借鉴了迪·彼得罗（1982, 1987）的策略性互动法（基于概念的语言教学中的策略性互动场景，另见 Negueruela, 2003）。这一方法强调场景的运用，即“在共享语境中，各个角色进行策略性互动以实现个人事项”（Di Pietro, 1982: 41）。与角色扮演不同，每位参与者被赋予特定的事项，但同时不与其他参与者分享全部信息，由此造成的紧张是场景中的一个重要因素。换言之，参与者能够共享场景的部分语境信息，但他们并不知道彼此的事项，目的就是为了制造某种（潜在的）冲突。例如，在本研究使用的一个场景中，教师和参与者扮演未来室友的角色，一起寻找公寓。一些未共享信息会制造矛盾，如最高月租预算限制和离大学校园的理想距离等。此类场景的目的是促使学习者策略性地协调冲突。这一想法也被延伸到语用学领域，本研究所使用的场景同样旨在促使学习者通过使用可获取的语用语言选项，以投射并且可能重塑特定社会关系和身份的性质。

尽管有人对此提出批评，认为任务使学生脱离现实而去扮演一个想象的角色，对认知要求太高（Kasper, 2001），但是场景非常符合教学语用学的社会文化理论框架设定的教学目标。尤为明显的是，不同于传统的角色扮演，场景主要包括以下三个阶段：

（1）预演阶段：为语言使用做出的临时规划；
（2）运用阶段：执行规划，期间或有修改；
（3）汇报阶段：讨论和评估运用情况。

预演阶段为学生提供提问机会，以厘清在互动中自己的角色、场景和目标，并与教师一起为语言运用制订规划。在这里所报告的研究中，设计问题促使学生思考该场景中对话者之间关系的性质，他们想如何展现自我，以及如何使用语言实现这些目标。因此，在与教师的合作中，学生能够在执行场景之前制订行为规划。但是，学习者可以根据场景展开的情况随时改变规划。这一规划阶段与基于概念的教学方法很好地结合起来，强调心理行为对物质活动的引导作用（Davydov, 2004; Galperin, 1989, 1992；见第一章）。

同样值得注意的是，场景运用还涉及教师和学习者之间的合作互动。在学习者表述不畅的情况下，教师就会通过提示、提问、暗示等方式进行干预，来中介学习者的表现。这一方法源自于动态评估的互动理论（Lantolf & Poehner, 2004; Poehner, 2008; Poehner & van Compernolle, 2011），它鼓励中介者不仅对学习者进行评估，而且还要帮助学习者解决在运用中出现的问题。摘录 6.1 就是这样一个例子。在这一场景（想要找一个租住的公寓）中，里昂打算使用不带 *ne* 的否定式。但是，他的表达在第 3 行卡住了，他在自我修正前两次使用了 *ne*。教师进行干预（第 4 行）并询问他想说什么，以引导里昂重复正确的表达形式（第 5 行），接着，在他和教师继续这一场景时他重复了该形式（第 7 行）。

摘录 6.1

1 **教师**：est-ce qu' y a quelque chose qui est + peut-être
　　有没有什么　　　　也许会
2 　　un peu moins che:r, + mais=
　　稍微便宜一点　　　但是
3 **里昂**：=um, + je ne +uh je ne pouvais - + je pouvais pas
　　嗯　　我[不]呃 我[不]可能　　我不能
4 **教师**：你想说什么，+ 什-=
5 **里昂**：= je pouvais pas.
　　我不能
6 **教师**：好的，+ je pouvais pas,
　　　　我不能
7 **里昂**：je pouvais pas + #uh# trouver un autre
　　我不能　　　　呃　找到另一个

下文将进一步讨论，这种类型的合作不仅有助于学习者当前的表现，而且还有助于提高其今后表现的掌控力和稳定性。

本章余下部分有三个主要目标。第一，根据理论和经验框架、控制语言运用的人际心理（人际关系）分布情况以及神经语言学提供的支持，勾勒出动态实施的策略性互动场景的路径。第二，用语料说明人类中介（即对运用的支持）在诊断和促进语用运用能力发展方面的作用，尤其关注受控语用语言运用的出现。第三目标是，论证心理行为的三个阶段：引导、执行和控制（Galperin, 1989, 1992）。本人将用语料说明，有了更好的控制后，学习者的规划和实施语用运用能力的提升。

动态评估与语用能力

如上一章所讨论，动态评估是一种执行评估任务的方法，即评估者，也就是中介者，通过干预为学习者运用语言提供支持，并培养学习者能力的持续发展。换言之，这是一个**通过干预进行诊断**的过程（Poehner & van Compernolle, 2011），它将评估和教学整合成单一的统一活动（Poehner & Lantolf, 2010）。因此，动态评估与维果斯基（1987）的主张一致，即为了了解学习者能力，不仅需要根据他们的独立表现评估其当前的实际发展水平，而且还需要识别并促进那些仍在形成过程中的能力，即最近发展区。

动态评估与二语口语能力

在第五章，我们探讨了动态实施的得体性判断任务如何在诊断和促进学习者产生的概念知识的发展中发挥作用。本章我们将会看到动态实施的策略性互动场景是如何将概念知识与具体交际活动相结合。这构成了动态评估的不同倾向，即更侧重于帮助学习者应用理论知识（即运用能力），而不是发展理论知识本身。

博内尔（2008: 第八章）指出，动态评估——可视为一种转化发展导向活动——作为对二语口语能力进行评估的一种方式具有独特的地位，符合加尔佩林（1989, 1992）的心理行为形成理论。这是因为动态评估的目的不仅在于评估学习者的任务表现（执行情况），而且在于发现、诊断和干预学习者的语言使用取向（行为计划）以及中介者通过干预对学习者语言运用的掌控情况。博内尔的研究聚焦于二语法语学习者对动词体态概念的使用，以及他们在口头叙述任务中恰当使用过去式的能力。作者阐明了学习者在遇到困难时，如何通过激发他们的言语表达而深入诊断他们的意图倾向（即想要传达的意义）。因此，这就为中介者创造了干预机会，以便在引导过程中为学习者提供支持，并帮助他们在运用过程中掌握过去式。因而，正如博内尔所言，根据人际心理学，任务责任贯彻于心理行为形成的三个阶段。动态评估的目标是帮助学习者在引导、实施和控制功能上承担更多的个人责任，以减少他们对外在中介形式的依赖，即其目的是为了促进他们的发展，而不仅仅是帮助其现场运用。

因此，动态实施的二语口语能力评估与其他在语言运用中提供教学反馈的现行方法形成鲜明的对比。例如，在互动假设传统中以形式为重点的方法（如Gass & Mackey, 2006），其目的是通过教学实践，如修正、提示、用疑问语气重复错误以及元语言反馈等方式纠正学习者在语言运用中的错误。换言之，反馈从一开始就是纠错性的，只针对语言运用（作为学习者潜在的或发展中的中介语系统的证据），即加尔佩林所说的执行功能。这并不是说，像修正和提示这样的教学动作不被纳入二语动态评估步骤——在很多例子中无疑都包含这些举措。不同的是，动态评估并不只是为了纠正语言运用中出现的错误，而是为了理解和培养学习者的引导和管控机能——让学习者参与到转化发展导向的最近发展区活动。这对最近发展区的敏感性尤为重要。尽管任何形式的反馈都有可能有利于发展，但是必须与学习者当前产生的能力相符（Aljaafreh & Lantolf, 1994; Nassaji & Swain, 2000；另见 Lantolf & Thorne, 2006: 276—282）。

阿尔加夫雷和兰托夫（Aljaafreh & Lantolf, 1994）注意到，从最近发展区活动的视角来看，在早期的纠错性反馈研究中，**辅助的渐进式**和**反馈的实时性**是有效支持的重要因素。兰托夫和索恩（Lantolf & Thorne, 2006: 277）将这一观点归纳如下：

> 辅助应该是**分等级的**——无须提供不必要的帮助，因为我们认为过度帮助会降低学生的主动能力。然而，给予最低限度的指导也是必要的，以便初学者能够顺利实施当前行为。与此相关的还有，帮助应**根据**实际需要而定，并且当学习者表现出独立运用的能力时，应同样予以取消。

因此，动态评估的目标不只是为了产出正确的语言形式，而是最大限度地有助于学习者完成手头的任务。至少在很多案例中，这要求引导学习者找出问题所在并在解决问题的过程中给予帮助（Poehner, 2008; Poehner & van Compernolle, 2011; van Compernolle，即将出版）。如下文所示，动态实施的策略性互动场景涉及四个基本过程：（1）识别已出现的问题；（2）找出困难所在；（3）诊断困难的根源；（4）找到解决问题的恰当方法。

动态实施的策略性互动场景

如本章开头所述，迪·彼得罗（1978）认为，策略性互动场景包括三个基本阶段：**预演**阶段，在此阶段学习者可以为该场景思考、规划和演练语言的使用；**运用**阶段，在此阶段学习者可以将其预演进行应用和/或修正，以适应变化的交际情景；**汇报**阶段，在此阶段教师和其他学习者可以对语言运用进行评估并给出反馈。这是一个适合教学语用学的社会文化理论框架的理想口语表现任务，因为这三个阶段与心理行为形成的三个过程（Galperin, 1989, 1992），即引导、实施和控制（另见 Negueruela, 2003），完全吻合。接下来，本人将会在本研究中勾勒出动态实施的策略性互动场景的步骤。

在预演或引导阶段，将会给学习者提供一张场景描述卡，如图 6.1 所示。场景描述卡包括如下相关信息：语境、学习者与对话者（在本研究中由教师担任）的关系、学习者的互动目标以及为了引导学习者运用他们掌握的概念来选择恰当的语用语言形式所设计的三个问题。如果需要，学习者也可以参考概念示意图。在与教师的合作中，学习者以回答问题的方式来规划自己的语用语言运用。重要的是，教师并非将一套预设或理想的恰当语用语言形式强加给学习者，而是引导和帮助学习者达成某个行动计划——以概念为基础——创造出他们想要创造的意义。实际上，如同在得体性判断任务中一样（见第五章），教师在策略性互动场景的预演阶段同样遵循了动态评估式的步骤。这使得不同的学习者对语用语言形式的得体性判断产生可变性，尤其是在常规上语境更为正式的那些场景中，学生可以选择使用 *vous* 来制造与对话者的距离，但同样也可以使用更为非正式的社会风格变体（即用 *on* 取代 *nous*“我们”，在否定中省略 *ne*）来表达一种更为随和、非正式的个性形象。

你最近遇到了一位来自法国的交换生。由于他只来了几周，所以在大学里认识的人不多。你们两个在吃午餐时遇到过几次，似乎相处得还不错。你和你的室友打算周五在你们的住处举办一个聚会，想邀请他来，所以你打电话邀请他。

（1）你认为在这一场景中人与人之间的关系是怎样的？

（2）你认为在这一场景中应该使用何种得体或理想的方式来表现自己？

（3）你所使用的语言如何有助于你在这一场景中表现两人的关系以及你想如何表现自己？

图 6.1　场景描述卡

在运用阶段，教师具有双重身份：其一，按照场景描述，扮演学习者的对话者角色；其二，如果学习者出现了表达问题（即学习者开始偏离预演 / 引导阶段制订的行动计划），则作为中介者实施干预。因此，如范康珀诺勒（即将出版）所述，干预涉及教师地位或角色的变化，即从场景中的对话者转变为教师，这就有效地搁置了任务以解决当前的问题。为了对学习者的最近发展区更为敏感，根据上文讨论的阿尔加夫雷和兰托夫（1994）提出的路线，教师与学习者共同协商中介质量。换言之，教师的帮助应渐进式介入（即提供足够的帮助使学习者能重获控制，而非过度帮助或从一开始就予以纠正），并根据学习者的实时需求而随时介入。回顾一下在二语口语运用语境下有关动态评估的讨论，其目标有二：一是理解困难的根源所在；二是使学习者尽可能承担更多的责任，以解决语言运用的困难。这样一来，控制功能——借用加尔佩林的术语——实际上在学习者和教师之间分配。最终目的是为了帮助学习者发展自己的管控能力，在没有教师帮助的情况下，对自己的语言运用实施控制（参阅或然性概念）。

最后是汇报阶段，在此阶段教师和学习者可以根据执行情况及时对语言运用做出评估。这一阶段没有正规的步骤，而是教师发起一个关于语言运用的开放式讨论。这就给教师提供了一个可以公开评论的机会，讨论在语言运用中观察到的问题，这个机会也让学习者可以向教师提出场景中有关语言运用的任何问题，或者寻求更多的帮助。此外，汇报阶段意在为学习者提供更多的口语练习机会，例如侧重于对学习者具有难度的特定词汇语法结构。因此，汇报阶段又一次为提高对语言运用的管控能力提供了机会。

神经语言学的启示

为动态评估步骤提供的支持——尤其侧重于有意识的学习和对语言运用的管控能力——可在帕拉迪思（Paradis, 2004, 2009）关于双语现象和二语的陈述性和程序性决定因素的神经语言学论述中找到。帕拉迪思（2004: 30）指出，“在习得母语之后再学习第二语言的人，由于为了弥补他们隐性能力上的差距，更加依赖于言语交际的其他因素，即元语言知识和语用知识”。帕拉迪思（2009）认为一个人一旦习得了第一语言之后，学习其他语言就变得越来越困难（就无意中习得隐性语言能力而言）。然而，成人学习者可能会发展所谓的快速（即加速）获取显性元语言知识的能力，在某些情况下，其功能等同于语言使用期间的隐性语言能力（即可以流利而有效地使用第二语言，尽管是受控于陈述系统而非隐性系统）。按照帕拉迪思的说法，反复使用二语甚至可能将某些二语要素习得为隐性能力。

帕拉迪思（2009）认为，一个人掌握的元语言知识可以弥补其隐性二语语言能力上的差距。重要的是，这一模式意指对元语言知识或隐性语言能力的依赖是一个连续体，而非两者之间的交互界面，元语言知识不可能转变成隐性语言能力。这两个系统截然不同，因为它们的运作是由不同的神经元组件控制的，但是二语使用者在交流过程中可以并行依赖两个系统。因此，由于在元语言知识和隐性语言能力之间不存在交互界面，所有二语使用者可以在两者之间切换，尤其是当隐性语言能力的差距需要使用元语言知识弥补时。

在正规（结构化的）教学环境中的成人二语学习者，不可能有一生的时间通过反复接触和使用一种语言（也就是人们习得第一语言的方式）而无意中习得另一门语言（Paradis, 2009: 96）。为了弥补这一点，成人二语学习者更多地依赖于自己的元语言知识和陈述性记忆，其主要包括通过显性教学、提示、推演等方式有意识地学会的那些（不一定准确的）规则、规约和语用学知识，并且他们能够在不同程度上加以控制。从神经生理学的角度而言，将显性的元语言知识转化为隐性的语言能力是不可能的，除非间接地通过重复不断地使用第二语言（Hulstijn, 2007; Paradis, 2009）。换言之，根据帕拉迪思（2009）的观点，只有通过产生于实际二语使用而隐性累积的模式才有可能导致隐性能力的习得。然而，这并不是说，成人二语学习者在学习另外一门语言时永远不可能达到精通甚至接近母语者的水平。事实上，“显性学习可能提高学习者对第二语言的使用效率和管控能力（甚至可能通过反复练习，**间接**内化第二语言的某些要素）”（Paradis, 2009: 8）。正如帕拉迪思在后面的章节所言，虽然所谓的“**正常**语言习得会导致隐性语言能力的产生”（Paradis, 2009: 117），这似乎是由年龄决定的，但是“同样也可以这样学会语言，即通过使用大脑机制而非习得隐性语言能力的机制，能够产生关于语言形式的自觉知识，即元语言知识，其可以被学习者掌握并达到一个很高的水平。控制下的语言使用可以充分加速，以达到被视为与母语者类似的水准”（Paradis, 2009: 117—118）。

在教学语用学的社会文化理论框架下，动态实施的策略性互动场景旨在通过中介者的干预来帮助学习者加速获得有意识的语用知识（即概念和相关形式）。换言之，还没有观点认为隐性习得由中介造成。相反，其目标是为了提高有意识的、可控制的语言运用，或者获得陈述性的语用知识，最终得到足够的提速，以达到与隐性能力相当的功能。图 6.2 展示了对这一过程的启发性描述。

正如在前一节所讨论，在动态实施的策略性互动场景中，对语言运用的控制在教师和学习者之间分配。从帕拉迪思（2009）的观点来考虑，这实质上是关于管控**有意识的**语用知识——概念或意义，以及对概念或意义实例化的语用语言形式。起初，控制的中心主要在教师一方，当学习者遇到困难时，教师通过干预的方式中介学习者的语言行为。然而，有了适当的分等级和依情况而定的支持，控制的轨迹随着时间的推移逐步偏向学习者一方。图 6.2 中的两个弧形箭头表明语言运用从由教师控制向由学习者控制转变（即获得有意识的语用知识）：实际上，随着学习者越来越有能力在语言运用中获取语用知识，教师的支持将会逐步退出。下面我们将会看到，这种转变还表现在语言产出的准确性和速度上，这证明了帕拉迪思关于加速获取有意识的元语言知识的观点。

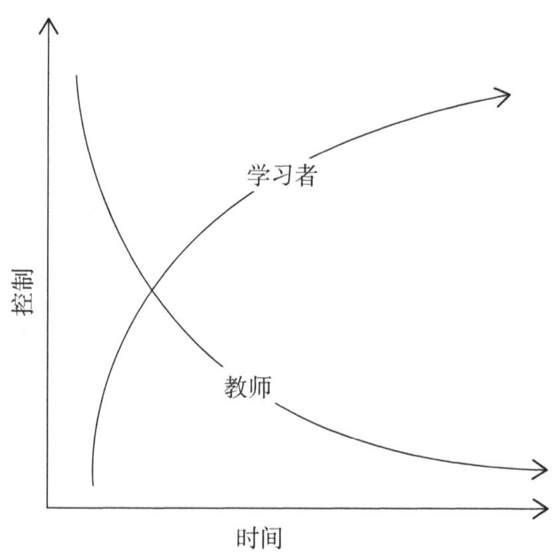

图 6.2　语言运用过程中语用知识获取的控制轨迹

人类中介与受控语言运用的产生

本节关于动态实施的策略性互动场景的摘录展示了教师的干预——或人类中介——是如何帮助学习者控制口语运用中的语用语言形式。人类中介的获取在语言运用能力的发展中起着关键作用，因为这能将对获取有意识的语用知识的控制在教师和学生之间进行有效分配（见上文）。分等级和依情况而定的帮助对学习者的最近发展区十分敏感，并能促使学习者逐渐对自己的语言运用承担更大的责任。因此，发展不仅以独立控制能力的产生为标志，而且——重要的是——以语言运用过程中所需帮助的质和量的变化为标志。

诊断学习者困难与支持自主能力生成

下文的分析主要围绕玛丽在言语生成过程中如何发展其对缺省 *ne* 的否定结构的掌控能力这一案例分析。该案例分析阐明了与教师的合作互动如何帮助玛丽将缺省 *ne* 的结构融入自己的语言生成能力中，以及如何提高自己对语言运用的掌控能力。

在第 3 周，玛丽和教师将会扮演即将成为室友的角色，并就找到的四套公寓的利弊进行辩论。在这个非正式的场景中，玛丽选择使用 *tu*、*on* 和缺省 *ne* 的否定。虽然玛丽在前一阶段已经学过 *ne* 可以省略（即概念的引入和本研究中的第二个得体性判断任务），但这是她第一次有机会在即兴言语产出中省略否定小品词。摘录 6.2 展示了玛丽产出的第一个否定语句（第 6 行），其中包含了 *ne*，因此，这偏离了她打算省略的计划，也为中介发展提供了机会。（玛丽的否定语句用粗体标出。）

摘录 6.2

1 玛丽：　+ um. cet + ce + cet appartement est
　　　　　嗯　这个这个这个公寓是

2 玛丽： + um + le plus loin. =
嗯 是最远的
3 教师： = 啊 . =
4 玛丽： =de campus.
离校园
5 教师： donc euh + on peut pas marcher ¿
所以呃 我们不能步行
6 玛丽： um ah non. **on ne peut pas** marcher.
嗯啊不是 我们无法步行
7 教师： 等一等– 你是想说 on ne peut pas,
我们无法
8 + 你想说什么 .
9 玛丽： 哦 . + 嗯（5. 5）我想我要–
10 我只是说我们不能步行之类的 . =
11 教师： = 好吧， =
12 玛丽： = 到那里¿
13 教师： 所以你–所以考虑这个， + 考虑一下，
14 + 你刚才说了什么，
15 玛丽： OH. **on ne pouvons pas**.
哦 我们无法
16 教师： 嗯，
17 玛丽： +++ 哦 . + **ON** + **peut pas**. =
哦 我们不能
18 教师： = 啊 . 就是这样 . + 对了， + **on peut pas**.
我们不能
19 玛丽： **on peut pas**.
我们不能
20 教师： on peut pas.
我们不能
21 玛丽： 好的 . 所以 **on peut pas** + uh marcher.
我们不能 呃 步行
22 + mais il y a un + 公交车站怎么说¿

但是这里有一个

23 教师：un arrête de [bus ¿

一个公交车站

24 玛丽： [un arrête de bus.

一个公交车站

玛丽的第一个否定语句出现在第 6 行。此处，她通过重复教师话语的类似结构，回应教师的语句 *on peut pas marcher* ¿ “我们不能步行¿”（第 5 行），但存在两方面的差异。一是，这是为了回答问题，用句末降调表示（比较教师的句末升调）。二是，她使用了 *ne*，而教师没有。尽管很明显玛丽已经理解了教师的问题，证据是她认为前述语句是一个疑问句，并且给出了恰当的回答，但是她在回答时使用了 *ne*，偏离了她在场景演练阶段已经明确指出要省略 *ne* 的计划。[1]

被中介的学习机会开始出现在第 7 行。教师打断了玛丽（“等一等”），然后问她是否想说 *on ne peut pas*，并稍稍提高句末语调，提示她的语句可能存在问题。短暂停顿之后（第 8 行），教师将问题重新表述为“你想说什么”。作为回应玛丽解释了“什么”（即内容）是她想说的（第 9—12 行），这表明她还没有注意到她使用了 *ne*，而只是注意回答教师的问题，这表明她所回答的内容存在问题。随后，教师以要求澄清的形式（“你刚才说了什么”；第 14 行）提示玛丽思考一下她所说的话。此时，玛丽意识到了她的语言形式存在问题（第 15 行）：她用了一个状态变化小品词（“哦”），然后通过改变动词词尾重新表述自己的话语，从而产生了不合语法的结构 *on ne *pouvons pas*。之所以不合语法，是因为她将动词的第一人称复数形式与代词的第三人称单数形式混用。[2]接着在第 16 行，教师通过简单的一声“嗯”，配以轻微的声调，再次暗示存在一个有关形式的问题，最终引导玛丽说出了目标形式：*on peut pas*（第 17 行）。毫无疑问，玛丽明白了问题出在哪里，因为她再次使用了小品词“哦”——表明她已经意识到了什么——然后重点强调了 *on*，在之前用 *ne* 的地方稍稍停顿一下，接着说了 *peut pas*。在第 18 行，教师肯定了这一结构的正确性，并重复了这个短语，以提示玛丽效仿。

这一互动十分重要，因为这是玛丽发展对法语动词否定用法掌控能力的第一个机会。值得注意的是，在此摘录中，教师提供的帮助具有策略性而非指令性：这促使玛丽不断尝试去解决问题（即内容 > 动词形态 >*ne*）。玛丽最终生成的恰当形式并不应只归功于玛丽自己，还应归功于她和教师之间的合作式互动[3]（即人际心理作用）。换言之，提供给玛丽的帮助刚好合适，以便让她在解决问题的过程中承担大部分责任。

摘录 6.3 表明，玛丽根据以上经过中介的学习机会，对使用带 *ne* 和不带 *ne* 的掌控能力开始逐步增强。下列对话发生在玛丽第二次使用动词否定时（在第一次使用否定结构后不到两分钟）。教师作为未来室友的角色，建议找第三位室友同住一个公寓（第 1—3 行），但玛丽似乎有些犹豫（第 3 行），于是教师通过问她是否不喜欢这个主意进行引导（第 4 行）。然后，在第 5 行，玛丽开始回应道 *je ne suis pas*“我不是”，其中包含否定助词 *ne*。

摘录 6.3

1 **教师：** mais tu sais, + il y a trois chambres. on pourrait peut-être
但是你知道这里有三个房间我们也许可能

2 trouver une autre personne. + pour partager le loyer.
再找一个人分担房租

3 **玛丽：** oui. um.
对　嗯

4 **教师：** tu veux pas ¿ ou=
你不想　还是

5 **玛丽：** =um ++ **je ne suis pas** + umm
嗯　我不是　嗯

6 **教师：** 嗯¿（（眉毛上扬））

7 **玛丽：** ++（（点头））**je suis pas** 嗯　我不–我不 + 反对?

我不　嗯

8 教师： contre ¿
反对
我不

9 玛丽： **je suis pas** contre, + um trouver + uh
我不反对　嗯找　呃

10　un autre camarade de chambre,
另一个室友

11　mais ++ **je sais pas**. + uh quelqu' un.
但是我不认识呃任何人啊

在玛丽与教师进行眼神交流的时候，她对教师“嗯 ¿”的回应，以及教师同时皱起的眉头，表明她逐步形成了对这一变体的掌控能力（第 6 行）。玛丽停顿了片刻，然后点了一下头，仿佛是说“对了”或者“噢，是的”，接着用一个不带 *ne* 的结构重新组织了语句。

与摘录 6.2（上文）的互动不同，此处玛丽立刻意识到 *ne* 的存在是问题的根源。尽管教师仍然需要提示有问题存在，但是玛丽表现出了越来越强的自我调控能力。更重要的是，玛丽在得到单词 *contre*“反对”这个词汇上的帮助之后（第 7—8 行），她做出了的完整回答（第 9—11 行），其中包括对 *je suis pas*“我不”的重复（第 9 行），以及一个不含 *ne* 的新的否定结构 *je sais pas*“我不认识”（第 11 行）。在这种情况下，尽管她选择的动词不恰当（应该使用动词 *connaître*“知道 / 熟悉”），但是这个例子证明玛丽在即兴发言中越来越能掌控使用 / 省略 *ne*。另外，在该场景的后续部分，玛丽又使用了六个不带 *ne* 的否定结构，没有出现一个带 *ne* 的例子。在接下来的正式场景中，玛丽打算使用 *ne*，在两次使用否定表达时，她毫不犹豫地使用了 *ne*，这进一步证明她逐步发展了对这一变体用法的掌控能力。换言之，这些数据说明玛丽已经生成了对 *ne* 的使用和省略的掌控能力。

两周以后（第 5 周）发生的场景显示玛丽继续保持了使用和省略 *ne*

的能力，但在情况变得复杂的时候，她依然失去了控制。在非正式场景中，玛丽只说了一个省略 *ne* 的否定语句，然而在更为正式的场景中（安排在办公时间与教授见面），玛丽表现出一些变化。她原打算省略 *ne*；然而，她两次都使用了含 *ne* 的结构。摘录 6.4 展示的是第一个例子。

摘录 6.4

1 教师：oui ¿
　　　是¿
2 玛丽：j' ai des questions um. ++ uh pour + l' ex- l' examen ¿
　　　我有一些问题　嗯 有关考试
3 教师：ah d' accord. d' accord. euh ++ bon j' ai pas beaucoup de temps
　　　啊　好的　好的　呃对了　我的时间不多
4　　　+ maintenant, euh + mais euh est-ce que vous pouvez revenir
　　　现在　呃 但是　呃 你能下次再来吗
5　　　peut-être euh + aujourd' hui à deux heures ¿ + parce que j' ai
　　　也许　呃 今天两点　因为我有
6　　　mes heures de permanence de deux heures à trois heures.
　　　我的办公时间是两点到三点
7 玛丽：(4. 5)((再次默读场景描述))
8　　　um + **je ne suis pas–** + er **je suis pas** + libre ¿
　　　嗯　我没　呃 我没空

玛丽和教师正试图安排一个符合两人各自时间表的见面（在场景描述中已说明）。教师解释说，当天下午两点到三点是他的办公时间（第 3—6 行）。玛丽转向场景描述卡，重新阅读了其中的一部分（很可能是她的时间安排）（第 7 行），然后，她回答时告诉教师她在那段时间没空（第 8 行）。玛丽的第一个否定表达包含 *ne*（即 *je ne suis pas–*）；然而，她停下纠正自己，说出了这样的一个结构 *je suis pas + libre* ¿“我没空”。尽管她最初使用了 *ne*，但是这个例子的确证明玛丽能够对自己的语言运用进行自我调节，或者至少能够意识到何时偏离了原计划的用法，并且及时修复该问题。

然而，下一个例子说明了玛丽的独立控制能力在何处开始动摇。在该互动片段之前的几行中，玛丽已经表现出难以记住自己的时间安排和场景描述卡上提供的其他信息条目（另见摘录 6.4）。在下面摘录 6.5 的第 2 行中，当她在回答教师第 1 行中的问题时，她在看自己的角色描述。

摘录 6.5

1 教师：est-ce que vous pouvez venir me voir euh =
　　你能来见我吗　呃
2 玛丽：=ah oui. oui. + **je n' ai pas** de + classe. +++
　　啊　好的　好的　我没有课
3　je suis libre + tout（（看着场景描述））
　　我都有空
4 教师：嗯哼，+ 回到上一句，
5 玛丽：++ oh. **j' ai pas** + de classe.
　　哦　我没课
6 教师：所以 j' ai pas de classe. 重复一遍，
　　我没课
7 玛丽：**j' ai pas** de classe. =
　　我没课
8 教师：= j' ai pas de classe.
　　我没课
9 玛丽：嗯 je suis libre + 嗯 tout le jour.
　　嗯　我一整天　嗯 都有空

在这轮对话中，玛丽明显出现了多次停顿，表明她在第 2 行难于给予回答。然而，这可能不是一个语言问题，而是一个与认知超负荷或注意力分散有关的问题：她求助于场景描述，作为记起时间安排的手段，因为这是她要回答的内容。

结果，当她说出 *je n' ai pas de + classe.* “我没有课”（第 2 行），即一

个带有 *ne* 的结构时，她暂时失去了对使用 / 省略 *ne* 的控制。在接下来的长时间停顿中，通过视频我们可以看到教师皱起眉头看着玛丽，以提示她关注这一点。然而，玛丽继续借助场景描述完成了自己的表述，此时，教师实施了语言干预（第 4 行）。显然，玛丽无须得到教师很多帮助，教师只需要说“嗯哼，+ 回到上一句，”（第 4 行）。玛丽稍稍犹豫了一下（比较第 5 行的停顿），但后来认识到问题出在哪里，并修正了自己的话语。因此，这段摘录说明了玛丽对变体的控制程度：虽然她能够始终如一地省略 *ne*（如在其他场景中表现的那样），但是这种控制随着与任务本身相关的认知要求的增加而受挫，这时，她又回到了能力范围内更习惯的表达形式（即在此例中带 *ne* 的否定）。这一发现与帕拉迪思（2009）关于成人二语习得的程序性和陈述性决定因素理论高度一致，因为玛丽在语言运用时严重依赖于自己的陈述性记忆能力（如记住要省略 *ne*），当其他认知要求出现时，玛丽又重新回到以前学过、更为习惯的形式（另见 Tarone, 1988; van Compernolle & Williams, 2012b）。

学习者对语言运用困难的意识

动态实施的策略性互动场景对学习者产生的另一个结果是学习者对自身语言运用困难的意识。这也许并不出乎意料，因为动态评估是通过中介语言运用中涉及的导向和控制过程，来支持语言运用能力或执行功能的发展（Poehner, 2008）。这同样也符合帕拉迪思（2009）的观点，即成人二语学习者严重依赖陈述性记忆系统：二语运用能力发展的显著特征是，语言学习者能够更快获取、更系统或更准确地运用自己所使用的意识知识。在社会文化理论框架中，一方面，我们希望找到有意识的语用学知识证据，另一方面，也希望在语言运用过程中找到使用能力的证据。不仅如此，我们还希望找到形成二者统一的证据。由于知识和运用能力的统一可能主要是内在的，因此无法从外部获取，只有当学习者的语言运用出现问题时，证据才可能显现出来——例如，当学习者生成了一个不恰当的语用语言形式时。这一点在摘录6.6中很明显，苏珊的语言运用（即第二人称代词的使用）与她在本研究的最终策略性互动场景中的取向并不一致。

摘录 6.6

1 教师：ah bonjour Susan. comment allez-vous.
　　　哦　好啊　苏珊　您［*vous*］还好吗
2 苏珊：ehh + pas mal. **et toi¿**
　　　还不错　你呢［*tu*］
3 教师：（（皱起眉头看着苏珊））
4 苏珊：mm et vous.（（语气低沉严肃））
　　　嗯　您呢［*vous*］
5 双方：（（笑了））
6 苏珊：天哪.
7 教师：哈哈，（（笑））
8 苏珊：哈哈哈.
9 教师：（（笑））donc. + moi ça va, merci.（（场景继续展开））
　　　　　那么　我也很好　谢谢

教师扮演的是法国蒙彼利埃市的一位勤工助学项目主任，在询问苏珊近况如何时，问句中使用了 *vous* 的形式（第1行）。在回答时，苏珊使用了附加疑问 *et toi¿*（第2行），这不仅与教师之前使用的 *vous* 不协调，而且偏离了苏珊自己的场景取向。根据教师看她的眼神和皱起的眉头（第3行），苏珊意识到已偏离了之前所陈述的计划，并改正了自己的回答，说话时语气低沉严肃。这次她在附加疑问句中使用了 *vous* 形式（第4行）。在扮演结束后的汇报总结中，苏珊随即对该例子进行了说明。

摘录 6.7

1 苏珊：好吧，所以我--开始就犯错了.我太喜欢说 *et toi¿*了（（笑））
2 教师：哈哈（（笑））你没有得到这份工作.
3 苏珊：糟了.嗯　也许你太习惯了就像钉在了你的脑袋里.

4　　　就像 *ça va* ¿ *ça va bien. et toi* ¿（（"你好吗¿""很好""你呢¿"））
5 **教师**：嗯哼
6 **苏珊**：所以就像是这不是 + 我没经思考，
7　　　那只是出于习惯 . 它就 + 脱口而出了 .
8 **教师**：是的 .
9 **苏珊**：所以这就是 + 我必须思考的东西 .
10　　　［…］我太太太习惯于说 *et toi* ¿了（xxx）
11　　　我一直习惯于这样说 .

苏珊解释了为什么自己使用了 *tu* 形式，而不是 *vous* 形式，这是因为在她之前学习法语的经历中，附加疑问形式 *et toi* ¿比其替代形式 *vous* 出现得频繁得多，尤其是在问候语序列中。因此，虽然较陌生的（即自主性更低的）序列也许会为意识所控制，但有证据显示，即使概念知识有所增长，其他序列仍然更具习惯性。然而，苏珊逐渐意识到，某些序列在自己的话语中可能已习以为常，这就向话语的控制能力又迈进了一步。

在本研究项目的第 5 周，里昂在汇报总结一个非正式的策略性互动场景期间（摘录 6.8），对能够相对轻松地管控不同的语用语言形式进行了相似的评论。在语言运用过程中，他不仅成功做到了前后一致地使用 *tu*，而且还从动词的否定结构中系统地省略了 *ne*。然而，他在第一次尝试使用第一人称复数代词时，他的语言运用出现了问题——他使用了 *nous*，而不是之前计划使用的 *on*。

摘录 6.8

1 **教师**：那么 .++ 你怎么看 .
2 **里昂**：呃 + 我想，我也不知道 . *tu* 又出来了 . 我很容易就用上了
3 **教师**：啊哈
4 **里昂**：甚至我认为 *pas* 也一样好像慢慢开始
5　　　可能轻易脱口而出 .
6 **教师**：嗯哼
7 **里昂**：但又如 *on* 和 *nous* 相对，仍然像是–

8　　*nous* 好像仍然在我脑袋里根深蒂固.

里昂对自己语言运用困难的意识——实际上是准确的自我评估——与他不断发展对自己语言运用的掌控能力相关。掌控需要意识介入，并对自己正在做的事情（执行）以及为什么要做这件事情（取向）有所认识。正如我们在里昂的汇报总结中所见，他意识到 *on* 更难掌控，因为 *nous* 是更为“根深蒂固”的惯用形式。因此，就像苏珊使用附加疑问 *et toi*¿一样，里昂出现的运用问题是因为他又再次采取了一个更为惯用的形式，而他对这一事实的意识，表明他对自己有意识的语用知识和实际语言运用之间的联系的掌控能力不断加强。值得注意的是，在里昂使用 *nous* 出现失当之后，其语言运用再一次受到了教师的中介引导。随后，在没有帮助的情况下，里昂继续生成了变体 *on* 的另外三种表现形式，这表明当将里昂的注意力转向其运用困难时，他实际上是能够控制自己的语言运用的。

取向、执行和控制

前一节集中讨论了人类中介的性质（即教师的帮助），以及在动态实施的策略性互动场景中产生的语用语言运用控制能力。本节将对学习者的总体能力，以及取向功能、执行功能和控制功能之间的关系进行概述。

场景取向功能

这里提示一下读者，参与者已与教师一起讨论了如何对场景中所描述的对话者之间的关系进行理解，即在场景中自我呈现的一种理想方式，以及在策略性互动场景的演练阶段如何通过语言加以展示 / 实现。简言之，演练阶段旨在让参与者为其社会语用和社会语言变体的使用制订行动计划。表 6.1 呈现了本研究项目中所使用的每个场景的简要语境描述。表 6.2 和 6.3 提供了每位参与者针对非正式和正式场景所规划的语言运用（即取向）情况。

表 6.1　场景简要描述

周次	正式度	语境
第 1 周	非正式	邀请一位新认识的朋友（同辈）参加聚会
	正式	在办公时间与一位教授见面
第 3 周	非正式	与室友讨论几间新公寓的利弊
	正式	给一家法国旅行社打电话
第 5 周	非正式	与朋友一起讨论吃午餐的地点
	正式	在办公时间与一位教授见面
第 6 周	非正式	邀请一位新朋友（同辈）吃饭
	正式	电话面试

表 6.2　非正式场景中的规划语言运用

	第 1 周			第 3 周			第 5 周			第 6 周		
	T/V	*O/N*	*Ne*	*T/V*	*O/N*	*Ne*	*T/V*	*O/N*	*Ne*	*T/V*	*O/N*	*Ne*
妮基	T	?	?	T	O	–	T	O	–	T	O	–
苏珊	T	?	?	T	O	–	T	O	–	T	O	–
里昂	T	?	?	T	O	–	T	O	–	T	O	–
皮埃尔	T	?	?	T	O	–	T	O	–	T	O	–
玛丽	T	?	?	T	O	–	T	O	–	T	O	–
斯蒂芬妮	T	?	?	T	O	–	T	O	–	T	O	–
劳里	T	?	?	T	O	–	T	O	–	T	O	–
康拉德	T	?	?	T	O	–	T	O	–	T	O	–

注：T, *tu*；V, *vous*；O, *on*；N, *nous*；–, *ne* 省略；+, *ne* 出现；?, 无回应。

表 6.3　正式场景中的规划语言表现

	第 1 周			第 3 周			第 5 周			第 6 周		
	T/V	*O/N*	*Ne*	*T/V*	*O/N*	*Ne*	*T/V*	*O/N*	*Ne*	*T/V*	*O/N*	*Ne*
妮基	V	?	?	V	O	–	V	O	–	V	N	+
苏珊	V	?	?	V	O	–	V	O	–	V	N	+
里昂	V	?	?	V	O	–	V	O	–	V	N	+
皮埃尔	V	?	?	V	N	+	V	O	–	V	N	+
玛丽	V	?	?	V	N	+	V	O	–	V	N	+

续表

斯蒂芬妮	V	?	?	V	O	−	V	O	−	V	O	−
劳里	V	?	?	V	N	+	V	N	+	V	N	+
康拉德	V	?	?	V	N	+	V	O	−	V	N	+

注：T, *tu*；V, *vous*；O, *on*；N, *nous*；−, *ne* 省略；+, *ne* 出现；?, 无回应。

上述数据表明，在所有的策略性互动中，包括在强化项目开始（第 1 周）之前，参与者们一致认为，*tu* 适用于非正式场景，而 *vous* 适用于正式场景。在第 1 周期间，没有一位参与者倾向于使用代词 *on* 和 *nous*，或者动词否定。由于缺乏对此类变体的意识，出现这种情况并不意外，这一点在以上前强化阶段的语言意识访谈和得体性判断问卷分析中已经得到证明。然而，从第 3 周开始（在基于概念材料介绍之后的第一对场景），所有的参与者都认为，在非正式场景中使用 *on* 和省略 *ne* 是恰当的，而在正式场景中被证明较为有些模棱两可。例如，关于风格的得体性问题，在第 3 周（给一家法国旅行社打电话预定旅馆），参与者被均分为两大阵营；而在第 5 周（在办公时间与一位教授见面），参与者压倒性地认为至少略显非正式；在第 6 周（勤工助学项目的电话面试），大家压倒性地认为是正式的。

造成这种差异性的原因有很多，但本质上都与参与者对场景的理解有关，包括对话者之间的关系性质、参与的活动类型，以及在此类场景中呈现自己的方式。例如，里昂解释说，在第 3 周（给一家旅行社打电话）使用非正式变体是得体的，因为在这一场景中他自在地将自己呈现为“有点轻松随便的人”，但同时通过使用 *vous* 来维持一定的社会距离。

摘录 6.9

1 里昂：那么至于其他几个.((*on*/*nous*, *ne*))

2　　　我不-我不知道-我认为没有

3　　+很大的必要显得+过于正式．并且使用 *ne*,=
4 **教师**：=那么你想–那么你想怎样表现呢．
5 **里昂**：嗯+我想　呃　就像．你知道．=是–是–
6　　一个+很友好+那种有点轻松．随便的人．
7　　在打电话．我不知道．
8 **教师**：好的．

相比之下，玛丽决定使用更为正式的变体，因为她认为在这种情况下，**T 恤牛仔式**风格的自我表征可能带来负面影响，也就是，因为她可能会被人认为很幼稚而受误导。

摘录 6.10

1 **教师**：你想表现为 T 恤牛仔式的风格¿还是西装领带式的风格．
2 **玛丽**：+嗯++那　我认为我不想被人
3　　看成是那种容易被误导的人+像是+
4　　我不想听起来　嗯　很幼稚，
5 **教师**：好的，
6 **玛丽**：由于听起来太随便，+或者太年轻，+或者太+
7 **教师**：好的．

在第 5 周，劳里认为更正式的变体是最恰当的，而且是唯一持此观点的参与者。其他人则认为，在办公时间的会面是一种更为随意的场景，尽管距离和权力因素与使用 *vous* 的称呼形式相关。正如劳里所解释：

摘录 6.11

1 **劳里**：((阅读场景描述))嗯+与教授见面
2　　我想–这是一种西装领带式的情景¿=我想
3　　表现为西装领带式的情景¿
4 **教师**：好的
5 **劳里**：嗯+为了表示尊重+而且只是+嗯　是的．
6 **教师**：好的．

7 劳里：所以我会使用 *vous*, *ne pas*，还有 + *nous*. 我想 .
8 教师：好的 .

因此，劳里的取向反映了她对办公时间见面这一情景的理解，她更喜欢展现出**西装领带式**的风格（即更正式的风格）。

如上所述，除了斯蒂芬妮以外，所有的参与者都认为第 6 周（求职面试）是正式场景。她解释道，虽然在创造社会距离时使用 *vous* 当然是得体的，但她想选择更为非正式的风格变体 *on* 和不带 *ne* 的否定，这样，觉得听起来会更受欢迎，也是她自己性格的重要特征。在她看来，这是应招这一工作岗位（即餐馆服务生或酒店前台接待员）所需要的品质。

摘录 6.12

1 斯蒂芬妮：我不–因为同时我想表现
2 　　　　　我的性格¿ = 因为像是　这是一个 + 这是一个项目 +
3 　　　　　就像是一位女服务员和一位或一位前台人员¿
4 　　　　　所以你需要看起来 + 受人欢迎些¿
5 教　　师：好的 .
6 斯蒂芬妮：所以我不想–我不一定会用
7 　　　　　*nous* 和 *ne pas*. = 因为那好像 + 太生硬 .
8 　　　　　对我来说像 . 如果我扮演 +（ ××× ）这个角色 . 我
9 　　　　　不想这样 + 我想表现出
10 　　　　 我更为放松，我不是 + 那种自命不凡或者诸如此类的 .
11 　　　　 所以也许–所以我也许会使用 *on* 和 *pas*.
12 教　　师：好的 . + 所以使用 *vous* 表示这种 + 关系 .［距离］
13 斯蒂芬妮：　　　　　　　　　　　　　　　　　　　［嗯哼］
14 　　　　 然后 *on* 和 *pas* 是用来表现 + 我的性格 .
15 　　　　 我想 .
16 教　　师：好的 .

因此，理解话语的得体程度的差异，反映了每一个体在互动中希望生成意义的独特视角。所以，虽然某些选择也许违反了常规的使用方式，但是参与者是根据自己对语用语言变体的意义潜势的真实理解来做出决定的。接下来，我们将探讨在多大程度上这些取向得到成功执行与控制。

取向执行

关于语言运用的分组调查结果（即取向执行）呈现如下。该数据简要显示了小组在这段时间内的进展情况。总之，结果表明，学习者逐渐形成了根据语境取向对非正式和正式语言变体运用的控制能力。最主要的是，数据表明使用常规的非正式社会风格变体（即 *on*“我们”和不带 *ne* 的否定）呈上升趋势，这与以上所呈现的学习者场景取向相一致。

为了记录学习者在场景中使用的每个语言变体所出现的次数，作者使用了以下方法：

（1）学习者使用的 *tu* 和 *vous* 均进行了形态标记，并可在语料库中识别。这些包括（见 Kinginger, 2008; van Compernolle *et al.*，2011）：

① 主格代词

示例：*si* ***tu*** *veux venir*“如果你想来……”；*qu'est-ce que* ***vous*** *avez dit*¿“你说什么¿”。

② 直接 / 间接宾格代词

示例：*je voulais* ***t'****inviter à notre fête*“我想邀请你来参加我们的聚会”；*j'ai besoin de* ***vous*** *parler*“我得跟你谈谈”。

③ 强读式用于

附加疑问句

示例：*et* ***toi***¿“你呢¿”；*et* ***vous***¿“您呢¿”。

双主语 / 主语错位

示例：***toi*** *tu préfères celui-là*¿“你你更喜欢那一个¿”；*vous voulez voyager ensemble* ***vous*** *et votre amie*¿“你想与你和你的朋友一起旅游¿”。

介词短语

示例：*c'est un ami* ***à toi*** ¿ "这是你的一个朋友吗¿"；***chez vous*** ¿ "（在）你那儿¿"。

④ 限定词短语

示例：***ton/votre*** *ami* "你 / 您的朋友"。

⑤ 祈使动词形式

示例：***regarde*** *celui-ci* "看-［*tu*］这个"；***revenez*** *me voir demain après-midi* "明天下午回来-［*vous*］看我"。

（2）　代词 *on* 和 *nous* 的所有实例都经由语料库识别。然而，只有第一人称复数的主格代词指称（即这些标记中两个代词实际上是可变量，见 van Compernolle, 2008b）出现在分析中。也就是说，标记为宾格代词、强读代词或是用于介词短语中的 *nous* 不纳入分析范围，*on* 也如此，因为 *on* 的标记具有不确定的第三人称指称对象（即等同于英语中的 *one*）。

（3）　所有否定实例都经由语料库识别。然而，只有动词否定（即动词短语否定）才会在这里得以考虑，因为只有在这一语境中，*ne* 才会有出现或省略的变化（见 van Compernolle, 2008a）。换言之，省略否定标记（即不包含动词短语的否定话语，如 *pas vraiment* "不一定"）不出现在分析中。

因为场景是动态实施的，最终分析中排除了学习者产出的一定数量的有趣标记。如教师在提供帮助的过程中，经常会提供话语样式供学习者复述。学习者根据研究者模型，产出的复述标记不包含在下列数据中。因此，只有那些在执行本场景期间所产生的标记才被纳入最终分析之中，排除了插入的教学话语序列，即学习者在指导下复述教师提供的短语样式（关于动态实施的策略性互动场景中的中介序列概念，见 van Compernolle，即将出版）。

表 6.4 提供了得体使用 *tu*/*vous* 的总体数据。此处所用术语"得体"是指非正式场景中 *tu* 的使用，以及正式场景中 *vous* 的使用。由于在这期间，按照使用哪个代词的意见，把达成一致的参与者进行归类，得体性判

断才成为可能，这在参与者规划的语言运用中得到了证明（见上文）。同样值得注意的是，参与者在预演阶段的得体性判断恰好与欧洲法语的社会语言规约完全吻合。

表 6.4　场景中得体使用 *tu/vous* 的分组结果

	非正式的（*T*）		正式的（*V*）		综合	
周次	*n*	%	*n*	%	*n*	%
第 1 周	66/72	91.7	16/21	76.2	82/93	88.2
第 3 周	25/25	100.0	22/28	78.6	47/53	88.7
第 5 周	21/21	100.0	17/18	94.4	38/39	97.4
第 6 周	53/53	100.0	10/12	83.3	63/65	96.9

如上述数据所示，在第 1 周，参与者要做到一贯使用恰当的代词表现出了一定的困难，出现了几处 *tu/vous* 混用的例子。然而，随着强化项目的开始，参与者逐渐形成了在非正式场景中使用 *tu* 的一致意见。但是，事实证明，在更为正式的场景中使用 *vous* 较为困难。虽然数据显示，在强化项目开始之后逐渐趋于稳定，但仍出现了许多 *tu* 形式的不当用法。不当使用 *tu* 形式在第 5 周有一次，第 6 周有两次，均出现在附加疑问 *et toi* ¿ “你呢¿” 中，由此可见，在 *vous* 的恰当使用方面已达成高度一致。最近的语料库驱动研究（van Compernolle *et al.*, 2011）表明，某些超词结构，如附加疑问，也许是通过死记硬背而成为（半）自主序列，这一观点与本研究结果一致。实际上，许多参与者注意到，附加疑问 *et toi* ¿ “你呢¿” 更多是脱口而出，即便他们知道另一选择 *et vous* ¿ “您呢¿” 是恰当的。

表 6.5 提供了 *on* 与 *nous* “我们” 使用差异的分组数据。观察频率（*n*）和百分比（%）是指使用 *on* 的标记次数与语境数量之间的比例，在该类语境中 *on* 或 *nous* 皆可用于指代第一人称复数。表 6.6 展示了在动词否定中省略 *ne* 的分组数据。观察频率和百分比是指 *ne* 在否定中的省略次数与语境数量之间的比例，在该类语境中可能出现或省略 *ne*（即否定动词短

语）。值得注意的是，8 名参与者都表示，在第 3 周、第 5 周和第 6 周中，非正式变体适用于非正式场景，然而，就正式情境而言，得体性判断则出现了变化：在第 3 周，参与者对正式与非正式变体的判断均分为两派，在第 5 周压倒性地判断为更为非正式的，而在第 6 周则更偏向是正式的（见上文的情境取向分析）。

表 6.5 在场景中使用 *on* 的分组结果

周次	非正式的		正式的		综合	
	n	%	*n*	%	*n*	%
第 1 周	0/17	0	0/19	0	0/36	0
第 3 周	35/39	89.7	19/48	39.6	54/87	62.1
第 5 周	15/16	93.8	3/4	75.0	18/20	90.0
第 6 周	18/23	78.3	1/8	12.5	19/31	61.3

表 6.6 在场景中省略 *ne* 的分组结果

周次	非正式的		正式的		综合	
	n	%	*n*	%	*n*	%
第 1 周	1/8	11.1	0/13	0	1/21	4.8
第 3 周	34/35	75.6	6/18	33.3	40/63	63.5
第 5 周	23/30	76.7	10/16	62.5	33/46	71.7
第 6 周	10/14	71.4	2/15	13.3	12/29	41.4

非正式场景的结果显示，从第 3 周开始语言运用出现了一个戏剧性转变，学习者在绝大多数 *on* 或 *nous* 都可使用的语境中使用了 *on*，并且 *ne* 在否定动词短语中省略的几率非常高。这一趋势一直持续到本研究的余下部分，如在第 5 周和第 6 周可以看出 *on* 的高使用率和 *ne* 的高省略率。尽管如此，这其中仍然存在一些差异——在所有的周次中，即使是规划的语言运用，至少存在一例 *nous* 和带 *ne* 的使用。这说明学习者对非正式变体使用的掌控能力在不断增强，而作为固定形式所教授的那些更正式、更标准的变体形式很可能仍然成为学习者的习惯用法（另见

van Compernolle & Williams, 2011a, 2011b），这就需要在场景运用中进行中介。

在正式情境中，*on* 标记和 *ne* 省略的总数也呈逐渐增加的趋势。虽然下文将会详细讨论各个体的结果，但是由于对更为正式场景的取向存在差异，导致参与者中出现不同的得体性语言运用（即与规划语言运用相一致），因此，有必要在这里梳理一下其中的几种模式。如上文所述，参与者在第 3 周就得体性判断平均分成了两派：妮基、苏珊、里昂和斯蒂芬妮选择使用更为非正式的变体，而皮埃尔、玛丽、劳里和康拉德则认为使用更为正式的变体更合适。皮埃尔、玛丽、劳里和康拉德一致使用了更为正式的 *nous*（*n*=26/26; 100%）和 *ne...pas*（*n*=11/11; 100%）。这种一致性不足为奇，因为这些更为正式、标准的变体是学习者最为熟悉的。然而，妮基、苏珊、里昂和斯蒂芬妮在使用非正式变体 *on*（*n*=19/22; 86. 4%）和 Ø... *pas*（*n*=6/7; 85. 7%）时，同样表现出很高的一致性。综合非正式场景的结果表明，即便只进行了一周时间的强化，学习者也已经能够控制正式和非正式语言变体的使用。第 5 周使用的非正式变体和第 6 周使用的正式变体均具相当的一致性，且第 5 周和第 6 周分别被压倒性地判断为更为非正式和更为正式，这支持了上述结论。

执行功能控制

如上文提供的数据所示，学习者逐渐将非正式的社会风格变体融入到自己的话语中，并且展现出了对自己的语言运用更强的控制能力。在动态实施的策略性互动场景中提供的帮助，有助于学习者执行自己的场景取向——将自己的行动计划付诸实施，并控制（即监测和评估）与自己取向相关的语言运用。

图 6.3、6. 4 和 6.5 分别显示了非正式场景、正式场景，以及非正式和正式混合场景的控制分值。控制分值表示学习者的语言运用与其取向的一致程度，简单比率算法如下：

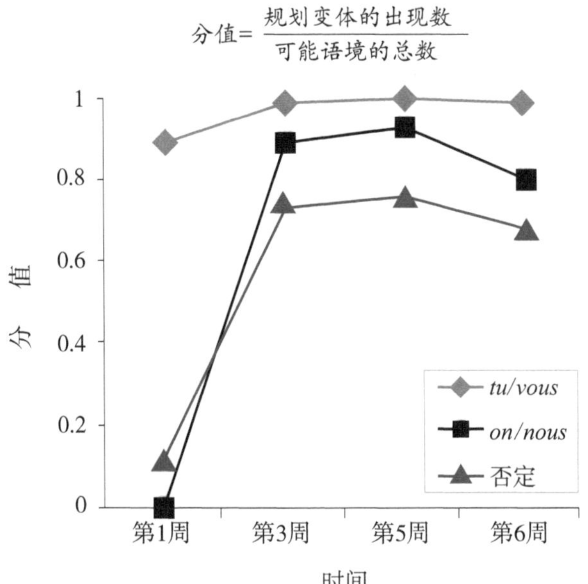

图 6.3　非正式场景的控制分值

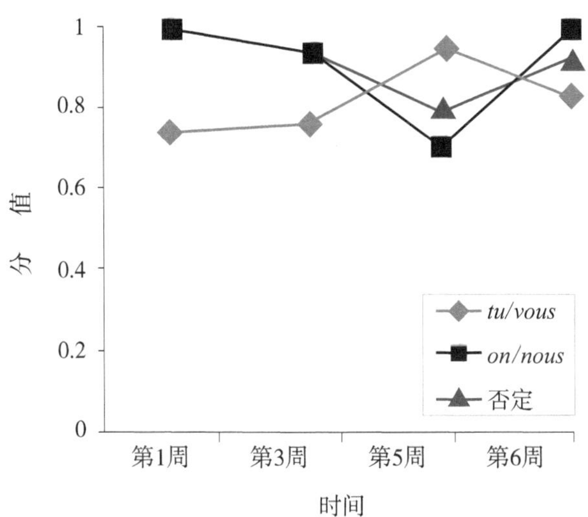

图 6.4　正式场景的控制分值

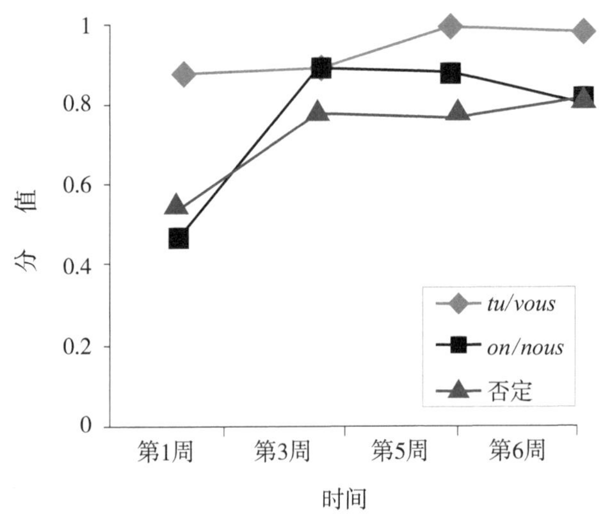

图 6.5　混合场景的控制分值

因此，控制分值反映了学习者选择的恰当语用语言形式的使用情况。然而，由于策略性互动场景实施的动态性质，并非所有恰当的语用语言形式使用都与学习者的独立控制相关。正因如此，经过中介的语用语言运用（即经由教师帮助而产出的变体标记）被从计分中分离出来，并计以 0.5 分，以避免分数出现偏差。因此，尽管这样的实例也被计分，但与独立产出的语用语言变体使用相比，它们的相对权重较小。

还应注意的是，第 1 周的分值——前强化阶段——是基于规约的恰当语言使用来计算的，因为没有学习者对 *on* 与 *nous*“我们”，或者在动词否定中对带 *ne* 与不带 *ne* 表现出偏好。在第 1 周中，非正式场景的低分值反映出学习者对非正式形式缺乏意识，而正式场景的高分值则反映了这一事实：正式形式是学习者语言产出范围中存在的唯一形式。总之，分值表明了学习者对语言运用的控制水平在不断增强。由于学习者在教师的帮助下将新的形式融入到自己的产出系统中去时，必定会出现一些起伏，这也在意料之中。但随着强化项目的开始，第 3、第 5 和第 6 周的控制分值依然维持在高位。然而，随着在后强化阶段的策略互动情景中帮助的取消，在第 6 周中，非正式场景中使用否定和 *on/nous*（即 *ne* 的省略和 *on* 的使用），以及正式场景中使用 *tu/vous*（即 *vous* 的使用）的控制分值都在某种程度上有所降低。

这些困难——或执行和控制语言运用中的不一致性——是发生在少数人身上的孤立事件。在第 6 周，皮埃尔表现出很难记住省略 *ne*（有三例不当使用 *ne... pas* 结构，只有一例 *ne* 的省略标记）；苏珊也使用了一例出现 *ne* 的结构。皮埃尔原本计划使用更为日常的变体 *on*，但还是使用了两次 *nous*“我们”；里昂和玛丽各自不当地使用了一例 *nous*。至于 *vous* 的控制分值下降，是因为苏珊和康拉德各使用了一次附加疑问 *et toi*¿“你呢¿”，相当于第 6 周正式场景中分组使用 *tu/vous* 标记总数的约 17%，因此，对数据的准确性有些负面影响。然而，应该记住的是，发展并不是以直接的线性方式前进。因此，取消帮助后出现的不一致性是孤立现象，不应解读为随时间的推移而失去了效果，而是表明某些学习者仍在努力忘却之前学习过程中形成的较固定的或习惯了的形式，即便他们在取向阶段已经取得了进步。

结　　语

本章重点关注动态实施的策略性互动场景在创造机会发展学习者的语用表达能力方面所发挥的作用。相较于传统的一般性口语能力评估，尤其是语用能力评估，人类中介行为——来自教师的帮助——不仅使学习者能获取支撑语言运用本身的修正性反馈，而且能为学习者提供发展导向的支持，旨在中介所有三个阶段中的心理行为形成（关于动态评估，见 Galperin, 1989, 1992; Poehner, 2008；关于基于概念的教学，见 Negueruela, 2003）：即取向阶段、执行阶段和控制阶段。

因此，语用运用能力发展包括学习者能够更好地规划（取向）自己的语言运用（执行），并能在线监控和评估自己的语言运用（控制）。因为策略性互动场景是动态实施的，其控制功能分布于学习者和教师之间，目标是帮助学习者逐渐承担起更多的控制责任。如我们在玛丽的例子中所见，动态评估过程能使教师通过干预诊断其刚产生的能力，同时也能促使其持续发展。玛丽表现出对省略 *ne* 的否定结构的控制能力在不断加强，然而，在最后的策略性互动场景中，当她遇到与非语言运用相关的认知需求时（如记忆任务的细节），这一控制能力暂时失效了。这是玛丽整体发展全貌的一个重要方面，因为这反映了玛丽能在多大程度上控制自身的语言运用。策略性互动场景的另一个重要方面是，学习者产生的对自身语言运用困难的意识。尽管学习者也许无法总能完全控制自己的语言运用，但是他们对这一事实的认识证明了自身控制能力的发展：在少有或没有人类中介的帮助下，他们能识别并处理困难。定量数据提供了学习者随时间变化的语言运用的概况，记录了学习者将新的语用语言形式融入其产出范围的证据，显示了学习者对自己语言运用的控制能力稳固提升。还应注意的是，在目前的研究中，策略性互动场景是专为语言运用控制、基于预先设定的选择（如规划阶段）而设计的任务。因此，正如一位审稿人正确指出的那样，在语言使用中，运用阶段没有涉及概念的在线应用。当然，这还有改善的空间（见第七章），但依然重要的是，认识到在语言运用实施选择的过程中，实践和控制是二语发展的一个重要的——虽然也许是“机械的”——维度。

总之，上述报告中的发现表明，动态实施的策略性互动场景有助于学习者在语言运用过程中加速获取有意识的语用知识（参阅 Paradis, 2009 中的“加速（speed up）”）。这是教学语用学的社会文化理论框架的一个至关重要的部分，也是依据维果斯基的教育实践观进行的预测——知识与实践能力的统一。在本书最后一章，我们将重温知识与实践之间的辩证关系，并试图构建一个二语教学语用学的维果斯基未来模式。

注释

（1）在场景预演阶段，玛丽和教师讨论了何种社会语言变体适合使用。玛丽认为省略 *ne*，使用 *on*，用 *tu* 来称呼对方是最合适的选择。因此，她表示在场景运用过程中会尽量使用以上变体。

（2）回顾一下，*on* 总是与第三人称单数动词形式搭配使用，甚至在它用于指称第一人称复数形式时（见第二章）。

（3）这里的**合作**互动是指教师和玛丽共同执行，即共同发展对变体的控制能力（关于动态评估中的不同互动框架，见 Poehner & van Compernolle, 2011）。

第七章

维果斯基教学语用学方法的前景

引　　言

第一章开篇已经提到，本书的目的是从维果斯基的文化历史心理学视角，或从应用语言学和二语习得研究领域里人们所熟知的心理社会文化理论视角出发，构建一个研究二语教学语用学的框架（Lantolf & Thorne, 2006）。这一框架建立在致力于教育实践的基础上（Vygotsky, 1997），其中理论与实践以一种辩证关系相互影响。这在框架本身的概念化层面上以及与学习者进行的更为具体的教育活动层面上都同样适用：框架产生于理论（如社会文化理论、语用学）和实践（如教学经验）的辩证统一，而框架内的教学任务及其实施的目的又反过来将理论（概念）知识与学习者在发展语用能力时的实践（运用）能力结合起来。

本书所描述的二语教学语用学的社会文化理论框架的基本原则是，二语发展，包括语用发展，本质上是一个概念过程。文化构建的概念中介认知。因此，学习二语需要使用新概念，或将新概念内化 / 个性化，和 / 或修正二语中与既有语言手段相关的现有概念知识。社会文化理论框架将概念——意义——直接置于教学的中心位置（Negueruela, 2008），其最终目标是帮助学习者将意义映射到形式上。这与一般的课堂二语习得，尤其是教学语用学的传统方法截然相反，其重点在于将形式（和功能）映射于意义之中。

本书报告的研究自始至终采用了加尔佩林（1989, 1992）的心理行为形成理论及其系统理论教学构想。如前文所述，加尔佩林认为心理行为包括三个过程：取向、执行和控制。取向过程是指在执行或运用过程中将要付诸实施的计划，而控制过程则负责监控和评估与取向相关的执行情况。因此，取向在加尔佩林的理论中处于中心地位：学习者获取的文化工具作为取向基础，决定了其学习成绩的质量（Stetsenko & Arievitch, 2010）。所以，他的教学方法——系统理论教学法——强调通过内化科学概念以发展连贯、系统的行为取向基础（见第一章）。因此，二语教学语用学的社会文化理论框架迫使我们去发现恰当的语用概念和社会语言概念（意义）作为这一领域中的教学基础，而不是传统上指导研究和实践的形式或功能。当然，形式（如结构）和功能（如言语行为）是很重要的——在具体的交际活动中，它们是概念实例化的手段。在社会文化理论框架中，它们还辅助教学功能，以阐释学习者所使用的概念如何在实际语言使用中发挥作用。

正如第二章所解释，社会文化理论框架将语用学概念化为中介行为。语言使用实现社会行为（功能），并受到说话人具备的特定语用语言资源（形式）的中介。选择某一种而非另一种语用语言资源反过来又受到说话人社会语用知识（意义潜势）的中介。为了教授二语学习者这一基本原则，本人认为西尔弗斯坦（2003）的指示性层级概念可以用作主要概念，通过对学习者所学语言的语用学准调查（Davydov, 2004）对学习者进行指导。西尔弗斯坦的指示意义三分模式（即语言形式表示的社会意义），包含常规意义（第一层级）、地方性社会意义（第二层级）和超地方性的意识形态意义（第三层级），为一般性语言，特别是语用学提供了强有力的理解方式，认为语言是流动的指示域（Eckert, 2008），而社会意义并非固定不变，而是具有高度的可塑性。同时，本人还提出了三个子概念——自我表征、社会距离和权力——旨在指导学习者对指示性的运作机制，以及指向语言文化中指示意义的语用语言实践的理解（Agar, 1994）。社会文化理论框架还意味着拥抱个体的独特性，承认学习者是有着不同历史和潜力的人，并以个人的或对自身生活意义重大的方式来内化/

个性化概念（见第三章）。

本书阐释的教学项目由三种特定类型的任务组成，其目的在于引起概念的内化，包括学习者运用概念指导他们使用法语语用语言资源的能力。独白式和对话式的言语反思（第四章）通过语言外化的方式使内在的认知活动显化，以便根据经概念中介的新的思维方式对现有的语用知识进行思考和修正。得体性判断任务（第五章）通过让学习者得以在各种假设性的社交语境中运用概念来选择恰当的语用语言形式，为他们开始将新产生的基于概念的语用知识付诸实践提供机会。这些任务的动态实施——教师干预以帮助学习者——培养了学习者对概念及概念与语言选择之间的关系的新理解。那么，策略性互动场景（第六章）推动学习者将知识付诸应用，即利用他们判断为恰当的语用语言形式来规划（取向）和运用（执行）场景。重要的是，因为场景是动态实施的，当语言运用开始出现障碍时，学习者和教师共同对运用实施控制。这不仅有助于语言运用本身（即形式的使用），还有助于学习者增强对语言运用的意识，从而提高控制能力。尽管这三种任务在不同的章节呈现，但重要的是要记住，它们并不是独立实施的。相反，每个任务都属于一个更大项目的有机组成部分，即基于对知识和运用能力之间关系的辩证观或实践观。图 7.1 是这一关系的描述。

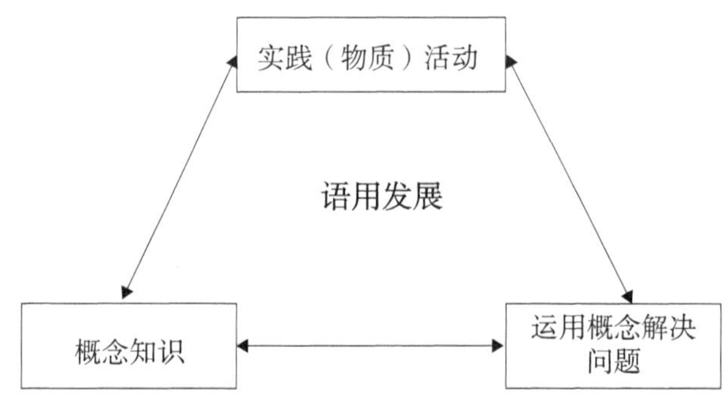

图 7.1　社会文化理论框架下教学语用学中的辩证关系

语用发展由一个三角形表示。三角形底端分别是概念知识和应用概念解决问题的能力，代表着语用能力发展的基础，并由抽象（概念）上升到具体（Davydov, 2004），到达三角形顶端的实践（物质）活动。连接各点的双向箭头意味着双向性，或者相互 / 辩证的影响。在社会文化理论框架中，概念知识首先是通过学习者与经由言语反思的概念性材料进行互动而发展。这种知识随后应用于得体性判断任务中，并可能在任务中发生转化。概念知识也可应用于策略性互动场景的取向阶段，并且有可能在这一过程中加以修正。因此，实践（物质）活动——场景的执行——与概念知识及其在解决问题中的应用相联系，并随着控制功能的发展又可能反过来影响概念知识及其应用（即取向和执行之间的联系）。图 7.1 还表明，如果缺少其中某一环节，就不存在真正的语用发展。维果斯基（1997）的实践导向教育的构想蕴含着知识与运用之间的辩证关系：二者缺其一就无法等同于发展，反而会导致死记硬背式的学习，并且 / 或者出现未经思考的表现结果。

人类中介，或以发展为取向的帮助，是贯穿本书的一个反复出现的主题，也是内化过程的一个关键维度。教师的帮助能使学习者对概念本身达成恰当而具有个人重要意义的理解，并懂得概念如何能在实践中得以应用和修正。借鉴科祖林（2003）的基本观点，人类中介创造出一个最近发展区，学习者在内化心理介质的过程中可以从中获得帮助——就教学语用学的社会文化理论框架而言，这意味着内化社会语用概念。对话式言语反思、动态实施的得体性判断任务和策略性互动场景并不仅仅是为评估学习者的进步而设计，而是为学习者创造条件，进一步培养其新产生的能力，从而实现发展。

在最后这章的余下部分，我们将会把注意力转向维果斯基式二语教学语用学方法的前景。首先，勾勒出了其研究启示和未来发展方向。其次，讨论了如何将社会文化理论框架概念化，并应用于二语课堂教学之中。再次，对二语教师教育这一重要领域进行了回应。

研究启示

综合二语教学语用学的社会文化理论框架的原则，对未来研究具有多种启示，并指明了发展方向。下文提供的讨论并非穷尽所有，相反，本人挑选了这一领域中数量有限的未来研究方向，作为扩展和完善社会文化理论框架的手段。

本研究的局限性讨论

本书报告的研究（另见 van Compernolle, 2012）为二语教学语用学的社会文化理论框架提供了一个特定的实例。同任何实证研究一样，在考虑其对该领域和未来研究方向的贡献时，重要的是不能忘记了其局限性。

与以往的二语语用学研究相比，本研究的一个潜在局限性源自其对二语语用能力培养与发展的截然不同的取向。收集的大多数语料主要代表合作的心际活动，而不是个人能力。此外，虽然在某些方面与公认的数据收集手段（如语篇补全任务、角色扮演）类似，但得体性判断任务和在强化项目过程中使用的场景旨在通过动态实施将评估和教学整合为统一的活动。再者，本研究主要关注概念知识在社会语用能力发展中扮演的角色（即将概念映射于形式），这与该领域中传统的从形式习得到意义联想的取向相反。因此，将本研究的发现与以往研究所报告的发现进行直接比较和对比，没有任何意义，因为尽管有着共同的关注点，但**学习语言形式**与**学习语言意义**之间的关系有着不同的理论来源，并且根本就没有可比性。然而，在我看来，这并不是需要解决的局限或问题，而是一个重要的认识问题，所以研究者在某一理论中形成的研究问题、方法和发现就不会与另一理论的构想和目标混淆，或是在另一理论的构想和目标内重新诠释（Dunn & Lantolf, 1998; Kinginger, 2001; Lantolf, 1996）。

研究设计和研究方法的范围也存在局限性。本研究只包括一个特定的美国大学中级法语班的少量参与者（N=8）。此外，全书各章对发展过程的定性处理只捕捉到某些个体发展轨迹中的某些精选片段。尽管参与者人数有限，并精心挑选了一些具有代表性的案例，使得我们能够从几个不同的角度对社会语用发展进行相对深入的研究，但今后有必要扩大研究设计的范围，以吸纳更多的参与者以及不同教育水平的和 / 或正在学习其他语言的学习者。还应指出的是，本研究旨在作为一种基于概念的社会语用教学方法的测试案例，因此，并不打算将学习者的成绩与控制组（即无教学）和 / 或比较组（即其他教学方法）进行比较。未来的比较研究当然有可能对二语社会语用学研究带来影响，尽管这种研究侧重于结果而不是过程。如上所述，研究者应注意不要将某个教育学理论和认知发展的构想和目标与其他理论混为一谈。相反，探索具体发展质量（即实际发展的内容和如何发展）可能比直接比较一种方法与另一种方法的优劣，以及以一套单一标准化的评估手段为基础衡量教学干预的有效性更有价值。

还值得注意的是，本研究是关于一位法语社会语用学和维果斯基教学法方面的专家参与的一对一辅导，而不是典型的课堂教学。虽然为本研究设计的材料和任务可能在典型的课堂教学中并非完全可行，但无疑可以加以改编以适应该用途，当然，教师也可以将它们纳入到自己的课程之中。尽管如此，有必要根据教师以前的学习和教学经历，以及（民间）语言与学习理论，探讨他们在何种程度上能够接受、拒绝和改变基于概念的教学方法。也许需要重建教师教育的概念，以引导教师以新的方式来思考语言与学习（Lantolf & Johnson, 2007）。

语料收集的范围也存在明显的局限性。由于本研究专注于将基于概念的教学法置于显微镜下观察，所以有关发展的其他可能来源或影响并没有加以重视。如果考虑到，除了作为语言学习者的法语学习年限和当前选课数据之外，有关学习者经历的信息几乎没有正式收集，这一点特别明显。然而，在本研究中的确出现了一些有关学习者过去学习经验的历史信息，以证明语言社会化的诸多来源，但往往当作个人轶事用于解释语言运用或相关概念问题。同样，本研究并未试图正式收集有关学习者在正式课堂中同步发生的教育经历数据，也没有收集有关他们参与本强化项目如何对其可能造成影响的数据，更没有这些学生常规课堂上教师的数据（如访谈）。采用更为正式的方法收集此类信息一定有益于未来的研究。

任务和任务实施

如上所述，二语教学语用学的社会文化理论框架以三种主要类型的任务为中心，旨在促进社会语用概念的内化：言语反思、得体性判断任务和策略性互动场景。动态评估原则作为共建学习者最近发展区的工具，贯彻于这些任务的实施过程中。

这些任务的设计和实施由两个主要原则指导。首先，由于社会文化理论框架根植于对实践的责任，其目的是为了发展概念知识和实践运用能力。更具体而言，任务设计旨在促进涉及心理行为形成的三个发展过程（Galperin, 1989, 1992）：取向、执行和控制。其次，任务的设计和实施是为了促进言语表达，而言语表达则是内化的核心过程。言语表达需要解释概念本身（如独白式和对话式言语反思），并通过概念解释自己的语言运用（如得体性判断任务和场景）。虽然影响这些任务设计的原则是社会文化理论框架的根本，但我并不希望有这样的暗示，即本书中用于本研究的具体任务是唯一可能的选择。

一个待改进的特别之处在于设计任务的难度会随着时间的推移逐渐加大。例如在第五章，我们可以看到，在得体性判断任务的语境中，模糊性和学习者的纠结是如何驱动发展的。其原因在于模棱两可的社会情景可以促使学习者不仅应用，而且超越（Poehner, 2007）自己对概念的现有理解，以便在概念之间建立新的联系，并理解为何某一因素的要求比另一因素的要求更为重要。虽然模糊性——意味着难度更大——被整合到了每一个得体性判断任务中，但并没有随着时间的推移而增加。一种可能的替代方式应该是以相对直接的任务项为中心，如在强化项目开始之初，对常规的语用语言形式选择就非常明晰。其目的是引导学习者建立与概念之间的联系，以指导学习者的语言选择，这和在第五章的康拉德案例中所看到的一样。然而，随着强化项目继续进行，情景应该变得越来越模棱两可，以迫使学习者直面其现有知识和任务需求之间的潜在冲突。因此，就有可能根据近、远迁移任务中的语言表现来绘制学习者的发展轨迹（Feuerstein *et al*., 1988; Poehner, 2007），也就是说，学习者能够在多大程度上掌握他们所使用的概念，并在新的和潜在的陌生语境中使用这些概念。上述情况自然也适用于策略性互动场景。

另一个有关任务改善的观点涉及独白式言语反思。正如第四章所示，有声思维问题融入基于概念的材料，并通过激励学习者思考如何将概念应用于语言使用和 / 社会关系中，以引导学习者对概念的意义进行反思。然而，当学习者首次对概念进行反思时，这一任务对他们来说太困难。首先，使用具体案例，并要求学习者解释如何将他们所使用的概念加以应用可能更为有益。在强化项目过程中，可以逐步取消显性案例，以促使学习者依靠自身对概念的理解，来提升相关案例的质量。换言之，材料本身可以提供更多的帮助，并在强化过程中逐步取消帮助。

策略性互动场景及其实施也有提升空间。正如上文所提及，随着时间的推移，通过引入更高程度的模糊性来增加场景的难度，可以帮助学习者在实践中超越自己对概念的控制能力，以适应新的陌生语境。另一种增加难度的方法是，教师 / 中介者隐含地和 / 或明示地发起语篇层面上的转换，以偏离学习者取向。例如，在本研究的一些常规的更为正式的场景中，几位学习者决定使用 *vous* 来制造或维持距离，而与此同时，却选择了更为非正式或日常社会风格变体 *on*“我们”以及省略 *ne* 的否定式。在未来的研究中，教师可以通过使用更为正式的社会风格变体 *nous*“我们”和带 *ne* 的否定式（隐含转换），或甚至通过点评学习者使用的不得体的非正式风格（明示转换），以评估学习者对谈话者的语篇层面的敏感度，以及他们的风格转换的能力。或者，教师可以隐含地或明示地主动偏离 *vous* 而转

向 *tu*，作为一种在场景中增加社会亲密度的方式；或者可以将场景设计为包含多名对话者，他们相对于学习者有着不同社会地位，并在不同时间进入场景，这意味着学习者会被迫将他的或她的概念知识扩展到在线语言选择。任务汇报阶段对深入了解学习者如何理解这种转换以及如何应对场景中变化的社会环境尤为重要。

认识到存在着可替代的任务类型，并可能用于促进社会语用概念的内化，这一点非常重要。例如，独白式言语反思可以在家里完成并记录（见 Negueruela, 2003），而非在对话活动发生的现场。这使得教师 / 中介者有机会在学习者进行对话式言语反思之前检查学习者的言语表达。得体性判断任务也可以根据教学需要而对所选择的说明性语用语言形式 / 示例进行修改。如果言语行为的实现（如直接性程度、内部和外部修饰语）被用作示例，以说明自我表征、社会距离和权力如何能够通过语篇实现，那么，多项选择和 / 或开放式语篇补全任务很可能比非此即彼式的问卷更为合适。策略性互动场景也可以在两个或者更多的学习者之间完成，而非仅在教师 / 中介者和学习者之间进行。（关于这一点的更多信息将在对二语课堂的扩展讨论中介绍。）同样，也存在替代性产出 / 语言运用任务。因为加速获取陈述性知识是社会文化理论框架的目标之一，所以，纳入更多限制性语言产出任务也许有所裨益，这可以促使学习者产出特定的短语或包含说明性语用语言形式的言语行为。这也可以通过诱发性模仿任务实现，即要求学习者听到某一具体言语行为的录音后重复所听到的内容。这里仍可提供帮助，作为发展可控语言运用的手段：在听到话语后提示进行言语表达可以为帮助话语取向提供语境，而在取向执行过程中提供帮助的目的是为了在语言运用中取得更好控制。

强化项目的计算机化

强化项目的计算机化设计为二语教学语用学的社会文化理论框架未来的实例化提供了广阔前景。基于网络应用平台，用户无需安装软件，就能够通过任何有网络连接的设备（如台式机和笔记本电脑、平板电脑、智能手机）访问此类项目，这对学习者特别具有吸引力。虽然这对个体学习者需求的敏感性（即最近发展区）存在利弊权衡，但如果与人类中介者进行一对一的训练是必要的，那么相比之下，计算机化设计可能会产生更大的教育影响，因为更多的学习者将可能同时——在他们方便的时候——通过网络访问该强化项目。

强化项目计算机化的基本构成要素是基于网络概念的辅导课程。一个相对简单的——然而潜力强大的——格式可以将本书所报告的为此研究所设计的 36 页课程教材为基于网络 / 超文本传输进行改编。学习者只需要点击教材页码链接，就可以找到概念解释。在含有有声思维 / 反思问题的地方，网络课程可以设置一个文本框，学习者可以撰写概念反思并提交反馈，这些反馈将会保存在服务器上用于日后分析。或者，加入一个网络录音程序也是可行的，这样学习者就可以口头进行概念反思，相比于书面反思而言，更能揭示学习者的自然思维进程。当然，录音需要学习者连接一个配有麦克风的设备，才可以不受干扰地录下自己的言语反思；如果是书面反思则无须担心受到干扰，而且书面反思可使学习者的思维分析和评估效率更高，因为无须转写录音，这无疑有利于研究者和教师为大批学习者服务。

得体性判断任务也可以通过网络平台实施。一个简单的调查问卷就能有效激发学习者的反馈：可以提供一个情景，紧接着提出一个问题以激发学习者选择语用语言形式（多选或开放式皆可，视情况而定），随后提供一个开放式文本框鼓励学习者解释其所选答案（言语表达）。根据博内尔和兰托夫（Poehner & Lantolf, 2013）概述的计算机动态评估的过程，中介行为也可纳入任务之中。中介提示必须预先编写和编程，以便对学习者的选择做出回应。在这种情况下，多项选择任务比开放式任务更为可行，因为开放式任务要求某种形式的人工智能编程，以识别和响应几乎无限数量的可能回应。然而，提供预先编写的中介行为要求有唯一的正确回应。如此一来，任务所关注的重点不再是学习者在情景中真正想做什么（即他或她想表达的意义），而是变成了对学习者语用常规知识的评估。同样，多项选择任务包含有预先编写的中介行为，亦可根据**独立表现**和**中介表现**实现分值计算。分值可经加权处理来解释学习者在每一种情境下达成常规上恰当回应所需要提供的帮助程度（即学习者每获得一次中介提示则得分更少）。正如博内尔和兰托夫所言，这使得教师和研究者能够对学习者的能力和需求进行更为详细的诊断，还能计算出**学习潜力分值**（Kozulin & Garb, 2002），以期预测学习者的准备状态，让学习者从下一步教学中受益。

此外，更多的互动网络课程也具可行性。综合沉浸式环境（SIEs）吸收了在线游戏的各个方面"在模拟相关互动的语境中，产生了明显与教育相关的效果（Sykes, 2008）。综合沉浸式环境具有巨大的潜力，既允许创造者瞄准特定技能和教育目标，同时也可以创造一个有意义的合作空间，而学习者自身则处在自我学习的中心"（Sykes *et al.*，2008 : 536）。最近，为发展西班牙语二语语用能力设计了一个综合沉浸式环境，即克罗格兰迪亚（Croquelandia）（Sykes, 2008）。学习者沉浸于一个三维互动空间，以一系列目标导向活动或要求为指导，与非玩家角色（即电脑人物角色）、母语者和其他的学习者进行互动。综合沉浸式环境是一个低风险，却全情投入的语境，学习者可以在语境中进行语用能力实验。反过来，也为学习者提供了基于行为的修正反馈。对克罗格兰迪亚式的综合沉浸式环境进行改编，以适应社会文化理论框架，不仅可以使学习者选择常规上恰当的言语行为实现手段，而且更重要的是，通过诱发回顾式书面或口头 / 录音的方法，让学习者用言语表达自己的回应过程。此外，与其说中介提示提供了基于行为的修正反馈，不如说是通过编程以指导学习者进行常规上恰当的语用语言选择，这也关乎学习者使用的社会语用概念的关联性。

也许有一系列的方式来实施适合于不同目的和学习者需求的计算机化强化课程。一些研究者和教师也许更喜欢只开发一个简单的基于概念的计算机化辅导教程，而将一对一、小组、甚至全班教学形式留给其他任务

（如得体性判断、语言运用任务等）。在其他情况下，一个完全基于网络的模块可能更为理想。关于实施基于网络材料和任务的决定当然也取决于是否具备相关的技术和课程类型的制约。有关这一问题将会在下面的课堂教学启示一节进一步说明。

社会文化理论框架作为留学前强化课程

本书所报告的研究主要关注一小群学生，他们在学习正常课程之外，同时自愿参加该语用学强化项目——实际上，他们是为参与而参与，也可能是为了学习有关法语的新知识。对于未来的研究，一个有趣的想法是，将教学语用学的社会文化理论框架作为一个留学前的强化项目来实施。

正如金吉格（2009）在她对留学研究的批判性调查中所述，海外旅居对二语交际能力的各个维度都有积极的影响，包括社会语言能力和语用能力。然而，发展却无法得到保证。相反，对语言使用来说，学习者经历和解释框架的性质形成了学习者的海外学习经验，并塑造了他们观察、感知和使用社会规则和概念的方式。在她自己的一项实证研究中，金吉格（2008）表示，虽然许多学习者在解读语言的语用特征的社会意义方面取得了进步，但他们通常缺乏一种连贯的、系统的方式去理解他们所参与的（或者所抛弃的）语言文化（Agar, 1994）。因此，基于实证经验，学习者可能会使用一些零碎的规则，而实际上这些规则并不能反映更大系统的意义潜势指示域。换言之，在缺乏以语用学为目标的教学安排下，学习者只能靠自己的手段去驾驭和权衡所学语言的社会语用学和语用语言学的复杂性和模糊性。

金吉格（2008: 111）发现，“用冷静观察的民族志技能［为出国留学参与者］进行培训”是一个可行的途径。她还说：

> 用民族志培训语言学习者的目标是将“学习得体交际和培养对另一群体的意义系统的分析理解”相结合（Roberts, Byram, Barro, Jordan, & Street, 2001：

> 11）。使用这样的方式，可以训练学习者的观察、分析和写作等方法，使他们参与对“他者”的观察，并呈现所观察到的结果，但并非将观察结果看作是一系列的事实，而是受到自身文化理解中介的一种解读。学习者逐渐理解了语言学习的社会化本质，领会了语言和文化的紧密交织程度（如语言文化；Agar, 1994 : 60），并认清了跨文化互动的复杂性。（Kinginger, 2008 : 111）

显然，对于培训出国离境之前的语言学习者来说，二语教学语用学的社会文化理论框架与民族志方法的目标一致。这可以为他们提供一个观察“他者”的系统框架，并将观察结果视为交际实践的文化中介解读。在本质上，这是为了让学习者深入了解他们将要学习的语言文化。

因此，这一领域的研究需要设计一个基于概念的留学前强化项目，以开发用于面对面会谈（如一个小班级）或使用一个网络课程模块，如上文所述。目标有二：一方面，该项目旨在为学习者提供一个连贯系统的基础，以理解社会语用意义在具体交际活动中的实现方式；另一方面，学习者可以在冷静观察技巧方面得到训练。通过日志和访谈之类的方法（见 Kinginger, 2008），跟踪学习者在海外学习经历的进展，研究者可以深入了解学习者在参与社会文化过程中解读其成员语用实践的方式。口头产出任务（如策略性互动场景）也可能阐明学习者在具体交际活动中对语言的语用特征的控制情况。因此，留学语境无疑为教学语用学的社会文化理论框架的未来迭代提供了一个潜在的富有成果的领域。

课堂教学启示

全书报告的研究只涉及少数学生（N=8），他们在自己的正常课程之外自愿参加了一个基于概念的语用学强化项目。虽然要将本研究的所有细节应用于二语课堂教学中是不可行的，但第一至第六章所概述的基本原则可以适应课堂教学。下文中，本人将通过对材料和任务进行改编以适应课堂教学，并利用技术改进的语言教学方法，就教学语用学的社会文化理论框架应用于现有课程中提出自己的一些建议。

改编材料和任务以适应课堂教学

可以理解，语言项目协调人和教师往往会在规定的学期内尽力覆盖通常出现在学习者课本中的材料（如词汇、语法），因此，他们可能会担心如何将聚焦于语用概念的额外教学单元纳入到课堂教学中去才切实可行。此外，可以肯定的是，在课堂环境中进行教学，通常有 15、20 个或更多的学生，这与本研究中组织的一对一强化课程项目是截然不同的。尽管这些问题无疑给教学语用学的社会文化理论框架与现有课程的结合带来了挑战，但材料和任务可以进行改编，以满足课程限制的要求，以及在整个课堂环境中教师的注意力必然分散给不同学生群体的情况。

社会文化理论框架的基础是，学习者需要发展一个概念框架，并以社会意义为中心的语用运用为取向。因此，系统的语用学概念（如指示性层级、自我表征和社会距离）可以成为教学的基本单元。这些概念以语言（如书面概念卡）和实物（如教学示意图）的方式呈现。在本研究中，学习者通过独白式（独立的）言语反思和之后的对话式（与教师一起）言语反思参与概念的运用。若干适用课堂的改编是可行的。例如，基于概念的材料只需要给学生在家里阅读和反思。对于有兴趣跟踪学生言语反思情况的教师，可以让学习者将他们的言语反思进行录音，作为家庭作业（Negueruela, 2003）。或者，教师可以让学生写下自己的言语反思情况，这种方式更为可行，因为这样无须对口头语言进行转写。教师还可以在课堂上以小组的形式首先提出概念，通过教学会话引导小组言语反思（van Compernolle & Williams, 2012a）。通过这种方式，教师既可以帮助个体学习者，又可以帮助整组学生，因为所有的课堂参与者——至少表面上——都成为了互动的一方，并参与了所提供的中介形式（Ohta, 2001; Poehner, 2009）。在进行小组讨论之前，学生也可以成对或分小组合作以促进课堂上同伴之间的协同对话（Swain & Lapkin, 2002）。教师当然希望根据课程限制，在不同的时间点及时提出每个概念。例如，如果没有足够的时间一次性提供所有的概念，教师可以考虑在某一天提供指示性层级概念，接着在一周或两周后提供自我表征概念，随后是社会距离概念等。

得体性判断任务也可以为课堂教学而改编。一种选择是，将得体性判断任务作为家庭作业，要求学生不仅要记录他们的语用语言选择，而且要使用概念解释所做的选择。在课堂上，教师可以围绕学习者的选择及其选择的理由开展教学会话。通过这种方式，教师可以帮助学生理解概念是如何与语用语言选择相联系的，尤其是在学生有着不同的得体性取向的情况下。教师能够引导学生认识到语用学即是多种选择，而不是其中只有一个正确答案的一系列规则。这将为学习者提供机会接触到可能与自己不同的得体性观点。另一个选择是，让学生在课堂上独立地，或以成对 / 小组的形式开展活动，然后转向对回应进行小组讨论。无论教师认为怎样的形式最适合他的 / 她的课堂，重要的是要将学习者的注意力聚焦于概念与语用语言选择的相关性上（见第五章）。

在课堂语境下，对策略性互动场景的改编无疑也是可行的。教师可以将场景设计为课堂交际任务，促使学习者不仅使用二语（和目标语用特征），而且对语境、意义和语言形式之间的关系进行反思。取向阶段可以单独完成（如作为家庭作业）或课堂上协作完成——例如，场景不一定需要基于一对一的互动，但也可以是多方（如三到四个学生）的互动语境。那么，场景可以在全班面前表演，之后，所有的课堂参与者（如表演者、教师和观众）均可参与到任务汇报阶段。教师也可以要求学生自行设计场景，作为培养对语境-意义-形式关系进行批判性反思的手段（Negueruela, 2003）。此外，小组动态评估（Poehner, 2009）在课堂语境中也许可行。在课堂语境中，教师——或许学生观众——可能在场景实施期间进行干预，以帮助表演者控制其取向的执行。

额外的和 / 或替代性任务也与课堂教学相关。学习者在提高意识的任务中分析真实的语言使用，以解释与语境有关的语用语言形式的异同，这是很有帮助的（van Compernolle & Williams, 2012b, 2012c）。电影是搜集真实语言实例特别好的资源（Etienne & Sax, 2006, 2009）。例如，可以要求学习者以小组形式来比较两种不同的口语互动（即一个非正式的会话与一个更正式的互动，如一个新的面试）。首先，会要求他们讨论社会语境因素（如可感知到的正式度、对话者的关系状态），并对他们在每个语境中所期望使用的语言类型——根据他们使用的概念——进行预测。然后，他们会识别相关的语用语言实践并通过概念对其使用进行解释。在全班教学会话中，教师会带领学生对发现进行讨论，并联系其所识别的语用语言形式，以这种方式促进学生对概念的相关性和重要性进行批判性反思。

技术强化途径

如上文所述，对材料和任务进行改编以适应课堂教学的一些建议认为教师与学生之间面对面的互动具有诸多优势，但因课程和 / 或机构性制约也许可行，也许并非总是可行的。因此，通过技术优化的语言学习和语言教学手段可能为教师和学生带来许多好处。

整合通过技术进行优化的手段取决于若干因素，最为显著的是技术资源的可获取性（如电脑和 / 或者其他网络设备的使用）以及教师对电脑技术的熟练和习惯程度。例如，如果教师无论出于何种原因而无法提供面授学时来引入基于概念的材料，那么，网络辅导项目和 / 或综合沉浸式环境（见上文）就更为理想，因为学习者可以根据自己的时间在课外学习材料。然而，这需要教师有时间和技能来创建这样的项目，或者至少可以获得一位技术专家的帮助，尽管在大部分教育情境下，情况可能并非如此。一个更可行的方法是将课堂上或课后在家用纸笔完成的基于概念的教学内容（如使用非计算机化的概念解释和示意图）与其他利用现有形式并通过计算机进行中介的交际任务相结合。以下所提供的建议主要围绕强化技术手段以提高意识和语言运用的任务，以补充课堂上或家庭里基于概念的教学材料。

亚伯拉罕和威廉姆斯（Abraham & Williams）在介绍他们编著的《语言

学习与语言教学中的电子语篇》(*Electronic Discourse in Language Learning and Language Teaching*)时指出，除了在课堂上介绍的内容之外，网络技术和各种形式的计算机中介交际为语言学习者提供了更广泛的机会去观察和分析他们所学语言的成员的交际实践，并且说："还需要指出的是，为了不同语境中特定参与者的特定目的，网络社区(即环境)的社会和语言实践由使用者塑造(Lam, 2004; Thorne, 2003, 2008)。因此，理解参与者如何塑造这些社区话语(如聊天、论坛、博客等等)同样具有重要价值"(Abraham & Williams, 2009: 2)。该书有几章明确讨论了帮助学习者访问并参与网络社区的方法，特别提到了有关社会语言学和语用学的论坛(Blattner & Williams, 2009; Farrell Whitworth, 2009)、博客(Douglass, 2009)、同步文本聊天(van Compernolle & Pierozak, 2009)和播客(Guikema, 2009)。尽管各章的具体建议不同，但贯穿其中的一个共同主题是促进学习者对网络社区成员的交际实践进行主动而缜密的观察，而教师的作用则是引导学习者对这些实践进行批判性和文化相关性的理解。这些方法与教学语用学的社会文化理论框架的原则和目标完全一致。

一个尤其吸引人的选择是让学习者参与民族志观察项目(见上文有关留学语境中的民族志法)。教师可以选择特定的网络社区(如聊天室、博客、论坛)，或者让学习者自己搜索，以进行一个学期的课程探究。学习者可以在指导下，例如根据某个讨论主题或聊天记录收集语言样本(即语料)，并辨别语料中的有关语用语言实践。随后，要求学习者解释语用概念(如指示性层级、自我表征和社会距离)是如何与所观察的交际实践相联系的。也可以作为家庭作业，让学生在课堂上进行汇报，在学生解释所发现的指示意义(即概念)的过程中，教师和其他学生均可为汇报人提供反馈和/或帮助意见。理想的情况下，一个学期可以进行多次这样的训练，因此，学习者就有机会去探索和比较几种不同的网络社区。此外，作为将此类任务布置为个人作业的替代方法，学习者则能够与同伴或小组进行合作。

计算机中介交际技术也为传统的结构化教育环境内外的语言运用提供

了许多机会。网络课程管理系统（如天使、黑板）和社交网络技术（如脸书、谷歌和推特）提供了基于文本的交际环境和自动存档选择，这对教师和学生非常有用。有两个或更多学生参与的策略性互动场景可以布置为课后作业，在同步聊天环境中进行。例如，针对本研究中所使用的求职面试场景，可以让学生扮演面试者或面试官。在初步规划（取向）阶段，所有的面试官和面试者可以在课堂或网上见面，讨论和练习他们的角色行动计划。随后，在运用（执行）阶段，学生可以两人一对在聊天室中碰面，每个学生扮演一个角色。因为基于文本的聊天记录可以存档，学生（和教师）随后可以访问伴随语言运用所产出的语篇。之后，这些转写材料可以用于汇报阶段：可以让学习者作为家庭作业，对与其取向有关的语言运用进行批判性反思和评估。教师也可以在课堂上对转写摘录进行评论。

另一种可能性是与域外伙伴（Belz & Thorne, 2006）进行远程协作互动，因为教师有幸与来自学习者所学语言国家的教师或项目协调人建立工作关系。倘若有母语互动者就语用常规为同伴提供帮助，这样的互动自身可以促进语用发展（Belz & Kinginger, 2002）。然而，远程协作也可以整合成一个更大教学项目的一部分，其中学习者与母语远程协作伙伴之间的互动记录可以配合显性语用学教学在课堂上进行分析和反思（Belz & Vyatkina, 2008）。远程协作还具有一个独特的优势，作为课堂“真实生活”的延伸，其中存在着学习者语用行为现实和直接的社会效果，而在更为教学化的任务中，例如策略性互动场景，这些语用行为并不存在。当然，这取决于学习者感知和参与远程协作语境的程度，并视其为语言实践或建立和维持社会关系的机会（Thorne, 2003）。还应记住的是，虽然远程协作有可能促进社会关系的建立，并且在这种关系中语用实践十分重要，但是也有一个缺点，即学习者也许没有机会改变他们对语篇语用特征的使用。因此，有幸获取远程协作伙伴关系的教师可能希望自己的学生也可以参与到策略性互动场景中，这种场景可以设计为代表各种不同的交际语境，并诱发社会情境变异和语用变异。

教师教育启示

教学语用学的社会文化理论框架未来面临的一个主要挑战，是要解决兰托夫和约翰逊（Lantolf & Johnson, 2007: 884）所描述的问题，即语言教师“对语言、语言学习和语言教学在很大程度上都具有一些含糊不清，但却根深蒂固的日常概念，这些概念主要是基于他们自身的二语教学经历和生活经验”。正如本书所指出的那样，社会文化理论框架代表着对传统的得体性观念和语言教学原则的彻底背离。因此，这对二语教师教育具有重要启示意义，尤其是在发展二语教师的知识基础方面。正如约翰逊（2009）在她对教师教育社会文化理论观的表述中所评论的：

> 为了提高二语教学行业的专业地位，二语教师教育的知识基础大量借鉴了语言学和二语习得的学科知识，以界定什么是二语教师需要了解的有关语言和［二语］学习知识（Freeman & Johnson, 1998）。然而，如何为教师在教师教育项目中呈现语言知识，或语言知识如何在教学材料中实例化，取决于如何定义语言，以及如何理解二语习得。（Johnson, 2009 : 41）

在下面各节中，本人将简述二语教师教育的主要领域，以及教学语用学的社会文化理论框架对此产生的重要影响：如有关语言、正确性与得体性、学科教学知识发展以及培养教师成为研究者等方面的观念。

对语言观念的挑战

约翰逊（2009）认为，二语教师教育项目中最普遍的语言概念化来自于索绪尔-布隆菲尔德的符号学方法，它假定有一个与语言使用及其使用者相分离的抽象的语言系统。由于自 1960 年代以来，乔姆斯基的生成语法处于支配地位（如 Chomsky, 1965），这样一种语言观持续渗透到语言学理论，并延伸至二语习得和二语教师教育中。

因此，据约翰逊（2009）所说，一种流行的观点认为，语言是互不相干的语音、形态、词汇和句法特征组成的集合，并为普遍不变的规则所支配。即使根据交际能力理论（Hymes, 1972）和交际语言教学方法（Canale & Swain, 1980），语言使用和得体性优先于离散的语言形式知识，但是二语教师教育的知识基础传统上还是以个人主义–心灵主义规则支配的语言系统为中心：

> 长期以来，这一行业一直认为，二语教师需要对语言的句法、语音和形态等规则有一种理论上的理解，并且一旦他们有意识地获得了这一知识，就应该能帮助二语学习者也获得这一知识，或者在［交际语言教学］活动中使用这一知识进行有意义的交际。（Johnson, 2009: 42）

约翰逊接着说，二语教师教育研究“表明语言的传统定义已经渗透到二语教师教育项目的语境中，可能无法为教师提供一个适合或有益于二语教学的语言概念化的认识”（Johnson, 2009 : 43）。约翰逊提出了另一种语言观，即将语言视为一种社会实践，这一观点与教学语用学的社会文化理论框架的原则相一致，本书对此已进行了讨论（见第二章）。简而言之，这一视语言为社会实践的观点将文化中介的概念意义，而非语言形式，看作语言和交际活动的主要特征，或阿加（1994）所说的**语言文化**（languaculture）。因此，“二语教师需要能够开放语言文化以接受有意识的检验”（Johnson, 2009 : 46 ；另见 Lantolf & Johnson, 2007）。

约翰逊（2009）的观点对二语教学语用学至关重要。基于现有的二语教师知识库，教师通常会习得非常教条的规定主义语言观，因此他们倾向于优先考虑某一单一的正确用法，而忽视社会情境变化和语用变异的可能性。例如，埃蒂耶娜和萨克斯（Etienne & Sax, 2009）认为，教师们通常抵制将话语中不太正式的，或日常性的社会语言特征融入课程之中，他们认为这些形式是标准的正式（教科书）语言的衍生物，因此，地位要低下得多。虽然这些观念显然不准确，但在二语教师教育背景下也是可以理解的，因为这些项目旨在促进和加强，而不是挑战，教师有关语言本质的日常概念，即语言是一个抽象规则支配的语言系统。从教学语用学的社会文化理论框架的角度来看，教师教育项目所需要的是，通过调查教师所教授语言中的语言使用和意义构建的语言文化模式，来尝试挑战这些根深蒂固的语言和变体观念。

正如第二章所述，社会文化理论框架在很大程度上借鉴了语言变异的社会文化取向（van Compernolle, 2011a），并提出了四个原则。第一，语言结构是自然发生的（Hopper, 1987, 1998），因此，语言变异并不涉及由一个根本形式衍生而来，也不涉及个体头脑 / 大脑中可变规则的应用，而涉及语言文化中可获得的具体词汇语法结构的使用。第二，活动类型（Levinson, 1992）中介语言，同时也被语言中介，因为社会活动的参与和语言形式是相互依存的。第三，语言形式反映并改变社会指示意义潜势（Silverstein, 2003）。第四，语言使用者不只是继承并使用现有意义，而且在具体交际活动中积极参与构建新的意义。这种对语言和意义构建本质的理解，尤其是有关社会语言变异和语用变异的理解，可以帮助教师对他们的语言观念进行有意识的反思和再次中介，并有助于发展“在相关**语言文化**中解释和生成恰当意义的能力”（Johnson, 2009: 46）。进一步说，二语教师教育项目应该挑战教师的语言得体性观念。教学语用学的传统方法优先考虑符合理想化的社会常规。然而，从社会文化理论框架的角度来看，得体性是对交际实践的一种高度个性化的、文化中介性诠释（第二章）。回想一下，语用学被概念化为中介行为：语用语言形式中介社会行为，而语用语言形式的选择也为个人的社会语用知识和交际意图所中介。

为了提高教师对作为社会实践的语言（语言文化）的认识，教师可以亲自参加基于概念的强化项目，作为内化相关语用概念的手段，以备未来教授这些概念之需。教师亦可通过参与在线社区的民族志观察（见上文），以获取经验知识，深刻了解具体的语言文化实践。语言文化实践中介活动类型（如聊天室的非正式会话、由在线报刊主办的就某些评论话题进行的政治辩论)，而活动类型也被语言文化实践所中介。这一项目的目标意在促使教师不仅去思考所要教授语言的形式特征，而且还要去揭示与语言使用意识相关的深层概念。换言之，至少是在理想的情况下，教师应该将相关语用概念内化或个性化为心理工具，以指导自身的语言使用和教学实践。

发展教学内容知识

过去，教师教育项目一直将学科知识（如语言学理论和二语习得理论）与教学实务（如方法、途径、技巧）分离开来，认为有关语言结构、使用和习得知识应该转化为有效的课堂教学。然而，情况并非一定如此（Freeman, 2004; Freeman & Johnson, 1998; Johnson, 2009）：掌握语言学、二语习得理论和教学方法的专业知识并不等于教师发展了相关的**教学内容知识**，从而使教学内容对学生切实有用。

从教学语用学的社会文化理论角度来看，学科知识和教学知识必须辩证统一（即作为教学内容知识），约翰逊（2009）在其二语教师教育的社会文化理论观中支持了这一观点。换言之，教师获得维果斯基社会文化理论和语用理论方面的专业知识是不够的，并且这些知识还必须与实践活动即**教学**相结合，在实践活动中加以修正。通过对微观教学模拟及其与“真实”课堂教学关系重新进行概念界定，约翰逊和阿沙夫莎亚（Johnson & Arshavskaya, 2011）提出了一个发展二语教师教学内容知识的创新方法。职前教师以小组的形式，共同设计一个简短课程，在教师教育课程中付诸实施并给予反馈，旨在对他们未来的教学实践进行中介。之后，职前教师根据修订的授课版本给现有的自然班进行英语二语教学。课程被全程录像，用于之后的回顾与反思。通过这种方式，教师不仅有机会发展学科知识，而且有机会发展有效方法方面的知识，使教学内容与学生相关并便于学生使用。

这一方法无疑有益于职前教师和在职教师学习涉及教学语用学单元的二语教师教育项目。这些单元的重点不仅在于促进语用概念本身（即学科知识）的内化，而更重要的是在于有效推动教学实践，向学习者呈现概念、协助言语反思、动态实施得体性判断任务和策略性互动场景等。换言之，教师的教学内容知识正是在这一教学实践（如微观教学模拟）过程中形成，得到了教师教育者和同行给予的适当中介支持，并对他们的教学实践进行批判性反思。通过这种方式，教师不断发展的理论知识不仅可以指导自己的实践活动，而且可以通过实践活动进行转化，这正是维果斯基教育实践观的关键（Vygotsky, 1997；见第一章）。

培养教师研究者

在二语习得领域，进一步说在二语教师教育领域，一方面，存在着一个特定的**知识生产者**阶层（即二语习得研究者），另一方面，存在着可能只应用——但不贡献——知识的**实践者**阶层（即语言教师），两者之间存在一个巨大的鸿沟（Block, 2000; Lantolf, 2008）。二语教师教育项目由于侧重于将二语习得理论应用于课堂语言教学，只给教师留下了很小的空间（如果有的话）为理论构建做出贡献，这往往使得这一分野具体化（Lantolf & Johnson, 2007）。

然而，正如第一章所讨论，维果斯基的发展教育观（Davydov, 2004; Vygotsky, 1997）并未假定一种理论与实践之间的单向关系，即理论可能影响实践，但实际应用对理论却几乎不产生任何影响。相反，由于对实践的认同，理论和实践活动辩证统一起来，即在一个可能永无止境的过程中相互影响。这一观点对二语教师教育具有重要启示，因为它并没有将教师视为**教学技术人员**，而是视为专业化的教师研究者，并有能力在课堂上参与以实践为取向的批判性探究。正如约翰逊（2009: 121—123）有力论证说，二语教师教育项目应该在知识探究工具方面为未来的教师提供培训，以便他们可以批判性地参与二语教学和二语习得研究的更广阔领域，并依据自身情况成为**转化型知识分子**（transformative intellectualls）（Giroux, 1988）。这一观点并不是赞同教师要从事正式的研究工作并在专业期刊上发表其发现，例如，就像大学二语习得研究者的实践（和期望）一样，而是赞同教师参与实践性调查，以探究布洛克（Block, 2000: 136）所说的“通过构成课堂语言教学与学习的多层次、结构化的社交互动所表现出的多重现实内涵”。为了实现这一目标，教师教育项目应该给教师配置研究所需的调查工具。这就需要对语言、语言教学与语言学习的本质的相关理念（如理论）进行明确表达和批判性反思，提出研究问题和 / 或假设，为解答问题和 / 或检验假设提供恰当的方法，进行数据分析，用证据支撑关于学习和发展的观点，以及对研究发现的启示和局限性进行反思，以便能够对其假设和未来课堂实践的修正提供指导。当然，在教师和二语习得研究者之间确实存在合作关系的可能性（如 Lantolf & Poehner, 2011），但是教师不必依赖于这样的安排。

事实上，教学语用学的社会文化理论框架已经为教师在课堂语境下进行自身的语用学教学研究提供了一个出发点。如果将语用能力发展主要视为一个概念化过程，教师可能希望探究自身教学实践在何种程度上有助于或无助于学习者对语用概念的内化。他们可能也希望对本书中提出的任务和任务的实施等建议提出挑战，尤其是对本章前面概述的改编建议的挑战。也有可能，对本人的一些有关语用能力发展的主张所依赖的证据基础，教师可能会发现难以令人信服，或与他们自身课堂教学目标和教学经验相左。由于缺乏更好的措辞，只能说我们一贯秉持开放的态度欢迎教师作为教师研究者和**转化型知识分子**，参与教学语用学的社会文化理论框架研究，并挑战其观念、假设、方法、证据和主张。

总　　结

本书描述了构建一个维果斯基式的二语教学语用学方法的初步尝试，在最后一章简要说明了这一框架在未来研究、课堂教学和教师教育方面的前景。作为总结，本人希望反思以下两点，尽管在本书中没有明确表述，但却已暗含其中。

第一点涉及本人在第一章提出的主张：社会文化理论框架并非展示一系列的建议和教学技巧供大家随意挑选。相反，它是一个以维果斯基的文化历史心理学理论为基础，组织连贯的教学项目的特定实例。就此稍加展开，我想给大家讲讲就在写该结束语的前几天我和一位同事的互动。在大学图书馆的餐厅喝茶时，我的同事问我，是否有可能仅成为“部分的维果斯基派”，并借用其中一些好的观点与来自不同传统的观点相结合，或者是否真有必要全盘接受该理论。我回答——虽然一开始确实犹豫不决，可能含糊不清——是的，的确有可能成为所谓的“部分的维果斯基派”，但是如果这样做，人们可能会放弃该理论的完整性，转而采用社会构建主义对维果斯基论述的重新阐释。为了进一步澄清，我认为社会文化理论不是一种辅助理论，也不是一套基于概念的教学程序，更不是一套课堂教学技巧，而是一种心理学理论，认为文化构建产物可以中介一切高级的心理过程，尤其是人类心理过程。本质上，它是一种关于生物与文化、心理与身体、个体与社会的辩证法理论。如果抛弃了这一理论的核心原则，那么，剩下的充其量不过是对社会学习的肤浅看法，最坏的情况，就是一套毫无理论根据、漫无目的的教学技巧。因此，教学语用学的社会文化理论框架的未来取决于持续认同心理学理论的完整性，因为前者由后者衍生，并为后者做出贡献。

我想接着第一点来讨论第二点。尽管认同该理论的完整性是必要的，但我并不认为这已经为社会文化理论指导下的教学语用学方法提供了决定性的或最终的表述。从最后一章的内容中应该清楚地看到，在研究、课堂教学和教师教育项目等领域，该框架的未来实例化存在着无数的方向。维果斯基的文化历史心理学及其当代诠释，如何能在教学中发展二语学习者的语用能力，关于这一话题的讨论本书远非一个定论，而应被视为一个开端。根据真正的维果斯基精神，本书应被视为实践中的一个环节，可以对未来的理论和实践创新提供借鉴。

参考文献

Abraham, L.B. and Williams, L. (2009) Introduction: Analyzing and exploring electronic discourse. In L.B. Abraham and L. Williams (eds) *Electronic Discourse in Language Learning and Language Teaching* (pp. 1—8). Assmsterdam: John Benjamins.

Agar, M. (1994) *Culture Shock: Understanding the Culture of Conversation*. New York: Morrow.

Ager, D. E. (1990) *Sociolinguistics and Contemporary French*. New York: Cambridge University Press.

Ahearn, L. (2001) Language and agency. *Annual Review of Anthropology* 30, 109—137.

Alcón Soler, E. and Martínez-Flor, A. (2008) Pragmatics in foreign language contexts. In E. Alcón Soler and A. Martínez-Flor (eds) *Investigating Pragmatics in Foreign Language Learning, Teaching and Testing* (pp. 3—21). Bristol: Multilingual Matters.

Aljaafreh, A. and Lantolf, J.P. (1994) Negative feedback as regulation and second language learning in the zone of proximal development. *Modern Language Journal* 78, 465—483.

Antón, M. and DiCamilla, F.J. (1998) Socio-cognitive functions of L1 collaborative interaction in the L2 classroom. *Canadian Modern Language Review* 54, 314—353.

Austin, J.L. (1962) *How to Do Things with Words*. Oxford: Claredon Press.

Bachman, L.F. (1990) *Fundamental Considerations in Language Testing*. Oxford: Oxford University Press.

Becker, A.L. (1988) Language in particular: A lecture. In D. Tannen (ed.) *Linguistics in Context: Connecting Observation and Understanding* (pp. 17—35). Norwood: Ablex.

Beeching, K., Armstrong, N. and Gadet, F. (eds) (2009) *Sociolinguistic Variation in Contemporary French*. Amsterdam: John Benjamins.

Belz, J. and Kinginger, C. (2002) The cross-linguistic development of address form use in telecollaborative language learning: Two case studies. *Canadian Modern Language Review* 59, 189—214.

Belz, J.A. and Thorne, S.L. (eds) (2006) *Internet-mediated Intercultural Foreign*

Language Education. Boston: Heinle & Heinle.

Belz, J.A. and Vyatkina, N. (2008) The pedagogical mediation of a developmental learner corpus for classroom-based language instruction. *Language Learning & Technology* 12, 33—52.

Biber, D. (2006) *University Language: A Corpus-based Study of Spoken and Written Registers*. Amsterdam: John Benjamins.

Blattner, G. and Williams, L. (2009) Linguistic and social dimensions of French-language discussion forums. In L. B. Abraham and L. Williams (eds) *Electronic Discourse in Language Learning and Language Teaching* (pp. 263—289). Amsterdam: John Benjamins.

Block, D. (2000) Revisiting the gap between SLA researchers and language teachers. *Links and Letters* 7, 129—143.

Block, D. (2007) The rise of identity in SLA research, post Firth and Wagner, 1997. *Modern Language Journal* 91 (S1), 863—876.

Blondeau, H. (2003) The old *nous* and the new *nous*. A comparison of 19th and 20th century spoken Quebec French. *Penn Working Papers in Linguistics* 9 (2), 1—15.

Bolden, G. (2006) Little words that matter: Discourse markers 'so' and 'oh' and the doing of other-attentiveness in social interaction. *Journal of Communication* 56, 661—688.

Brooks, L., Swain, M., Lapkin, S. and Knouzi, I. (2010) Mediating between scientific and spontaneous concepts through languaging. *Language Awareness* 19, 89—110.

Brown, P. and Levinson, S. (1987) *Politeness: Some Universals in Language Usage* (2nd edn). Cambridge: Cambridge University Press.

Bucholtz, M. and Hall, K. (2005) Identity and interaction: A sociocultural linguistic approach. *Discourse Studies* 7, 585—614.

Bybee, J.L. (2008) Usage-based grammar and second language acquisition. In P. Robinson and N.C. Ellis (eds) *Handbook of Cognitive Linguistic and Second Language Acquisition* (pp. 216—236). New York: Routledge.

Canale, M. (1983) From communicative competence to communicative language pedagogy. In J. Richards and R. W. Schmidt (eds) *Language and Communication* (pp. 2—27). London: Longman.

Canale, M. and Swain, M. (1980) Theoretical bases of communicative approaches to second language teaching and testing. *Applied Linguistics* 1, 1—47.

Celce-Murcia, M. (2007) Rethinking the role of communicative competence in language teaching. In E. Alcón Soler and M. P. Safont Jordà (eds) *Intercultural Language Use and Language Learning* (pp. 41—57). Berlin: Springer.

Celce-Murcia, M.A., Dörnyei, Z. and Thurrell, S. (1995) Communicative competence: A pedagogically motivated model with content specification. *Issues in Applied Linguistics* 6, 5—35.

Chaiklin, S. (2001) The category of 'personality' in cultural-historical psychology. In S. Chaiklin (ed.) *The Theory and Practice of Cultural-historical Psychology* (pp. 238—259). Aarhus: Aarhus University Press.

Chaiklin, S. (2002) A developmental teaching approach to schooling. In G. Wells and G. Claxton (eds) *Learning for Life in the 21st Century: Sociocultural Perspectives on the Future of Education* (pp. 167—180). London: Blackwell.

Chaiklin, S. (2003) The zone of proximal development in Vygotsky's analysis of learning and instruction. In A. Kozulin, B. Gindis, V. Ageyev and S. Miller (eds) *Vygotsky's Educational Theory in Cultural Context* (pp. 39—64). Cambridge: Cambridge University Press.

Chomsky, N. (1965) *Aspects of the Theory of Syntax*. Cambridge: MIT Press.

Cole, M. (1996) *Cultural Psychology: The Once and Future Discipline*. Cambridge: Bellknapp Press of Harvard University Press.

Cook, G. (1999) Communicative competence. In K. Johnson and H. Johnson (eds) *Encyclopedic Dictionary of Applied Linguistics* (pp. 62—68). Oxford: Blackwell.

Coveney, A. (1996) *Variability in Spoken French: A Sociolinguistic Study of Interrogation and Negation*. Exeter: Elm Bank Publications.

Coveney, A. (2000) Vestiges of *nous* and the 1st person plural verb in informal spoken French. *Language Sciences* 22, 447—481.

Coveney, A. (2010) *Vouvoiement* and *tutoiement*: Sociolinguistic reflections. *Journal of French Language Studies* 20, 127—150.

Crystal, D. (1997) *The Cambridge Encyclopedia of Language* (2nd edn). Cambridge: Cambridge University Press.

Davydov, V.V. (1995) The influence of L. S. Vygotsky on education theory, research, and practice (trans. S. T. Kerr). *Educational Researcher* 24 (3), 12—21.

Davydov, V.V. (2004) *Problems of Developmental Instruction: A Theoretical and Experimental Psychological Study* (trans. P. Moxay). Moscow: Akademyia Press.

de Saussure, F. (1913/1959) *Course in General Linguistics* (trans. W. Baskins). New York: Philosophical Library.

Dewaele, J-M. (2002) Using sociostylistic variants in advanced French interlanguage: The case of *nous/on*. *EUROSLA Yearbook* 2, 205—226.

Dewaele, J-M. (2004) Retention or omission of the *ne* in advanced French interlanguage: The variable effect of extralinguistic factors. *Journal of Sociolinguistics* 8, 433—450.

Dewaele, J-M. (2008) Appropriateness in foreign language acquisition and use: Some theoretical, methodological and ethical considerations. In R. Manchón and J. Cenoz (eds) *Doing SLA Research: Theoretical, Methodological, and Ethical Issues*. Special issue of the *International Review of Applied Linguistics* 46 (4), 235—255.

Dewaele, J-M. (2010) *Emotions in Multiple Languages*. Basingstoke: Palgrave Macmillan.

Dewaele, J-M. and Planchenault, G. (2006) 'Dites-moi tu?!' La perception de la difficulté du système des pronoms d'adresse en français ['Say tu to me?!' Perceptions of difficulty in the French system of address pronouns]. In M. Faraco (ed.) *La classe de langue: Théories, méthodes, pratiques* [The language classroom: Theories, methods, practice] (pp. 153—171). Aix-en-Provence: Publications de l'Université de Provence.

DeYoung, C.G. (2010) Personality neuroscience and the biology of traits. *Social and Personality Psychology Compass* 4, 1165—1180.

Di Pietro, R.J. (1982) The open-ended scenario: A new approach to conversation. *TESOL Quarterly* 16, 15—20.

Di Pietro, R.J. (1987) *Strategic Interaction: Learning Languages Through Scenarios*. Cambridge: Cambridge University Press.

Douglass, K. (2009) Second-person pronoun use in French-language blogs: Developing L2 sociopragmatic competence. In L. B. Abraham and L. Williams (eds) *Electronic Discourse in Language Learning and Language Teaching* (pp. 213—239). Amsterdam: John Benjamins.

Dunn, W. and Lantolf, J.P. (1998) Vygotsky's zone of proximal development and Krashen's i + 1: Incommensurable constructs; incommensurable theories. *Language Learning* 48, 411—442.

Eckert, P. (2008) Variation and the indexical field. *Journal of Sociolinguistics* 12, 453—476.

Engeström, Y. (1987) *Learning by Expanding: An Activity-theoretical Approach to Developmental Research*. Helsinki: Orienta-Konsultit Oy.

Etienne, C. and Sax, K. (2006) Teaching stylistic variation through film. *French Review* 79, 934—950.

Etienne, C. and Sax, K. (2009) Stylistic variation in French: Bridging the gap between research and textbooks. *Modern Language Journal* 93, 584—606.

Farrell Whitworth, K. (2009) The discussion forum as a locus for developing L2 pragmatic awareness. In L.B. Abraham and L. Williams (eds) *Electronic Discourse in Language Learning and Language Teaching* (pp. 291—317). Amsterdam: John Benjamins.

Ferreira, M. (2005) A Concept-based approach to writing instruction: From the abstract concept to the concrete performance. Unpublished doctoral dissertation, Pennsylvania State University.

Feuerstein, R., Rand, Y. and Rynders, J.E. (1988) *Don't Accept Me as I Am. Helping Retarded Performers Excel*. New York: Plenum.

Fonseca-Greber, B. and Waugh, L. (2003) On the radical difference between the subject personal pronouns in written and spoken European French. In P. Leistyna and C.F. Meyer (eds) *Corpus Analysis: Language Structure and Language Use* (pp. 225—240). Amsterdam: Rodopi.

Frawley, W. (1997) *Vygotsky and Cognitive Science. Language and the Unification of the Social and Computational Mind*. Cambridge: Harvard University Press.

Freeman, D. (2004) Language, sociocultural theory, and L2 teacher education: Examining the technology of subject matter and the architecture of instruction. In M. R. Hawkins (ed.) *Language Learning and Teacher Education: A Sociocultural Approach* (pp. 167—197). Clevedon: Multilingual Matters.

Freeman, D. and Johnson, K.E. (1998) Reconceptualizing the knowledge-base of L2 teacher education. *TESOL Quarterly* 32, 397—417.

Galperin, P.I. (1989) Organization of mental activity and the effectiveness of learning. *Soviet Psychology* 27 (3), 45—65.

Galperin, P.I. (1992) Stage-by-stage formation as a method of psychological investigation. *Journal of Russian and East European Psychology* July/August 30 (4), 60—80.

Gánem-Gutiérrez, G.A. and Roehr, K. (2011) Use of L2, metalanguage, and discourse markers: L2 learners' regulation during individual task performance. *International Journal of Applied Linguistics* 21, 297—318.

Gardner-Chloros, P. (2007) T/V choices: An act of identity? In W. Ayres-Bennett and M.C. Jones (eds) *The French Language and Questions of Identity* (pp. 106—115). Oxford: Legenda.

Gass, S. and Mackey, A. (2006) Input, interaction and output: An overview. *AILA Review* 19, 3—17.

Giroux, H. (1988) *Teachers as Intellectuals: Toward a Critical Pedagogy of Learning*.

Brandy: Bergin & Garvey.

Goldenberg, C. (1991) *Instructional conversations and their classroom applications. Paper No. EPR02*. NCRCDSLL Educational Practice Reports. Center for Research on Education, Diversity & Excellence.

Goodwin, C. (2007) Participation, stance and affect in the organization of activities. *Discourse and Society* 18, 53—73.

Guikema, J.P. (2004) Learners as agents of development: An activity theory and folk linguistic analysis of foreign language literacy. Unpublished PhD thesis, Pennsylvania State University.

Guikema, J.P. (2009) Discourse analysis of podcasts in French: Implications for foreign language listening development. In L.B. Abraham and L. Williams (eds) *Electronic Discourse in Language Learning and Language Teaching* (pp. 169—189). Amsterdam: John Benjamins.

Gumperz, J. and Hymes, D. (1972) *Directions in Sociolinguistics*: *The Ethnography of Communication*. New York: Holt, Rinehart & Winston.

Haenen, J. (1996) *Piotr Gal'perin*: *Psychologist in Vygotsky's footsteps*. New York: Nova Science Publishers.

Hall, J.K. (2001) *Methods for Teaching Foreign Languages*: *Creating a Community of Learners in the Classroom*. Upper Saddle River: Prentice Hall.

Halliday, M.A.K. (1973) *Explorations in the Functions of Language*. London: Edward Arnold.

Halliday, M.A.K. (1978) *Language as Social Semiotic. The Social Interpretation of Language and Meaning*. London: Edward Arnold.

Harley, B., Cummins J., Swain, M. and Allen, P. (1990) The nature of language proficiency. In B. Harley, P. Allen, J. Cummins and M. Swain (eds) *The Development of Second Language Proficiency* (pp. 7—25). Cambridge: Cambridge University Press.

Haywood, H.C. and Lidz, C.S. (2007) *Dynamic Assessment in Practice. Clinical and Educational Applications*. Cambridge: Cambridge University Press.

Hellermann, J. (2007) The development of practices for action in classroom dyadic interaction: Focus on task openings. *Modern Language Journal* 91, 83—96.

Holzman, L. (2009) *Vygotsky at Work and Play*. London: Routledge.

Hopper , P. (1987) Emergent grammar [Electronic version]. *Berkeley Linguistics Society* 13, 139—157. See http://elanguage. net/journals/bls/article/view/2492. Accessed 15 October 2012.

Hopper, P.J. (1998) Emergent grammar. In M. Tomasello (ed.) *The New Psychology of Language: Cognitive and Functional Approaches to Language Structure* (pp. 155—176). Mahwah: Lawrence Erlbaum.

Horwitz, E.K., Horwitz, M.B. and Cope, J. (1986) Foreign language classroom anxiety. *Modern Language Journal* 70, 125—132.

Hulstijn, J.H. (2007) Psycholinguistic perspectives on language acquisition. In J. Cummings and C. Davidson (eds) *The International Handbook on English Language Teaching* (pp. 701—713). Norwell: Springer.

Hymes, D. (1964) Formal discussion of a conference paper. In U. Bellugi and R. Brown (eds) *The Acquisition of Language*. Monographs of the Society for Research in Child Development. Malden: Blackwell.

Hymes, D. (1972) Models of the interaction of language and social life. In J. J. Gumperz and D. Hymes (eds) *Directions in Sociolinguistics: The Ethnography of Communication* (pp. 35—71). New York: Holt, Rinehart, & Winston.

Ilyenkov, E.V. (1982) *The Dialectics of the Abstract and the Concrete in Marx's Capital*. Moscow: Progress.

Imai, Y. (2010) Emotions in SLA: New insights from collaborative learning for an EFL classroom. *Modern Language Journal* 94, 278—292.

Ishihara, N. (2010) Instructional pragmatics: Bridging teaching, research, and teacher education. *Language and Linguistics Compass* 4, 938—953.

Johnson, K.E. (2009) *Second Language Teacher Education: A Sociocultural Perspective*. New York: Routledge.

Johnson, K.E. and Arshavskaya. E. (2011) Reconceptualizing the micro-teaching simulation in an MA TESL course. In K.E. Johnson and P.R. Golombek (eds) *Research on Second Language Teacher Education: A Sociocultural Perspective on Professional Development* (pp. 168—186). New York: Routledge.

John-Steiner, V.P. (2007) Vygotsky on thinking and speaking. In H. Daniels, M. Cole and J.V. Wertsch (eds) *The Cambridge Companion to Vygotsky* (pp. 136—152). Cambridge: Cambridge University Press.

Johnstone, B. (2011) Making Pittsburghese: Communication technology, expertise, and the discursive construction of a regional dialect. *Language & Communication* 31, 3—15.

Johnstone, B. and Kiesling, S.F. (2008) Indexicality and experience: Exploring the meaning of /aw/-monophthongization in Pittsburg. *Journal of Sociolinguistics* 12, 5—33.

Karpov, Y.V. (2003) Vygotsky's doctrine of scientific concepts: Its role for contemporary education. In A. Kozulin, B. Gindis, V.S. Ageyev and S. Miller (eds) *Vygotsky's Educational Theory in Cultural Context* (pp. 39—64). Cambridge: Cambridge University Press.

Kasper, G. (1997) *Can Pragmatic Competence be Taught*? Honolulu: Second Language Teaching & Curriculum Center, University of Hawai'i. See http://www. nflrc. hawaii. edu/ NetWorks/NW06/.

Kasper, G. (2001) Four perspectives on L2 pragmatic development. *Applied Linguistics* 22, 502—530.

Kasper, G. (2004) Speech acts in (inter)action: Repeated questions. *Intercultural Pragmatics* 1, 105—114.

Kasper, G. and Roever, C. (2005) Pragmatics in second language learning. In E. Hinkel (ed.) *Handbook of Research in Second Language Learning and Teaching* (pp. 317—334). Mahwah: Lawrence Erlbaum.

Kasper, G. and Rose, K. (2002) *Pragmatic Development in a Second Language. Language Learning* 52 (Suppl. 1). Oxford: Blackwell.

Kinginger, C. (2001) i + 1 ≠ ZPD. *Foreign Language Annals* 34, 417—425.

Kinginger, C. (2004) Alice doesn't live here anymore: Foreign language learning and identity. In A. Pavlenko and A. Blackledge (eds) *Negotiation of Identities in Multilingual Contexts* (pp. 219—242). Clevedon: Multilingual Matters.

Kinginger, C. (2008) Language learning in study abroad: Case studies of Americans in France. *Modern Language Journal* 92 (Suppl. 1).

Kinginger, C. (2009) *Language Learning and Study Abroad: A Critical Reading of Research*. Basingstoke: Palgrave Macmillan.

Knouzi, I., Swain, M., Lapkin, S. and Brooks, L. (2010) Self-scaffolding mediated by languaging: Microgenetic analysis of high and low performers. *International Journal of Applied Linguistics* 20, 23—49.

Kozulin, A. (1995) The learning process: Vygotsky's theory in the mirror of its interpretations. *School Psychology International* 16, 117—129.

Kozulin, A. (2003) Psychological tools and mediated learning. In A. Kozulin, B. Gindis, V.S. Ageyev and S.M. Miller (eds) *Vygotsky's Educational Theory in Cultural Contexts* (pp. 15—38). Cambridge: Cambridge University Press.

Kozulin, A. and Garb, E. (2002) Dynamic assessment of EFL text comprehension of at-risk students. *School Psychology International* 23, 112—127.

Labov, W. (1972) *Sociolinguistic Patterns*. Philadelphia: University of Pennsylvania

Press. Lam, W.S.E. (2004) Second language socialization in a bilingual chat room: Global and local considerations. *Language Learning & Technology* 8, 44—65.

Lantolf, J.P. (1996) SLA theory building: 'Letting all the flowers bloom!' *Language Learning* 46, 713—749.

Lantolf, J.P. (2003) Intrapersonal communication and internalization in the second language classroom. In A. Kozulin, B. Gindis, V.S. Ageyev and S.M. Miller (eds) *Vygotsky's Educational Theory in Cultural Context* (pp. 349—370). Cambridge: Cambridge University Press.

Lantolf, J.P. (2006) Sociocultural theory and L2. *Studies in Second Language Acquisition* 28, 67—109.

Lantolf, J.P. (2007) Conceptual knowledge and instructed second language learning. In S. Fotos and H. Nassaji (eds) *Form-focused Instruction and Teacher Education: Studies in Honour of Rod Ellis* (pp. 35—54). Oxford: Oxford University Press.

Lantolf, J.P. (2008) Praxis and classroom L2 development. *Estudios de lingüística inglesia aplicada* 8, 13—44.

Lantolf, J.P. (2010) Sociocultural theory and the pedagogical imperative. In R.B. Kaplan (ed.) *The Oxford Handbook of Applied Linguistics* (2nd edn) (pp. 163—177). New York: Oxford University Press.

Lantolf, J.P. and Genung, P. (2002) 'I'd rather switch than fight' : An activity theoretic study of power, success and failure in a foreign language classroom. In C. Kramsch (ed.) *Language Acquisition and Language Socialization: Ecological Perspectives* (pp. 175— 196). London: Continuum.

Lantolf, J.P. and Johnson, K. E. (2007) Extending Firth and Wagner's (1997) Ontological perspective to L2 classroom praxis and teacher education. *Modern Language Journal* 91 (Suppl. 1), 877—892.

Lantolf, J.P. and Pavlenko, A. (2001) (S)econd (L)anguage (A)ctivity theory: Understanding learners as people. In M. Breen (ed.) *Learner Contributions to Language Learning: New Directions in Research* (pp. 141—158). London: Pearson.

Lantolf, J.P. and Poehner, M.E. (2004) Dynamic assessment: Bringing the past into the future. *Journal of Applied Linguistics* 1, 49—74.

Lantolf, J.P. and Poehner, M.E. (2011) Dynamic assessment in the classroom: Vygotskian praxis for second language development. *Language Teaching Research* 15, 11—33.

Lantolf, J.P. and Thorne, S.L. (2006) *Sociocultural Theory and the Genesis of Second Language Development*. Oxford: Oxford University Press.

Lapkin, S., Swain, M. and Knouzi, I. (2008) French as a second language: University students learn the grammatical concept of voice: Study design, materials development and pilot data. In J.P. Lantolf and M. E. Poehner (eds) *Sociocultural Theory and the Teaching of Second Languages* (pp. 228—255). London: Equinox.

Lave, J. and Wenger, E. (1991) *Situated Learning: Legitimate Peripheral Participation*. New York: Cambridge University Press.

Leech, G. (1983) *The Principles of Pragmatics*. London: Longman.

Leontiev, A.A. (1981) *Psychology and the Language Learning Process*. London: Pergamon. Leung, C. (2005) Convivial communication: Recontextualizing communicative competence. *International Journal of Applied Linguistics* 15, 119—144.

Levinson, S. (1992) Activity types and language. In P. Drew and J. Heritage (eds) *Talk at Work: Interaction in Institutional Settings* (pp. 66—100). Cambridge: Cambridge University Press.

Lyster, R. (1994) The effect of functional-analytic teaching on aspects of French immersion students' sociolinguistic competence. *Applied Linguistics* 15, 263—287.

Lyster, R. and Rebuffot, J. (2002) Acquisition des pronoms d'allocution en classe de français immersif. *Acquisition et Interaction en Langue Étrangère* 17 [np]. See http:// aile. revues. org/document842. html (accessed December 2008).

MacIntyre, P.D. (2002) Motivation, anxiety and emotion in second language acquisition. In P. Robinson (ed.) *Individual Differences in Second Language Acquisition* (pp. 45—68). Amsterdam: John Benjamins.

Mahn, H. and John-Steiner, V. (2002) The gift of confidence: A Vygotskian view of emotions. In G. Wells and G. Claxton (eds) *Learning for Life in the 21st Century: Sociocultural Perspectives on the Future of Education* (pp. 45—58). London: Blackwell.

Martínez-Flor, A. and Usó-Juan, E. (2006) A comprehensive pedagogical framework to develop pragmatics in the foreign language classroom: The 6Rs approach. *Applied Language Learning* 16 (2), 39—64.

Martínez-Flor, A. and Usó-Juan, E. (eds) (2010) *Speech Act Performance: Theoretical, Empirical and Methodological Issues*. Amsterdam: John Benjamins.

McCafferty, S.G. (1998) Nonverbal expression and L2 private speech. *Applied Linguistics* 19, 73—96.

McCafferty, S.G. (2004) Space for cognition: Gesture and second language learning. *International Journal of Applied Linguistics* 14, 148—165.

McCourt, C.A. (2009) Pragmatic variation among learners of French in real-time chat communication. In R. Oxford and J. Oxford (eds) *Second Language Teaching and Learning in the Net Generation* (pp. 143—154). Honolulu: National Foreign Language Resource Center, University of Hawai'i.

McNeill, D. (2005) *Gesture and Thought*. Chicago: University of Chicago Press.

Morford, J. (1997) Social indexicality in French pronominal address. *Journal of Linguistic Anthropology* 7, 3—37.

Mougeon, R., Nadasdi, T. and Rehner, K. (2010) *The Sociolinguistic Competence of Immersion Students*. Bristol: Multilingual Matters.

Mühlhäusler, P. and Harré, R. (1990) *Pronouns and People: The Linguistic Construction of Social and Personal Identity*. Oxford: Basil Blackwell.

Nassaji, H. and Swain, M. (2000) Vygotskian perspective on corrective feedback in L2: The effect of random versus negotiated help on the learning of English articles. *Language Awareness* 9, 34—51.

Negueruela, E. (2003) A sociocultural approach to teaching and researching second language: Systemic-theoretical instruction and second language development. Unpublished PhD thesis, Pennsylvania State University.

Negueruela, E. (2008) Revolutionary pedagogies: Learning that leads (to) second language development. In J.P. Lantolf and M.E. Poehner (eds) *Sociocultural Theory and the Teaching of Second Languages* (pp. 189—227). London: Equinox.

Negueruela, E. and Lantolf, J.P. (2006) Concept-based pedagogy and the acquisition of L2 Spanish. In R. Salaberry and B.A. Lafford (eds) *The Art of Teaching Spanish: Second Language Acquisition from Research to Practice* (pp. 79—102). Washington, DC: Georgetown University Press.

New London Group (1996) A pedagogy of multiliteracies: Designing social futures. *Harvard Educational Review* 66, 60—92.

Niedzielski, N. and Preston, D. (eds) (2000) *Folk Linguistics*. Berlin: Mouton de Gruyter. Norton, B. (1995) Social identity, investment, and language learning. *TESOL Quarterly* 29, 9—31.

Norton, B. (2000) *Identity and Language Learning: Social Processes and Educational Practice*. London: Longman.

Ohta, A.S. (2001) *Second Language Acquisition Processes in the Classroom: Learning Japanese*. Mahwah: Lawrence Erlbaum.

Paradis, M. (2004) *A Neurolinguistic Theory of Bilingualism*. Amsterdam: John Benjamins.

Paradis, M. (2009) *Declarative and Procedural Determinants of Second Languages*.

Amsterdam: John Benjamins.

Pavlenko, A. (2005) *Emotions and Multilingualism*. New York: Cambridge University Press.

Pavlenko, A. (ed.) (2006) *Bilingual Minds: Emotional Experience, Expression and Representation*. Clevedon: Multilingual Matters.

Pavlenko, A. and Lantolf, J.P. (2000) Second language learning as participation and the (re)construction of selves. In J.P. Lantolf (ed.) *Sociocultural Theory and Second Language Learning* (pp. 156—177). Oxford: Oxford University Press.

Peeters, B. (2006) *Nous on vous tu (e)*: La guerre (pacifique) des pronoms personnels. *Zeitschrift für romanische Philologie* 122, 201—220.

Perkins, D.N. (1993) Person-plus: A distributed view of thinking and learning. In G. Salamon (ed.) *Distributed Cognitions. Psychological and Educational Considerations* (pp. 88—110). Cambridge: Cambridge University Press.

Poehner, M.E. (2007) Beyond the test: L2 dynamic assessment and the transcendence of mediated learning. *Modern Language Journal* 91, 323—340.

Poehner, M.E. (2008) *Dynamic Assessment: A Vygotskian Approach to Understanding and Promoting Second Language Development*. Berlin: Springer Publishing.

Poehner, M.E. (2009) Group dynamic assessment: Mediation for the L2 classroom. *TESOL Quarterly* 43 (3), 471—491.

Poehner, M.E. and Lantolf, J.P. (2010) Vygotsky' s teaching-assessment dialectic and L2 education: The case for dynamic assessment. *Mind, Culture, and Activity* 17, 312—330.

Poehner, M.E. and Lantolf, J.P. (2013) Bringing the ZPD into the equation: Capturing L2 development during computerized dynamic assessment (C-DA). In R.A. van Compernolle and L. Williams (eds) *Sociocultural Theory and Second Language Pedagogy* [Special issue]. *Language Teaching Research* 17, 323—342.

Poehner, M.E. and van Compernolle, R.A. (2011) Frames of interaction in dynamic assessment: Developmental diagnoses of second language learning. In M.E. Poehner and P. Rae-Dickens (eds) *Addressing Issues of Access and Fairness in Education Through Dynamic Assessment* [Special issue]. *Assessment in Education: Principles, Policy and Practice* 18 (2), 183—198.

Poehner, M.E. and van Compernolle, R.A. (forthcoming) L2 development around tests: Response processes and dynamic assessment. *International Review of Applied Linguistics in Language Teaching*.

Regan, V., Howard, M. and Lemée, I. (2009) *The Acquisition of Sociolinguistic*

Competence in a Study Abroad Context. Bristol: Multilingual Matters.

Rose, K.R. (1999) Teachers and students learning about requests in Hong Kong. In E. Hinkel (ed.) *Culture in Second Language Teaching and Learning* (pp. 167—180). Cambridge: Cambridge University Press.

Rose, K.R. (2005) On the effects of instruction in second language pragmatics. *System* 33, 385—399.

Rose, K. and Kasper, G. (ed.) (2001) *Pragmatics in Language Teaching*. Cambridge: Cambridge University Press.

Sacks, H., Schegloff, E. and Jefferson, G. (1974) A simplest systematic for the organization of turn-taking for conversation. *Language* 50, 696—735.

Savignon, S.J. (1972) *Communicative Competence: An Experiment in Foreign-language Teaching*. Philadelphia: Center for Curriculum Development.

Savignon, S.J. (1983) *Communicative Competence: Theory and Classroom Practice*. Reading: Addison-Wesley.

Savignon, S.J. (1997) *Communicative Competence: Theory and Classroom Practice* (2nd edn). New York: McGraw Hill.

Sax, K. (2003) The acquisition of stylistic variation by American learners of French. Doctoral dissertation, Indiana University.

Searle, J. (1969) *Speech Acts: An Essay in the Philosophy of Language*. Cambridge: Cambridge University Press.

Serrano-Lopez, M. and Poehner, M.E. (2008) Materializing linguistic concepts through 3-D clay modeling: A tool-and-result approach to mediating L2 Spanish development. In J.P. Lantolf and M.E. Poehner (eds) *Sociocultural Theory and the Teaching of Second Languages* (pp. 321—346). London: Equinox.

Sfard, A. (1998) On two metaphors. *Educational Researcher* 27, 4—13. Silverstein, M. (2003) Indexical order and the dialectics of sociolinguistic life. *Language and Communication* 23, 193—229.

Stetsenko, A. and Arievitch, I.M. (2010) Cultural-historical activity theory: Foundational worldview, major principles, and the relevance of sociocultural context. In S.R. Kirschner and J. Martin (eds) *The Sociocultural Turn in Psychology: The Contextual Emergence of Mind and Self* (pp. 231—252). New York: Columbia University Press.

Swain, M. (2006) Languaging, agency and collaboration in advanced language proficiency. In H. Byrnes (ed.) *Advanced Language Learning: The Contribution of Halliday and Vygotsky* (pp. 95—108). London: Continuum.

Swain, M. (2013) The inseparability of cognition and emotion in second language learning. *Language Teaching* 46 (2), 195—207.

Swain, M. and Lapkin, S. (1990) Aspects of the sociolinguistic performance of early and later French immersion students. In R. C. Scarcella, E. S. Andersen and S. D. Krashen (eds) *Developing Communicative Competence in a Second Language* (pp. 41—54). Rowley: Newbury House.

Swain, S. and Lapkin, S. (2002) Talking it through: Two French immersion learners' response to reformulation. *International Journal of Educational Research* 37, 285—304.

Swain, M., Lapkin, S., Knouzi, I., Suzuki, W. and Brooks, L. (2009) Languaging: University students learn the grammatical concept of voice in French. *Modern Language Journal* 93, 5—29.

Sykes, J.M. (2008) A dynamic approach to social interaction: SCMC, synthetic immersive environments & Spanish pragmatics. Unpublished PhD thesis, University of Minnesota.

Sykes, J., Oskoz, A. and S.L. Thorne (2008) Web 2.0, synthetic immersive environments, and mobile resources for language education. *CALICO Journal* 25, 528—546.

Taguchi, N. (2011) Teaching pragmatics: Trends and issues. *Annual Review of Applied Linguistics* 31, 289—310.

Takahashi, S. (2010) The effect of pragmatic instruction on speech act performance. In A. Martínez-Flor and E. Usó-Juan (eds) *Speech Act Performance: Theoretical, Empirical and Methodological Issues* (pp. 127—142). Amsterdam: John Benjamins.

Tarone, E. (1988) *Variation in Interlanguage*. London: Edward Arnold.

Tharp, R. and Gallimore, R. (1988) *Rousing Minds to Life: Teaching, Learning and Schooling in Social Context*. Cambridge: Cambridge University Press.

Thomas, J. (1983) Cross-cultural pragmatic failure. *Applied Linguistics* 4, 91—112.

Thorne, S.L. (2003) Artifacts and cultures-of-use in intercultural communication. *Language Learning & Technology* 7, 38—67.

Thorne, S.L. (2008) Transcultural communication in pen Internet environments and massively multiplayer online games. In S. Magnan (ed.) *Mediating Discourse Online* (pp. 305—327). Amsterdam: John Benjamins.

Thorne, S.L. and Lantolf, J.P. (2007) A linguistics of communicative activity. In S. Makoni and A. Pennycook (eds) *Disinventing and Reconstituting Languages* (pp. 170—195). Clevedon: Multilingual Matters.

Tomasello, M. (2003) *Constructing a Language: A Usage-based Theory of Language Acquisition*. Cambridge: Harvard University Press.

Trudgill, P. (1999) New-dialect formation and dedialectalization: Embryonic and vestigial variants. *Journal of English Linguistics* 27, 319—327.

Valsiner, J. (2001) Process structure of semiotic mediation in human development. *Human Development* 44, 84—97.

Valsiner, J. and van der Veer, R. (2000) *The Social Mind: Development of the Idea*. Cambridge: Cambridge University Press.

van Compernolle, R.A. (2008a) Morphosyntactic and phonological constraints on negative particle variation in French-language chat discourse. *Language Variation and Change* 20, 317—339.

van Compernolle, R.A. (2008b) *Nous* versus *on*: Pronouns with first-person plural reference in synchronous French chat. *Canadian Journal of Applied Linguistics* 11, 85—110.

van Compernolle, R.A. (2008c) Second-person pronoun use and address strategies in on-line personal advertisements from Quebec. *Journal of Pragmatics* 40, 2062—2076.

van Compernolle, R.A. (2010a) Towards a sociolinguistically responsive pedagogy: Teaching second-person address forms in French. *Canadian Modern Language Review* 66, 445—463.

van Compernolle, R.A. (2010b) The (slightly more) productive use of *ne* in Montreal French chat. *Language Sciences* 32, 447—463.

van Compernolle, R.A. (2011a) Developing a sociocultural orientation to variation in language. *Language and Communication* 31, 86—94.

van Compernolle, R.A. (2011b) Developing second language sociopragmatic knowledge through concept-based instruction: A microgenetic case study. *Journal of Pragmatics* 43 (13), 3267—3283.

van Compernolle, R.A. (2012) Developing sociopragmatic capacity in a second language through concept-based instruction. Unpublished PhD thesis, Pennsylvania State University.

van Compernolle, R.A. (2013) From verbal protocols to cooperative dialogue in the assessment of second language pragmatic competence. *Intercultural Pragmatics* 10, 71—100.

van Compernolle, R.A. (forthcoming) Interactional competence and the dynamic assessment of L2 pragmatic abilities. In S. Ross and G. Kasper (eds) *Assessing Second Language Pragmatics*. Basingstoke: Palgrave Macmillan.

van Compernolle, R.A. and Kinginger, C. (2013) Promoting metapragmatic development through assessment in the ZPD. In R. A.van Compernolle and L. Williams (eds)

Sociocultural Theory and Second Language Pedagogy [Special issue]. *Language Teaching Research* 17, 282—302.

van Compernolle, R. A. and Pierozak, I. (2009) Teaching language variation in French through authentic chat discourse. In L. Abraham and L. Williams (eds) *Electronic Discourse in Language Learning and Language Teaching* (pp. 111—126). Amsterdam: John Benjamins.

van Compernolle, R. A. and Williams, L. (2009a) Variable omission of *ne* in real-time French chat: A corpus-driven comparison of educational and non-educational contexts. *Canadian Modern Language Review* 65, 413—440.

van Compernolle, R. A. and Williams, L. (2009b) Learner versus non-learner patterns of stylistic variation in synchronous computer-mediated French: *Yes/no questions* and *nous* versus *on*. *Studies in Second Language Acquisition* 31, 471—500.

van Compernolle, R. A. and Williams, L. (2011a) Metalinguistic explanations and self-reports as triangulation data for interpreting L2 sociolinguistic performance. *International Journal of Applied Linguistics* 21, 26—50.

van Compernolle, R. A. and Williams, L. (2011b) Thinking with your hands: Speech-gesture activity during an L2 awareness-raising task. *Language Awareness* 20 (3), 203—219.

van Compernolle, R. A. and Williams, L. (2012a) Promoting sociolinguistic competence in the classroom zone of proximal development. *Language Teaching Research* 16, 39—60.

van Compernolle, R. A. and Williams, L. (2012b) Reconceptualizing sociolinguistic competence as mediated action: Identity, meaning-making, agency. *Modern Language Journal* 96, 234—250.

van Compernolle, R. A. and Williams, L. (2012c) Teaching, learning, and developing L2 French sociolinguistic competence: A sociocultural perspective. *Applied Linguistics* 33, 184—205.

van Compernolle, R. A., Williams, L. and McCourt, C. (2011) A corpus-driven study of second-person pronoun variation in L2 French synchronous computer-mediated communication. *Intercultural Pragmatics* 8, 67—91.

van Lier, L. (1988) *The Classroom and the Language Learner*. London: Longman.

van Lier, L. (1996) *Interaction in the Language Curriculum: Awareness, Autonomy, and Authenticity*. Harlow: Longman.

van Lier, L. (2004) *The Ecology and Semiotics of Language Learning: A Sociocultural Perspective*. Boston: Kluwer Academic.

van Lier, L. (2008) Agency in the classroom. In J.P. Lantolf and M.E. Poehner (eds) *Sociocultural Theory and the Teaching of Second Languages* (pp. 163—186). London: Equinox.

Vygotsky, L.S. (1978) *Mind in Society: The Development of Higher Mental Processes*. Cambridge: Harvard University Press.

Vygotsky, L.S. (1986) *Thought and Language*. Cambridge, MA: MIT Press.

Vygotsky, L.S. (1987) *The Collected Works of L.S. Vygotsky. Volume 1. Problems of General Psychology. Including the Volume Thinking and Speech* (ed. R.W. Rieber and A. S. Carton). New York: Plenum.

Vygotsky, L.S. (1997) *Educational Psychology*. Boca Raton: St. Lucie Press.

Vygotsky, L.S. (2000) *Thought and Language* (revised) (ed. A. Kozulin). Cambridge: MIT Press.

Vygotsky. L.S. (2004) The historical meaning of the crisis in psychology: A methodological investigation. In R. W. Rieber and D.K. Robinson (eds) *The Essential Vygotsky* (pp. 227—344). New York: Kluwer/Plenum.

Wartofsky, M. (1973) *Models: Representation and the Scientific Understanding*. Dordrecht: Reidel.

Wells, G. (1999) *Dialogic Inquiry: Toward a Sociocultural Practice and Theory of Education*. Cambridge: Cambridge University Press.

Wertsch, J. (1985) *Vygotsky and the Social Formation of Mind*. Cambridge: Harvard University Press.

Wertsch, J. (1998) *Mind as Action*. Oxford: Oxford University Press.

Wertsch, J. (2007) Mediation. In H. Daniels, M. Cole and J. Wertsch (eds) *The Cambridge Companion to Vygotsky* (pp. 178—192). Cambridge: Cambridge University Press.

Widdowson, H.G. (1989) Knowledge of language and ability for use. *Applied Linguistics* 10, 128—137.

Widdowson, H.G. (2003) *Defining Issues in English Language Teaching*. Oxford: Oxford University Press.

Widdowson, H.G. (2007) Un-applied linguistics and communicative language teaching: A reaction to Keith Johnson' s review of *Notional Syllabuses*. *International Journal of Applied Linguistics* 17, 214—220.

Wiley, N. (1994) *The Semiotic Self*. Chicago: University of Chicago Press.

Williams, L. and van Compernolle, R.A. (2007) Second-person pronoun use in on-line French-language chat environments. *French Review* 80 (4), 804—820.

Williams, L. and van Compernolle, R. A. (2009) Second-person pronoun use in French language discussion fora. *Journal of French Language Studies* 19 (3), 363—380.

Woodfield, H. (2010) What lies beneath?: Verbal report in interlanguage requests in English. *Multilingua* 29, 1—27.

Yáñez-Prieto, M. -C. (2008) On literature and the secret art of (im)possible worlds: Teaching literature-through-language. Unpublished PhD thesis, Pennsylvania State University.

Zinchenko, V.P. (2002) From classical to organic psychology. *Journal of Russian and East European Psychology* 39, 32—77.

Zinchenko, V.P. (2007) Thought and word: The approaches of L. S. Vygotsky and G. G. Shpet. In H. Daniels, M. Cole and J. Wertsch (eds) *The Cambridge Companion to Vygotsky* (pp. 212—245). Cambridge: Cambridge University Press.

语言学及应用语言学名著译丛书目

书名	作者	
句法结构（第2版）	〔美〕诺姆·乔姆斯基	著
语言知识：本质、来源及使用	〔美〕诺姆·乔姆斯基	著
语言与心智研究的新视野	〔美〕诺姆·乔姆斯基	著
语言研究（第7版）	〔美〕乔治·尤尔	著
英语的成长和结构	〔丹〕奥托·叶斯柏森	著
言辞之道研究	〔英〕保罗·格莱斯	著
言语行为：语言哲学论	〔美〕约翰·R. 塞尔	著
理解最简主义	〔美〕诺伯特·霍恩斯坦 〔巴西〕杰罗·努内斯 〔德〕克莱安西斯·K. 格罗曼	著
认知语言学	〔美〕威廉·克罗夫特 〔英〕D. 艾伦·克鲁斯	著
历史认知语言学	〔美〕玛格丽特·E. 温特斯 等	编
语言、使用与认知	〔美〕琼·拜比	著
我们思维的方式：概念整合与思维的隐含复杂性	〔法〕吉勒·福柯尼耶 〔美〕马克·特纳	著
为何只有我们：语言与进化	〔美〕罗伯特 C. 贝里克 〔美〕诺姆·乔姆斯基	著
语言的进化生物学探索	〔美〕菲利普·利伯曼	著
叶斯柏森论语音	〔丹〕奥托·叶斯柏森	著
语音类型	〔美〕伊恩·麦迪森	著
语调音系学（第2版）	〔英〕D. 罗伯特·拉德	著

韵律音系学	〔意〕玛丽娜·内斯波 〔美〕艾琳·沃格尔	著
词库音系学中的声调	〔加〕道格拉斯·蒲立本	著
音系与句法：语音与结构的关系	〔美〕伊丽莎白·O. 塞尔柯克	著
节律重音理论——原则与案例研究	〔美〕布鲁斯·海耶斯	著
语素导论	〔美〕戴维·恩比克	著
语义学（上卷）	〔英〕约翰·莱昂斯	著
语义学（下卷）	〔英〕约翰·莱昂斯	著
做语用（第 3 版）	〔英〕彼得·格伦迪	著
语用学原则	〔英〕杰弗里·利奇	著
语用学与英语	〔英〕乔纳森·卡尔佩珀 〔澳〕迈克尔·霍	著
交互文化语用学	〔美〕伊什特万·凯奇凯什	著
应用语言学研究方法	〔英〕佐尔坦·德尔涅伊	著
复杂系统与应用语言学	〔美〕戴安娜·拉森-弗里曼 〔英〕琳恩·卡梅伦	著
信息结构与句子形式	〔美〕克努德·兰布雷希特	著
沉默的句法：截省、孤岛条件和省略理论	〔美〕贾森·麦钱特	著
语言教学的流派（第 3 版）	〔新西兰〕杰克·C. 理查兹 〔美〕西奥多·S. 罗杰斯	著
语言学习与语言教学的原则（第 6 版）	〔英〕H. 道格拉斯·布朗	著
社会文化理论与二语教学语用学	〔美〕雷米·A. 范康珀诺勒	著
法语英语文体比较	〔加〕J.-P. 维奈 J. 达贝尔内	著
法语在英格兰的六百年史（1000—1600)	〔美〕道格拉斯·A. 奇比	著
语言与全球化	〔英〕诺曼·费尔克劳	著
语言与性别	〔美〕佩内洛普·埃克特 萨利·麦康奈尔-吉内特	著
全球化的社会语言学	〔比〕扬·布鲁马特	著
话语分析：社会科学研究的文本分析方法	〔英〕诺曼·费尔克劳	著
社会与话语：社会语境如何影响文本与言谈	〔荷〕特恩·A. 范戴克	著

图书在版编目(CIP)数据

社会文化理论与二语教学语用学/(美)雷米·A.范康珀诺勒著;马萧,李丹丽译.—北京:商务印书馆,2023(2023.12重印)
(语言学及应用语言学名著译丛)
ISBN 978-7-100-22282-2

Ⅰ.①社… Ⅱ.①雷… ②马… ③李… Ⅲ.①第二语言—外语教学—教学研究 Ⅳ.①H09

中国国家版本馆CIP数据核字(2023)第058539号

语言学及应用语言学名著译丛
社会文化理论与二语教学语用学
〔美〕雷米·A.范康珀诺勒 著
马 萧 李丹丽 译

商 务 印 书 馆 出 版
(北京王府井大街36号 邮政编码100710)
商 务 印 书 馆 发 行
北京虎彩文化传播有限公司印刷
ISBN 978-7-100-22282-2

2023年6月第1版 开本880×1230 1/32
2023年12月北京第2次印刷 印张8¼
定价:70.00元